X.media.press

Springer-Verlag Berlin Heidelberg GmbH

Oliver Merx · Ernst Tandler · Heinfried Hahn

*Herausgeber*

# Multimedia-Recht für die Praxis

Mit Beiträgen von

Michael Grieger, Heinfried Hahn, Martin Heiderich,
Ralf Imhof, Pär Johansson, Oliver Alexander Klimek,
Dieter Lüer, Burkhard Luhmer, Christian Walter

Springer

Oliver Merx
Modem Media
Isartalstraße 49, 80469 München
omerx@modemmedia.com

Ernst Tandler
Grünstraße 36
81369 München

Heinfried Hahn
Dr.-Stark-Straße 2
97353 Wiesentheid

Die Deutsche Bibliothek - CIP-Einheitsaufnahme
Multimedia-Recht für die Praxis / Hrsg.: Oliver Merx ... - Berlin; Heidelberg;
New York; Barcelona; Hongkong; London; Mailand; Paris; Tokio: Springer, 2002
  (X.media.press)  ISBN 3-540-66974-4

ISBN 978-3-642-63123-8     ISBN 978-3-642-56105-4 (eBook)
DOI 10.1007/978-3-642-56105-4



http://www.springer.de

© Springer-Verlag Berlin Heidelberg 2002
Ursprünglich erschienen bei Springer-Verlag Berlin Heidelberg New York 2002



Satz: Gelieferte Autorendaten
Umschlaggestaltung: KünkelLopka Werbeagentur, Heidelberg
Gedruckt auf säurefreiem Papier  SPIN 10754407 - 33/3142PS - 5 4 3 2 1 0

# Vorwort

Das Compuserve-Urteil ist nur eines von vielen Belegen für die Bedeutung der Gesetze im weiten Umfeld multimedialer Angebote: Nach der Rechtsprechung haften z.B. Agenturen gegenüber dem Auftraggeber, wenn ihr Internetprojekt nicht die Rechtsansprüche erfüllt. Oder: Im Falle des E-Commerce für Konsumenten haben die Gerichte ganze Shops vom Netz genommen, wenn rechtliche Anforderungen an den Bestellprozess nicht eingehalten wurden. Selbst die Sicherung eines Domain-Namens kann heute kaum noch ohne anwaltschaftliche Unterstützung durchgeführt werden. Und was ist, wenn man wissen muss, ob ein Internetauftritt genehmigungspflichtig ist?

Als wäre dies nicht genug, kommen im Multimediaumfeld rechtliche Herausforderungen besonderer Art hinzu: Wie gestaltet man Verträge für Internetprojekte? Was muss arbeitsrechtlich in einer dynamischen Branche bedacht werden? Wie schützt man sich vor Ideenklau? Welche rechtlichen Anforderungen gibt es bei Geschäftsideen im Zusammenhang mit dem Internet zu beachten? Oder: Wie einigt man sich unter Zeitdruck in Konfliktfällen? Hier hilft dem rechtlichen Laien eigentlich nur der Jurist! Juristen wiederum sagt man nach, sie würden meist eine Sprache verwenden, die dem Laien die Problematik und deren Lösung kaum verständlicher macht. Umgekehrt fehlt den Rechtsexperten oft selbst das Verständnis für die Sprachwelt derjenigen, deren Probleme sie lösen sollen. So redet im schlimmsten Fall einer am anderen vorbei, ohne dass man einer Lösung näher kommt.

Um diesen Konflikt zu lösen, haben sich in diesem Buch Autoren zusammengeschlossen, welche die tatsächlichen Herausforderungen der Multimedia-Branche aus dem Berufsalltag kennen. Entweder arbeiten sie selbst in Medienunternehmen, Agenturen und Unternehmensberatungen, oder sie arbeiten in einer Kanzlei oder Hochschule speziell mit solchen Unternehmen zusammen, für die das Recht der Multimedia-Praxis von hoher Bedeutung ist. Zugleich sind die Autoren bestens mit der juristischen Materie vertraut und zählen zu den führenden Köpfen der jeweiligen Thematik.

In diesem Sinne ist dieses Buch ein solches aus der Praxis für die Praxis. Von Experten so geschrieben, dass nicht nur Juristen die juristischen Feinheiten verstehen, sondern auch und gerade die Nichtjuristen. Es thematisiert nur solche Fragestellungen, die in der Multimedia-Praxis tatsächlich Relevanz besitzen. Im wesentlichen sind dies die Themen:

- Internet und Recht
- Recht und Unternehmensorganisation
- Konfliktlösung, Strafrecht und Spezialfragen

In entsprechender Reihenfolge widmen sich die einzelnen Kapitel diesen Fragestellungen, geben praxisgerechte Antworten bzw. sie vertreten Ansichten, wie sie für die Praxis der Unternehmen und Betreiber multimedialer Angebote interessengerecht ist. Insofern sind in diesem Werk auch rechtsgestaltende Ansichten vertreten, mutige Statements und Aussagen, wie sie wiederum vorwiegend für den juristischen Experten von Interesse sein werden, also für Anwälte, Richter und vielleicht sogar den Gesetzgeber selbst: Recht hat nämlich immer auch den Anspruch, praxistauglich zu sein.

Den Mitherausgebern, Autoren und Helfern bei der Erstellung dieses Buches sei mein tiefer Dank ausgesprochen. Ihnen lieber Leser, wünsche ich viel Aufschluss beim Durcharbeiten dieses Buches!

München, September 2001
Ass. Jur. Oliver Merx
Engagement Director
Modem Media GmbH & Co.
omerx@modemmedia.com

# Inhalt

*Ralf Imhof, Kanzlei Schulz/Noak/Bärwinkel*

## 6. Agenturverträge ................................................ 97



*RA Dr. Pär Johansson, Heuking*

## 7. Rechtliche Fragestellungen in der Start-up-Phase 109

*Oliver Merx, Modem Media*



*RA Martin Heiderich; LLM Christian Abele*

*RA Dieter Lüer, PriceWaterhouseCoopers*

*RA Dr. Christian Oliver Dressel, BetaResearch*
*RA Dr. Hauke Scheffler, KirchHolding*



*Dr. Hans Kudlich, Universität Würzburg*

*RA Ernst Tandler, Kanzlei Tandler, Rieger & Kollegen*

# 1 Zwischen Rundfunk und Homepage

Christian Walter, Westerwelle Consulting & Media AG, Hamburg

## 1.1 Einleitung

Was hat Rundfunk mit Multimedia zu tun? Für manche mag dies eine rhetorische Frage zu sein. Doch das Zusammenwachsen von Übertragungswegen, Inhalten und Nutzungsgeräten durch die Digitalisierungstechnik, die vielzitierte Medienkonvergenz, ließ besonders in den letzten Jahren die Grenze zwischen den klassischen Medien (Rundfunk und Presse) und den sogenannten „neuen Medien" immer mehr verschwimmen.

*Grenzen von Medien ist verschwommen*

Dass eine private Homepage i.d.R. kein Rundfunk ist und im Gegensatz dazu Rundfunkveranstalter eine Sendelizenz benötigen und weitere Auflagen erfüllen müssen, ist den meisten in den Medien Tätigen bekannt. Doch welche Merkmale unterscheiden beispielsweise die verschiedenen Dienste wie Internet-Radio/TV, Teleshopping, digitale Spartenkanäle oder Business-TV voneinander? Welche rechtlichen Auflagen entstehen explizit daraus? Gibt es Grauzonen in der Bandbreite zwischen Rundfunk und Homepage?

*Konsequenz: Auflagen möglich*

Ziel dieses Beitrages ist es, neben der Beantwortung dieser Fragen Orientierungshilfen und einen Überblick über die Einordnung von massen- und individualkommunikativen Multimediaprojekten zu geben für

*Hilfe zur Einordnung*

- Entscheider aus Internet- und Multimediaagenturen, TV- und Radiounternehmen,

- alle Interessierten aus Praxis und Studium, die sich mit Multimediaprojekten beschäftigen.

Darüber hinaus soll dieser Artikel

- Rechte und Pflichten darlegen, die sich aus der Einordnung eines Dienstes ergeben,

- Entscheidungsgrundlagen bei der Planung von Multimediaprojekten stützen,

- die Tragweite von Entscheidungen in Multimediaprojekten für die digitale Zukunft besser einschätzen lassen,

- einen weiterreichenden Blick auf die medienrechtlichen Regelungen des gesamten elektronischen Medienmarktes erlauben.

Gerade aufgrund der dynamischen technischen und rechtlichen Entwicklungen bedarf es einer verstärkten Aufklärung der Entscheider von Unternehmen, die in Teilen oder der gesamten Bandbreite des Medienmarktes agieren.

Ausgehend vom Rundfunkrecht und unter Zuhilfenahme von Teilen des Presse- und Telekommunikationsrechtes wurden in den letzten Jahren eine Reihe von neuen Gesetzen und Regelungswerken erlassen um dieser Entwicklung Rechnung zu tragen: Das Gesetz der „neuen Medien". Dem Leser wird daher zuerst ein Überblick über die Bedeutung der elektronischen Medien und der Medienregulierung in Deutschland gegeben, um die wichtigsten Zusammenhänge dieser komplexen Thematik zu verdeutlichen.

## 1.2
## Bedeutung und Eigenschaften der elektronischen Medien



Elektronische Medien lassen sich in *Massenmedien* und *Medien zur Individualkommunikation* unterscheiden. Während Individualkommunikation der Austausch von Informationen von zwei Individuen oder sogenannten geschlossenen Gruppen ist, sind Massenmedien an eine *Allgemeinheit* gerichtet.



Die elektronischen Massenmedien unterliegen in Deutschland ganz besonderen Regelungen. Das Grundgesetz schützt durch Artikel 5 Absatz 1 neben der individuellen Meinungs- und Informationsfreiheit die Freiheit der Medien wie Rundfunk, Presse, und Film, vor allem gegenüber dem Staat (Medienfreiheit). Das Bundesverfassungsgericht, das in der Entwicklung der Medienordnung bis heute eine bedeutende Rolle spielte, bezeichnete bereits 1961 den Rundfunk als ein „Medium" zur Bereitstellung von Informationen zur politischen und demokratischen Willensbildung für die Gesellschaft und als „Faktor", um dem Einzelnen sowie gesellschaftlichen Gruppen die Möglichkeit zur freien Meinungsäußerung zugeben.

Die Rundfunkfreiheit ist somit ein Grundrecht, das der Demokratie und der Bildung und Erhaltung gesellschaftlicher Meinungsvielfalt dient. Zudem erkannte das Bundesverfassungsgericht die Überschneidung von Meinungs- und Wirtschaftsmacht gerade bei privatem werbefinanziertem Rundfunk, der neben Unterhaltungs- auch Bildungsaufgaben wahrnehmen muss. 

Der Rundfunk, das klassische elektronische Massenmedium, besitzt drei Charakteristika, die für die weitere Betrachtung und Einordnung aller multimedialen Dienste von Bedeutung sind:

1.  An eine Allgemeinheit gerichtet

2.  elektronische Verbreitung

3.  Darbietungscharakter

Darbietungscharakter meint, dass nicht nur eine bloße Weitergabe sondern - meist redaktionelle - Aufbereitung von Inhalten erfolgt und dass diese Aufbereitung einer Informations-, Bildungs-, Unterhaltungs- oder Kulturfunktion dient. 

Durch die Möglichkeit, Bewegtbilder in Kombination mit Audiosignalen zu übermitteln, besitzt der audiovisuelle Rundfunk - das Fernsehen - gegenüber der Presse eine besondere Eigenschaft; die sogenannte Suggestivkraft: Darbietungen wirken besonders echt auf den Zuschauer und seine eigene Meinungsbildung. Das Fernsehen trägt damit eine hohe Verantwortung innerhalb der Demokratie und ist daher an die größten gesetzlichen Auflagen innerhalb der elektronischen Massenmedien gebunden. 

Multimediadienste hingegen erfüllen nicht oder nur zum Teil die o.g. Voraussetzungen und unterliegen somit weniger strengen Auflagen. Um näher bestimmen zu können, welche Dienste welchen Gesetzen unterliegen, werden nun die verschiedenen Ausprägungen von digitalen Multimediadiensten und deren Gesetze erläutert.

# 1.3
# Medienkonvergenz und rechtliche Grundlagen

Die Parallelität technischer und rechtlicher Entwicklungen macht es notwendig, zunächst beide Bereiche separat zu betrachten. Anschließend erfolgt eine Unterscheidung und medienrechtliche Zuordnung von Multimediaprojekten.

# 1.3.1
# Technische Entwicklungen



Der Ursprung für die heutige Entwicklung und Ausprägung der deutschen Medienlandschaft und seines Rechtsrahmens ist zum einen der private Rundfunk, der ab Mitte der 80er Jahre an die Seite des öffentlich-rechtlichen Rundfunks trat. Zum anderen war es die Einführung der Digitaltechnik, die es möglich macht, unterschiedlichste Inhalte mit fast beliebigen Endgeräten zu empfangen oder abzurufen und die Anzahl der Übertragungskanäle zu vervielfachen.



Immer neuere Übertragungstechniken wie Satellit, Kabel, Breitbandtechnologie etc. erlauben eine vielfach höhere Übertragungsrate von Informationen. Dank dieser neuen Technologien befindet sich das Internet, das durch seine universelle Struktur zu Recht oft als die treibende Kraft im Multimediazeitalter bezeichnet wird, auf einer faszinierenden Entwicklung: Vom reinen Verbindungsnetz unter Computern über das schmalbandige Telefonnetz zu einer hochleistungsfähigen und universellen Plattform für beliebige Arten von Informationen wie Bilder, Töne und Filme und interaktive Dienste



Durch diese Entwicklung verschwimmen zunehmend die einstigen Grenzen zwischen Rundfunk und Multimedia, zwischen Massenmedien und Individualkommunikation. Die Ausprägungen zeigen die vielen Dienste auf dem heutigen Medienmarkt: Interaktives Broadband-TV (DVB), Streaming-Audio/Video, Pay-TV, Homepages und Chats, Tele- und Online-Shopping sind nur einige Beispiele.

# 1.3.2
# Rechtliche Entwicklungen und aktuelle Gesetzesrahmen



Der Gesetzgeber hat – wie bereits angedeutet – aufgrund dieser Entwicklungen ausgehend vom Rundfunkrecht ein vielschichtiges Regelwerk geschaffen. Dazu wurde folgendes Prinzip der angewandt: Je weniger ein Dienst den Kriterien *Allgemeinheit, elektronische Verbreitung* und *Darbietung* entspricht, umso weniger gesetzlichen Restriktionen unterliegt er, da er entsprechend weniger Einfluss auf die demokratische Meinungsbildung und -Vielfalt besitzt. Dieses Prinzip wird *abgestufte Regelungsdichte* genannt.

Die Länder sind laut unserer Verfassung (Artikel 70 in Verbindung mit Artikel 73 Nr. 7 GG) für den Rundfunk zuständig. Sie setzen somit die verfassungsmäßigen Vorgaben um, Meinungsvielfalt und Ausgewogenheit zu gewährleisten und Rundfunk vor staatlichem Missbrauch zu schützen.

Entstanden ist dementsprechend ein dreistufiges Regelwerk für elektronische Medien, das sich wie folgt darstellt:

1. Die Länder haben den Rundfunkstaatsvertrag (RfStV) für länderübergreifende weitgehend einheitliche Regelungen abgeschlossen. Er enthält neben den Bestimmungen zum öffentlich-rechtlichen Rundfunk gleichermaßen Regelungen zum privaten Rundfunk wie Programmgrundsätze, Werbung und Sponsoring, Sicherung der Meinungsvielfalt, Organisation der Medienaufsicht und neuerdings auch Regelungen zur Zugangsfreiheit von Übertragungswegen und Endgeräten wie zugangsoffene Schnittstellen für Set-Top-Boxen. Die jeweiligen Landesmediengesetze dienen zur landeseigenen Umsetzung, enthalten Ergänzungen und Detailregelungen.

   *Rundfunk staatsvertrag*

2. Der *Mediendienstestaatsvertrag* (MDStV) wurde ebenfalls zwischen den Ländern abgeschlossen, gilt aber für Dienste, die zwar fernmeldetechnisch verbreitet werden (Verteildienste) aber keinen *Darbietungscharakter* enthalten und einen geringeren Einfluss auf die öffentliche Meinungsbildung als der Rundfunk haben.

   *Mediendienstestaatsvertrag*

3. Ebenfalls bestimmt unsere Verfassung, dass der Bund für Post und Telekommunikation zuständig ist. Dienste, die per Telekommunikation erbracht werden (Teledienste) und Abrufangebote zur individuellen Nutzung sind, werden durch das *Teledienstegesetz* (TDG) geregelt. Es ist nicht zu verwechseln mit dem Telekommunikationsgesetz (TKG), das nicht Inhalte sondern die reinen technischen Vorgänge der Telekommunikation regelt und auf das innerhalb unserer Betrachtung nicht weiter eingegangen werden muss.

   *Teledienstgesetz*

Alle drei Regelwerke der elektronischen Medien besitzen Schnittstellenregelungen (Kollisionsregeln), die den jeweiligen Geltungsbereich zum benachbarten Regelwerk abgrenzen sollen. Diese Berührungspunkte sind jedoch nicht immer eindeutig geregelt, was wiederum zu Abgrenzungsschwierigkeiten führen kann.

# 1.4
# Medienrechtliche Zuordnung von Multimediaprojekten

Folgende typische Fragen können sich beispielsweise im Spannungsfeld der Medienkonvergenz stellen, wenn man interaktive Multimediadienste anbieten möchte:

- Ist Streaming-Video auf einer Website schon Rundfunk?
- In welchen Bereich fällt Teleshopping?
- Wie bin ich als Access-Provider einzustufen?
- Wie ist ein digitaler Spartenkanal einzuordnen ?
- Kann ein Internet-Angebot auch Rundfunk sein?
- Was macht den genauen Unterschied zwischen Medien- und Telediensten aus?
- Was für Konsequenzen hat eine bestimmte Einstufung als Medien- oder Teledienst?

Die Antworten fallen differenziert aus, wie folgende Zuordnung zeigt.

## 1.4.1
## Rundfunk und rundfunkähnliche Dienste

*Definition nach § 2 Abs. 1 RfStV*

Nach § 2 Absatz 1 des RfStV ist Rundfunk die „für die Allgemeinheit bestimmte Veranstaltung und Verbreitung von Darbietungen aller Art in Wort, in Ton und in Bild unter Benutzung elektromagnetischer Schwingungen ohne Verbindungsleitung oder längs oder mittels eines Leiters. Der Begriff schließt Darbietungen ein, die verschlüsselt verbreitet werden oder gegen besonderes Entgelt empfangbar sind."

Zum Rundfunk zählen also:

- TV-Vollprogramme
- TV-Sparten-, Fenster-
- und Regionalprogramme
- Pay-TV
- Rundfunkähnliche Dienste können sein:

- TV-Video-On-Demand und TV-Near-Video-On-Demand
- Teleshopping bei Einbettung in ein Fernsehprogramm
- Internet-TV/-Radio bei Einfluss auf die öffentliche Meinungsbildung.

Die gesetzlichen Auflagen und Regelungen zeigt die folgende Tabelle:

**Rundfunk – Überblick über Rechtsrahmen und Auflagen:**

| Rundfunk | |
| --- | --- |
| Gesetzesgrundlage | Rundfunkstaatsvertrag und Landesmediengesetze |
| Aufsichtsbehörde | Landesmedienanstalten |
| Aufsichtsmittel | von Beanstandungen über Geldbußen bis Lizenzentzug |
| Zulassungspflicht | ja |
| Werbe-beschränkungen | ja<br><br>(§§ 7,8 RfStV) |
| Einfügung und Dauer von Werbung | ja<br><br>(§§ 14,15,44,45 RfStV) |
| Transparenzpflicht | ja<br><br>Publizitätspflicht (§ 23 RfStV) |
| Gegendarstellungs-pflicht | ja, in den Landesmediengesetzen geregelt |

Zusammenstellung in Anlehnung an Holznagel, 1999, S. 42, 47 und 48

Ob ein Dienst als Rundfunk oder rundfunkähnlicher Dienst einzustufen ist und damit unter die Bestimmungen des RfStV fällt oder nur als Mediendienst einzustufen ist, ermittelt die jeweilige zuständige Landesmedienanstalt im Einvernehmen mit allen anderen Lan-

*Landesmedien-anstalt entscheidet über rechtliche Einordnung*

desmedienanstalten nach § 20 RfStV. Maßgeblich für die Zuständigkeit ist der Wohn- bzw. Firmensitz. Es wird u.a. geprüft, ob das Angebot in publizistische Inhalte eingebunden ist oder solche Elemente enthält, die einen Einfluss auf die öffentliche Meinungsbildung haben.

Diese Einzelfallentscheidungen zwischen Rundfunk und Mediendienst können sich mitunter recht schwierig gestalten. Hier zeigt sich, dass dies der Knackpunkt der rundfunk- und medienrechtlichen Einordnung von Multimediadiensten ist.



Wird ein Dienst als Rundfunk oder rundfunkähnlicher Dienst eingeordnet, so hat der Veranstalter binnen 6 Monaten einen Zulassungsantrag zu stellen oder den Dienst so anzubieten, dass er als Mediendienst gilt. Anbieter eines Multimediadienstes, der als Mediendienst einzustufen ist, haben das Recht bei der zuständigen Landesmedienanstalt einen Antrag auf rundfunkrechtliche Unbedenklichkeit zu stellen. Dieses kann vor allem aus Planungssicherheitsgründen bei sehr großen Projekten Sinn machen.

## 1.4.2
## Mediendienste



Gemäß § 2 Absatz 1 des MDStV ist ein Mediendienst ein „Angebot und die Nutzung von an die Allgemeinheit gerichteten Informations- und Kommunikationsdiensten (Mediendienste) in Text, Ton oder Bild, die unter Benutzung elektromagnetischer Schwingungen ohne Verbindungsleitung oder längs oder mittels eines Leiters verbreitet werden."

Mediendienste sind wie Rundfunk an eine unbestimmte Allgemeinheit gerichtet (sogen. Verteildienste), werden aber

a)  entweder wie Rundfunk verbreitet und besitzen keinen Darbietungscharakter - z.B. wie bei reinen Verkaufsangeboten
b)  oder aber sie sind online z.B. über das Internet abrufbar.

Weil Ihnen der

- Darbietungscharakter fehlt oder

- ihre technische Verbreitung (noch) nicht für jedermann zugänglich ist, besitzen sie einen geringen oder keinen Einfluss auf die öffentliche Meinungsbildung bzw. keine ausreichende Suggestivkraft.

Mediendienste sind:

- Fernsehtext

- Radiotext

- elektronische Presse, z.B. Internetseiten von Verlagen, Zeitungen etc.

- Suchmaschinen / Portale mit redaktionellem Teil

## 1.4.3
## Grenzfälle zum Rundfunk

- Video-On-Demand und Near-Video-On-Demand über Breitbandnetze bei geringer Meinungsbildungsrelevanz oder als Online-Abrufdienst

- Teleshopping als reines Verkaufsangebot (TV-Verkaufskanal) ohne journalistische Aufbereitung

## 1.4.4
## Grenzfälle zum Teledienst

- Messergebnisse und Datenermittlungen, z.B. Wetter-, Börsendaten etc. als Verteildienst mit redaktioneller Aufbereitung bzw. Interpretation (z.B. Wettervorhersage, Börsentips, etc.)

- Music-On-Demand (z.B. allgemeinzugänglicher Musikkanal im Internet)

Mediendienste sind zulassungs- und anmeldefrei. Sie unterliegen weit weniger Regelungen als der Rundfunk und die rundfunkähnlichen Dienste. Dennoch sind sie - neben den allgemeinen Jugend- und Datenschutzvorschriften  - mit einigen vor allem dem Pressegesetz entnommenen Auflagen verbunden, wie die folgende Übersicht zeigt.

Ausübende Organe sind die zuständigen Landes- und Bundesbehörden für Daten- und Jugendschutz sowie für weitere Bestimmungen, die den MDStV betreffen. Die Zuständigkeiten sind von Bundesland zu Bundesland unterschiedlich geregelt. Auskünfte hierzu geben die jeweiligen Landesregierungen.

*Zulassungs- und anmeldefrei*

# Mediendienst – Überblick über Rechtsrahmen und Auflagen:

| Mediendienst | |
|---|---|
| Gesetzesgrundlage | Mediendienstestaatsvertrag |
| Aufsichtsbehörde | die jeweiligen Landesbehörden für Jugend- und Datenschutz und für die übrigen Bestimmungen (in Berlin, Brandenburg, Bremen und Saarland für die übrigen Bestimmungen die jeweilige Landesmedienanstalt) |
| Aufsichtsmittel | Geld- und Freiheitsstrafen (vor allem bei Jugendschutz) |
| Zulassungspflicht | nein, nur wenn ein Dienst durch die zuständige Landesmedienanstalt dem Rundfunk untergeordnet wird |
| Werbebeschränkungen | klare Abgrenzung von Werbung und inhaltlichem Angebot<br><br>(§ 9 MDStV) |
| Einfügung und Dauer von Werbung | nein |
| Transparenzpflicht | Anbieterkennzeichnung<br><br>(§ 6 MDStV) |
| Gegendarstellungspflicht | ja<br><br>(§ 10 MDStV) |
| Verantwortlichkeit für eigene Inhalte | ja<br><br>(§ 5 Abs. 1 MDStV) |
| Verantwortlichkeit für fremde Inhalte | nur wenn der Anbieter sie kennt und es ihm technisch möglich und zumutbar ist, die Nutzung dieser Inhalte zu verhindern<br><br>(§ 5 Abs. 2 und 3 MDStV) |

Zusammenstellung in Anlehnung an Holznagel, 1999, S. 42, 47 und 48



*1 Zwischen Rundfunk und Homepage*

# 1.4.5
# Teledienste

§ 2 Absatz 1 des TDG bezeichnet Teledienste als „alle elektronischen Informations- und Kommunikationsdienste, die für eine individuelle Nutzung von kombinierbaren Daten wie Zeichen, Bilder oder Töne bestimmt sind und denen eine Übermittlung mittels Telekommunikation zugrunde liegt (Teledienste)."



Teledienste sind Dienste, die der Individualkommunikation bzw. der reinen Information und Kommunikation dienen. Dazu zählen:

- Business-TV
- Videokonferenzen
- Telelearning
- e-mail-Dienste
- Newsgroups
- Internet-Chat
- Homepages (private und die meisten gewerblichen Firmenhomepages)
- Access-Providing (inhaltlich gesehen; technisch unterliegt es dem Telekommunikationsgesetz und einer entsprechenden Anmeldepflicht)
- Online-Telespiele
- Online-Shopping (reiner Verkauf)
- Navigationshilfen und Suchmaschinen im Internet
- Music-On-Demand (als entgeltlicher Abrufdienst)
- Homebanking
- reine Datendienste für geschlossene Gruppen, z.B. Polizeifunk etc.
- Messergebnisse und Datenermittlungen, z.B. Wetter-, Börsendaten etc. ohne redaktionelle Aufbereitung (als reine Datenübermittlung)

Teledienste sind wie die Mediendienste zulassungs- und anmeldefrei. Welchen Auflagen Teledienste unterliegen, ist folgender Übersicht zu entnehmen:

| Teledienst | |
|---|---|
| Gesetzesgrundlage | Teledienstegesetz und Informations und Kommunikationsdienstegesetz (IuKDG) |
| Aufsichtsbehörde(n) | Bundesbehörden für die einzelnen Bereiche (z.B. Bundesprüfstelle für jugendgefährdende Schriften) |
| Aufsichtsmittel | nur aufgrund der allgemeinen Gesetze |
| Zulassungspflicht | nein |
| Werbebeschränkungen | nein |
| Einfügung und Dauer von Werbung | nein |
| Transparenzpflicht | Anbieterkennzeichnung (§ 6 TDG) |
| Gegendarstellungspflicht | nein |
| Verantwortlichkeit für eigene Inhalte | ja (§ 5 Abs. 1 TDG) |
| Verantwortlichkeit für fremde Inhalte | nur, wenn der Anbieter sie kennt und es ihm technisch möglich und zumutbar ist, die Nutzung dieser Inhalte zu verhindern. Besondere Regelungen für Access-Provider (§ 5 Abs. 2 bis 4 TDG) |

Zusammenstellung in Anlehnung an Holznagel, 1999, S. 42, 47 und 48

# 1.5
# Zusammenfassung

Wie ersichtlich, ergeben sich bei der medienrechtlichen Einordnung von Multimediaprojekten einerseits eine Reihe von unterschiedlichen Pflichten und andererseits komplexe – nicht immer eindeutige – Überschneidungen. Dies ist vom Gesetzgeber nicht ganz ungewollt, da er mit diesem Regelwerk und seiner dezentralen Medienaufsicht den dynamischen Entwicklungen im Medienbereich folgen muss.

Wann ein Dienst als Rundfunk oder als Mediendienst einzustufen ist, kann nicht allgemein beantwortet werden. Da die Folgen einer Einstufung jedoch eklatant unterschiedlich sind, z.B. Lizenzierungspflicht vs. Anmeldfreiheit, sollte in die Planung von großen massenkommunikativen Multimediaprojekten zum einen deren inhaltlicher Schwerpunkt und zum anderen die möglichen technischen zukünftigen Entwicklungen mit einbezogen werden. Beide Faktoren können für eine unterschiedliche Einstufung ausschlaggebend sein.



Die Frage, ob es sich um Rundfunk handelt oder nicht, müssen sich z.Zt. zwar die wenigsten Anbieter von Multimediaprojekten stellen. Interessant wird es allerdings, wenn demnächst wesentlich mehr digitale Übertragungskanäle zur Verfügung stehen und die Übertragungsraten und massenkommunikative Nutzung durch Breitband-, DSL- und UMTS-Technologien steigen. Von der gesetzlichen Definition her spielt es zwar keine Rolle, ob ein Dienst terrestrisch, über Kabel, Satellit, das Telefon- oder gar Stromnetz verbreitet wird. Die einzelnen Techniken besitzen jedoch unterschiedliche „Reichweiten" und Akzeptanzen bei Bevölkerung, die sich durch die rasanten technischen Entwicklungen bald ändern und somit einen größeren Einfluss auf die öffentliche Meinungsbildung haben könnten.



Durch die technische Entwicklung und die Medienkonvergenz rücken nicht nur die digitalen Zusatzangebote von Radio- und TV-Unternehmen, wie Internetseiten, vom Mediendienst allmählich in Richtung Rundfunk. Ähnliches gilt auch für private Kabelnetzbetreiber, die in Zukunft nicht nur fremde TV- und Radioprogramme weiterleiten sondern auch eigene Inhalte anbieten sollten. So würden Kabelnetzbetreiber wie Primacom oder Callahan vom Telekommunikationsdienstleister zum Medienanbieter.

Dass Rundfunk, Multimedia und Telekommunikation immer mehr zusammenwachsen, kann zudem jeder beobachten, der in den letzten Jahren Medienmessen und –Kongresse besucht hat: Rundfunkveranstalter und Anbieter von Online-, Multimedia- und Telekommunikationdiensten sind mittlerweile gleichermaßen vertreten.



Die Wünsche von Unternehmen, die Ihr eigenes Programm und somit Ihr eigenes Werbeumfeld schaffen, werden immer realistischer. So könnte z.B. ein digitaler TV-Spartenkanal eines Reiseveranstalters in Kooperation mit einer Redaktionsfirma ein rundfunkähnliches Angebot darstellen.

Die meisten Anbieter und Projektleiter werden Ihre Multimedia-projekte in den Tele- und Mediendiensten wiederfinden. Eine Einordnung in den jeweiligen Dienst und deren Konsequenz ist bei weitem nicht so gravierend wie eine Einordnung als Rundfunk. Grundsätzlich kann man  - juristisch zwar nicht korrekt aber als Peilregel geeignet – sagen, dass alle Online-Multimedia-Projekte, die sich nicht an geschlossene Nutzergruppen wenden und redaktionelle aufbereitete meinungsmachende Inhalte besitzen, i.d.R. Mediendienste sind und z.T. ähnlichen Auflagen unterliegen wie die Presse.



Dagegen kann man vereinfacht sagen, dass Online-Projekte und Dienste, in denen nicht die Inhalte sondern die Kommunikation und der Informationsaustausch im Vordergrund stehen, zumeist Teledienste sind. Sie unterliegen neben dem TDG überwiegend den allgemeinen Gesetzen und Auflagen.



Die Mediengesetzgebung befindet sich wie Medien selbst in einem starken Umbruch. Es werden zukünftig weitere Änderungen und Anpassungen zu erwarten sein. Vertreter der Medienunternehmen wie der Verband Privater Rundfunk und Telekommunikation e.V (VPRT) aber auch die europäische Union drängen in Deutschland auf ein einheitliches zentrales Medienrecht und Rahmenbedingungen, die langfristige unternehmerische Planungen sicherer machen sollen. Es bleibt abzuwarten, wie der Gesetzgeber reagiert: Zur Zeit sehen viele Experten diese Möglichkeit nur unter der Voraussetzung, die Verfassung zu ändern. Eindeutige Anzeichen dafür gibt es aber noch keine.

# Anwendungskompass
## Homepage als Rundfunk

**1.** Achtung: Die Einstufung eines Multimedia-Angebots als Rundfunk birgt weitreichende Folgen und Auflagen!

**2.** Kriterien sind insbesondere der inhaltliche Schwerpunkt (z.B. viel Redaktion oder nur Produktverkauf)!

**3.** Je größer die Verbreitung und die Übertragungsraten Ihres Multimedia-Projektes, umso mehr Auflagen sind zu erwarten!

**4.** Beantragen Sie in Zweifelsfällen eine rundfunkrechtliche Unbedenklichkeitsbescheinigung!

**5.** Achtung: Bei redaktionellen Internet-Projekten handelt es sich meist um einen Tele- oder Mediendienst!

**6.** Achten Sie als Mediendiensteanbieter auf eine klare Trennung von Werbung und Inhalten sowie aufs Impressum!

**7.** Als Telediensteanbieter sollten Sie vor allem die Datenschutzbestimmungen befolgen! Besonderheiten gelten dabei für Access-Provider!

Literaturverzeichnis:

[1]     Frank Fechner: Medienrecht: Lehrbuch des gesamten Medienrechts unter besonderer Berücksichtigung von

[2]     Presse, Rundfunk und Multimedia, Tübingen, 2000

[3]     Stefan Engel-Flechsig / Alexander Roßnagel (Hrsg): Multimedia-Recht, München, 1999

[4]     Bernd Holznagel: Vorfragen zu Rundfunk-, Medien- und Telediensten, in: Hoeren, Thomas / Sieber, Ulrich / Becker, Jürgen (Hrsg.): Handbuch Multimedia-Recht: Rechtsfragen des elektronischen Geschäftsverkehrs, München, 1999, S. 1 ff. (Teil 3.2)

[5]     Klaus Beucher / Ludwig Leyendecker / Oliver Rosenberg: Mediengesetze – Rundfunk, Mediendienste, Teledienste. Kommentar zum Rundfunkstaatsvertrag, Mediendienste-Staatsvertrag, Teledienstegesetz und Teledienstedatenschutzgesetz, München, 1999

[6]     Michael Libertus: Kommunikationsrechtliche Einordnung neuer nichtlinearer digitaler Dienste, ZUM 07/2000, S. 555 ff.

[7]     Viktor Janik: Der deutsche Rundfunkbegriff im Spiegel technischer Entwicklungen, AfP 01/2000, S. 7 ff.

[8]     Christian Walter: Konzentrationskontrolle in den audiovisuellen und „neuen Medien“ – Regelungsbedarf und Regulierungsinstrumente, Diplomarbeit, 1998

[9]     Christian Bamberger: Sicherung der Meinungsvielfalt durch die Landesmedienanstalten, ZUM 07/2000, S. 551 ff.

[10]    Joachim Löffler: Rundfunk auf der Datenautobahn? Medienrechtliche und medienpolitische Perspektiven der Online-Dienste in Deutschland, Aufsatz:

        http://home.t-online.de/home/Dr.Joachim.Loeffler/recht.htm#Heading3

[11]    Aus einem sehr grossen Angebot von Links und Internetseiten, die zum Thema oder dessen Teilen existieren, sind an dieser Stelle nur beispielsweise zu nennen:

[12]    http://www.artikel5.de
        http://home.t-online.de/home/christianwalter/links.htm
        http://www.rechtundmedien.de

# 2 Domainrecht

RA Michael Grieger, Kanzlei Daxhammer/Grieger/Tyroller, Würzburg

## 2.1
## Einleitung

Das Internet unterscheidet sich von den klassischen Massenkommunikationsmitteln unter anderem dadurch, dass der potentielle Kunde selbst aktiv werden muss. Die Werbung oder eine Unternehmenspräsentation flattert ihm nicht von alleine in Form einer Zeitungsanzeige auf den Tisch oder flimmert nicht als Unterbrechung einer Sportsendung über die Mattscheibe, sondern der Kunde muss im Internet selbst die Homepage des Unternehmens aufrufen.

*Einprägsame URL sind sehr begehrt*

Die beste Homepage ist dabei nichts wert, wenn sie im Internet nur schwer zu finden ist. Ein Unternehmen, welches das Internet als „globalen Marktplatz" nutzen will, muss seine potentiellen Kunden daher wissen lassen, wo es im „Cyberspace" zu erreichen ist. Idealerweise sollte der Kunde sogar von sich aus, ohne eine Suchmaschine benutzen zu müssen, das Unternehmen im Internet finden können.

Aus diesem Grund ist eine einprägsame Internetadresse, die für den Kunden in einem logischen Zusammenhang mit dem Unternehmen steht, besonders wichtig. Am besten geeignet sind demzufolge Begriffe, welche die Marke, den Firmennamen oder ein sonstiges Kennzeichen des Unternehmens enthalten [1].

## 2.2
## Domain-Namen

Die Benutzer des Internets werden über sogenannte „Internetworking Protocol Addresses" (IP-adresses) lokalisiert, die aus einer längeren Ziffernfolge bestehen, beispielsweise 192.168.168.100. Diese „Hausnummern" der Computer mögen aus technischer Sicht prakti-

*IP-Adresse*

kabel sein. Ihr Manko ist aber offensichtlich die fehlende Benutzerfreundlichkeit [2].

Aus diesem Grund wurde das sogenannte Domain-Name-System geschaffen, das gewöhnliche Namen oder Bezeichnungen automatisch einer IP-Adresse zuordnet. Ein Domain-Name, bzw. kurz eine Domain, ist gleichsam ein Synonym oder ein Alias-Name für eine IP-Adresse.

Jeder Domain-Name besteht aus mehreren Ebenen (Domain-Levels), die durch Punkte voneinander getrennt werden:

*Bsp.: www.springer.de*

Dies entspricht der Struktur:

*www.Second-Level-Domain.Top-Level-Domain*



Die Top-Level-Domains beschreiben entweder thematisch, welcher Gruppe von Internetnutzern der Inhaber der Adresse angehört (generische Domain Namen) oder sie geben darüber Auskunft, durch welche Vergabeorganisation der Domain-Name vergeben wurde (geographische Domains).

Die geographische Top-Level-Domain für Deutschland lautet „de" und wird von der DENIC vergeben. An generischen Top-Level-Domains stehen aktuell (Stand Frühjahr 2001) die Bezeichnungen „com" für kommerzielle Anbieter, „edu" für Bildungseinrichtungen, „org" für Organisationen und Verbände, „int" für internationale Organisationen wie beispielsweise die Europäische Union und „net" für Betreiber von Netzwerken zur Auswahl. Nur US-amerikanische Nutzer können zudem auf die Top-Level-Domains „gov" für Regierungsstellen und „mil" für militärische Einrichtungen zurückgreifen.

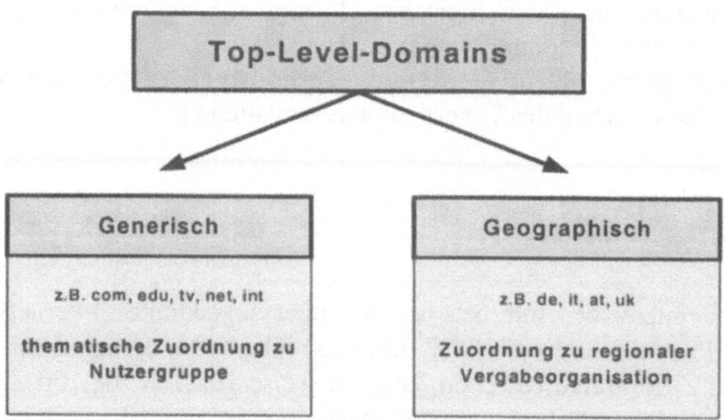

Im Laufe des Jahres 2001 sind zudem die Top-Level-Domains „biz" für Unternehmen, „pro" für Anwälte, Steuerberater und Ärzte, „name" für Privatpersonen in der Form: vorname.nachname.name, „info" zur allgemeinen Verwendung, „museum" für Museen, „aero" für Fluggesellschaften, Flughäfen, Reiseveranstalter, etc. und „coop" für genossenschaftliche Unternehmen und Organisationen eingeführt werden. Einzelheiten hierzu sind auf der offiziellen ICANN-Homepage (Icann.org) nachzulesen.

Second-Level-Domain

Die Second-Level-Domain, kurz die Domain, ist der Teil des Domain-Namens, der für den Internetnutzer vor allem von Interesse ist. Er kann vom Inhaber der Adresse grundsätzlich aus beliebigen Zeichen oder Begriffen zusammengesetzt werden. Einschränkend ist zu erwähnen, dass Domains nur aus Zahlen, Buchstaben und dem Zeichen „-" bestehen dürfen, wobei letzteres weder am Anfang noch am Ende der Domain erlaubt ist. Je nach Top-Level-Domain gibt es weitere Einschränkungen. So sind bspw. deutsche KFZ-Kennzeichen als Domain unter dem Top-Level-Domain „de" nicht erlaubt. Zudem sind mindestens drei Zeichen erforderlich, von denen wenigstens eines ein Buchstaben ist.

Allerdings kann ein Domain-Name unter der gleichen Top-Level-Domain nur einmal vergeben werden, da andernfalls eine eindeutige Zuordnung zu einer IP-Adresse nicht möglich wäre.

Jeweils nur ein Name zu einer Top-Level-Domain

Sobald also die Domain „Porsche" unter der Top-Level-Domain „de" für Herrn X registriert ist, ist diese Domain für jeden anderen, d.h. grundsätzlich auch für die Firma Porsche, blockiert. Es besteht jedoch die Möglichkeit, unter verschiedenen Top-Level-Domains auch identische Domain-Namen zu registrieren. Die Firma Porsche könnte in so einem Fall also auf die Top-Level-Domain „com" ausweichen und sich unter der Adresse „Porsche.com" im Internet präsentieren.

Subdomains

Im Gegensatz zu Top-Level-Domain und Domain (Second-Level-Domain), die zentral vergeben und registriert werden, kann der Inhaber einer Domain sog. Subdomains frei und ohne vorherige Registrierung kreieren. Ihm steht damit eine Möglichkeit zur Verfügung, sein Internetangebot beliebig zu diversifizieren.

Unter „Onvista.de" finden sich bspw. allgemeine, kostenlose Informationen zum Finanz- und Wirtschaftsleben. Unter der Subdomain Optionsscheine sind Einzelheiten zu diesem Thema abzufragen. Die Internet-Adresse lautet dann „optionsscheine.onvista.de".

## 2.3
## Vergabe der Domains



Das Internet kennt keinen zentralen Betreiber. Dennoch muss eine administrative Aufgaben wie die Vergabe von Domains zentral wahrgenommen werden, damit gewährleistet bleibt, dass jede Domain unter der gleichen Top-Level-Domain nur einmal vergeben wird. Zuständig hierfür ist die Internet Society (ISOC), die diese Aufgabe an die Internet Assigned Numbers Authority (IANA) delegiert hat. IANA ihrerseits hat die praktische Administration der Vergabe und Eintragung der Domain-Namen an sogenannte Network Information Center (NICs) weiterübertragen.

Die Vergabe von Domains unter den sogenannten „generischen" Top-Level-Domains wie „com" oder „org" erfolgt dabei weltweit über das Internet Network Center (InterNIC).

Domains unter der Top-Level-Domain "de" werden durch das DE-NIC der Universität Karlsruhe verwaltet, das im deutschsprachigen Raum eine Monopolstellung einnimmt. Es besteht dabei die Möglichkeit die gewünschte Domain direkt bei der DE-NIC oder aber über einen Internet-Servicve-Provider registrieren zu lassen. Letzteres ist regelmäßig die günstigere Alternative.

*Admin-C*

Mit dieser Registrierung werden Sie als Domaineigner und Admin-C (administrative contact) eingetragen und haben somit alle Rechte an der beantragten Domain. Dies kann allerdings nicht anonym erfolgen. Die Veröffentlichung der Domaineigner-Daten in der Whois-Datenbank der DE-NIC ist zwingende Voraussetzung für die Registrierung einer „.de"-Domain. Sie sind als Domaineigner auch verantwortlich für die Verletzung von Rechten Dritter (beispielsweise Markenrechte)

*ICANN-Homepage*

Die Zuständigkeit für die Vergabe von Domains unter den neu eingeführten Top-Level-Domains ist derzeit noch nicht abschließend geklärt. Der Stand der Dinge lässt sich hier über die offizielle ICANN-Homepage (Icann.org) abfragen.

## 2.4
## Domainauswahl

Damit Ihre Homepage im Internet leicht aufzufinden ist, müssen Sie bei der Auswahl der Domain folgende 3 Kriterien berücksichtigen:

1. Die Domain sollte kurz, griffig und prägnant sein. Zu lange Begriffe schrecken den Benutzer bei der Eingabe in die Adresszeile z.T. ab. Damit Ihre Homepage bei der Benutzung ei-

ner Suchmaschine bei der Eingabe möglichst vieler Begriffe angezeigt wird, ist es auch nicht nötig, diese Begriffe alle in die Domain zu übernehmen. Es genügt, wenn diese Begriffe im Quelltext der Homepage genannt sind.

2. Idealerweise setzt sich der Domainname aus Ihrem Firmennamen oder Ihrer Marke zusammen, so dass der potentielle Kunde sich die Internet-Adresse auch selbst, ohne Zuhilfenahme einer Suchmaschine erschließen kann. So bedarf es wenig Phantasie um die Homepage des Springer-Verlages unter „Springer.de" zu finden. Sollten Sie keinen Firmennamen haben – bspw. als Rechtsanwalt oder anderer Freiberufler – eignet sich ein einprägsamer Phantasiename. Sie müssen dann allerdings bei der Auswahl der Domain besonderes Augenmerk auf die wettbewerbs- und markenrechtliche Zulässigkeit richten. Für Rechtsanwälte sei ergänzend auf das Standesrecht hingewiesen, vgl. § 43b BRAO.

3. Ob die gewünschte Domain noch frei oder bereits anderweitig vergeben ist, lässt sich direkt auf bei der DE-NIC („denic.de") über eine sogenannte „whois"-Abfrage klären. Den gleichen Service bieten die Provider und zum Teil auch Internet-Portale wie „freenet.de" an. Eine Alternative hierzu ist es, die gewünschte Domain in die Adresszeile Ihres Browsers einzugeben. Allerdings ist diese Vorgehensweise nicht hundertprozentig sicher, da die Domain auch dann bereits vergeben sein kann, wenn hierzu keinerlei Daten im Netz zu finden sind.

# 2.5
# Problemstellung

Die rechtlichen Probleme beginnen in dem Moment, in dem Sie feststellen, dass die gewünschte Domain bereits vergeben ist. Die Gründe hierfür können mannigfaltig sein. Bei einem Phantasienamen hatte ein anderer die gleiche Idee, war aber schneller. Bei Ihrem Firmennamen oder Ihrer Marke kann es daran liegen, dass der andere zufällig den gleichen Namen trägt oder aber dass er sich bewusst Ihren Namen als Domain hat registrieren lassen, um diese Domain dann an Sie mit Gewinn weiterzuverkaufen (sog. Grabbing). Da die Vergabestellen nur prüfen, ob die konkrete Domain noch frei ist, aber nicht untersuchen, ob durch die Domain-Vergabe Marken- oder Namensrechte Dritter verletzt werden, waren solche Grabbing-Fälle in der Vergangenheit keine Seltenheit. Es sind Fälle bekannt, in denen es Privatleuten gelungen ist, sich über hundert

*Gewünschte Domain bereits vergeben*

Domains mit den Firmennamen bekannter Unternehmen zu sichern [3].

Sobald die gewünschte Domain unter der Top-Level-Domain „de" aber für einen anderen registriert ist, sind Sie zumindest für den Bereich dieser Top-Level-Domain „außen vor", da jede Domain unter der gleichen Top-Level-Domain nur einmal vergeben werden kann (vgl. oben). Unter Umständen können Sie zwar auf eine andere Top-Level-Domain ausweichen (dazu unten **7.**). In der Regel besteht aber ein großes Interesse, sich unter der Top-Level-Domain „de" im Internet präsentieren zu können, da zumindest bisher der durchschnittliche deutsche Internetbenutzer ihm bekannte deutsche Unternehmen unter dieser Top-Level-Domain sucht.



*Alternativdomain*

Die ideale Lösung dieser Situation besteht demnach in einem Freigabeanspruch gegen den anderen. Sollte ein solcher Anspruch nicht bestehen, können Sie – neben einem Freikauf der Domain – möglicherweise auf eine andere Top-Level-Domain ausweichen oder den Domainnamen geringfügig abändern. Für den letzten Weg kann Änderung der Domain in einem einzigen Zeichen genügen. Hatten Sie sich den Phantasienamen „Ihr-Online-Rechtsanwalt(.de)" ausgedacht, aber dann feststellen müssen, dass diese Domain bereits vergeben ist, könnten Sie beispielsweise auf die Domain „Ihr-Onlinerechtsanwalt" zurückgreifen, soweit diese noch nicht vergeben ist. Sie laufen dann aber Gefahr, selbst Ansprüchen des Inhabers der Domain „Ihr-Online-Rechtsanwalt" ausgesetzt zu sein (vgl. unten).

# 2.6
# Freigabeanspruch

*Ansprüche aus Marken -, Wettbewerbs -, oder Namensrecht*

Ein Freigabeanspruch, zumindest aber ein Unterlassungsanspruch kann sich aus v.a. aus Markenrecht (auch Kennzeichenrecht genannt), Wettbewerbsrecht und dem allgemeinen Namensrecht ergeben. Im nachfolgenden werden diese Ansprüche und ihre Voraussetzungen in ihren Grundzügen dargestellt [4]. Dabei wird zunächst nur auf die Sicht des Anspruchstellers abgestellt.

*Bei Privatpersonen nur Namensrecht*

Marken- und Wettbewerbsrecht kommen dabei nur dann in Betracht, wenn der Gegner im geschäftlichen Verkehr tätig wird, §§ 14, 15 MarkenG, 1 ff. UWG. Für die Anwendung dieser Vorschriften ist daher von vornherein kein Raum, wenn ein Privatperson eine Domain registriert, um diesen für eine ausschließlich zu privaten Zwecken dienende Website zu benutzen. In einem solchen Fall kann allenfalls auf namensrechtliche Ansprüche zurückgegriffen werden.

Der Begriff des „geschäftlichen Verkehrs" ist allerdings relativ weit zu verstehen. Es genügt, wenn der unbefangene Betrachter den Eindruck gewinnt, dass unter der Domain Waren oder Dienstleistungen angeboten werden. Hierfür ist noch keine Branchennähe erforderlich. Über den Begriff „geschäftlicher Verkehr" wird v.a. die rein private Tätigkeit ausgenommen.



Bei Anwendung dieser Grundsätze gelangt man auch im Fall des sog. Grabbing (s.o.) zu einem Handeln im geschäftlichen Verkehr [5]. Nach Ansicht der meisten Gerichte kann auch in der bloßen Reservierung einer Domain eine Benutzung im geschäftlichen Verkehr gesehen werden. Es kommt also nicht darauf an, ob bei Eingabe der Domain in die Adresszeile auch tatsächlich eine Website aufzufinden ist.



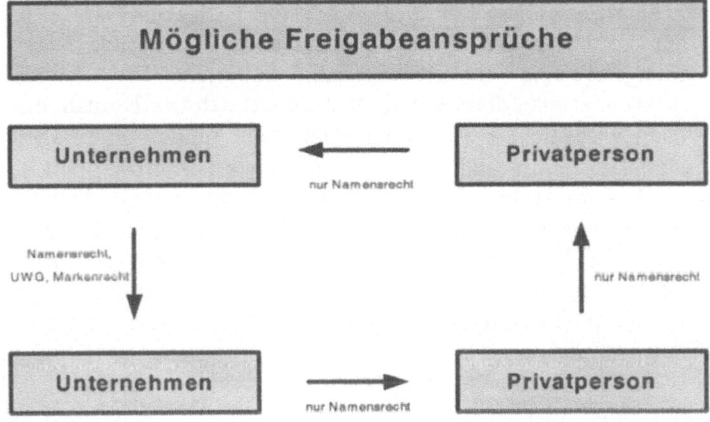



## 2.6.1
## Ansprüche nach Markenrecht

Ein Anspruch nach §§ 14, 15 MarkenG besteht unter folgenden Voraussetzungen:

1. Der Anspruchsteller ist Inhaber einer geschützten Marke, § 3 f. MarkenG, oder einer geschäftlichen Bezeichnung, § 5 MarkenG und

2. der Anspruchsgegner benutzt im geschäftlichen Verkehr ein Zeichen, das mit dieser Marke identisch oder ihr zumindest ähnlich ist und

3.

a) Der Anspruchsgegner bietet unter diesem Zeichen ähnliche Waren oder Dienstleistungen wie der Markeninhaber an, so dass Verwechslungsgefahr besteht oder

b) der Anspruchsteller kann sich auf eine im Inland bekannte Marke berufen.

### 2.6.1.1
### Verwendung eines ähnlichen Zeichens



Diese Anspruchsvoraussetzung ist problemlos verwirklicht, wenn die Domain und ihre Marke identisch sind. Wenn Abweichungen vorliegen, ist fraglich, wie ähnlich sich die Domain und ihre Marke sein müssen (Frage nach dem sog. „Abstandsgebot"). Herkömmlicherweise richtet sich dies danach, ob nach dem Gesamteindruck der kollidierenden Bezeichnungen nach Schriftbild, Klang und Sinngehalt eine Verwechslungsfähigkeit besteht.

Wendet man diese Grundsätze im Bereich des Domainrechts an, dann wird die Verwechslungsgefahr sehr schnell zu bejahen sein, zumal das Schriftbild als Unterscheidungskriterium wegfällt.

Dies würde dazu führen, dass auch ein gutgläubiger Domaininhaber regelmäßig Gefahr liefe, fremde Kennzeichenrechte zu verletzen. Aus diesem Grund und weil der durchschnittliche Internetbenutzer weiß, dass zur Differenzierung von Domains die Abweichung in einem einzigen Zeichen ausreicht, tendiert die vorherrschende Ansicht dazu, mit der Bejahung der Verwechslungsfähigkeit zurückhaltender zu sein und stärkere Überschneidungen mit geschützten Marken zuzulassen als dies im Kennzeichenrecht sonst der Fall ist [6].

Für die Verwechslungsfähigkeit der als Domain verwendeten Zeichen und der geschützten Marke wird bisher allein auf die (Second-Level-)Domain selbst abgestellt. Die Top-Level-Domain bleibt unberücksichtigt [7].



Hier erscheint allerdings – gerade unter Berücksichtigung der Einführung neuer Top-Level-Domains (s. oben 1.) – ein Umdenken angebracht. Die Schaffung neuer Top-Level-Domains soll eine Maßnahme gegen die Ressourcenknappheit der Domains sein. Dieses Ziel würde völlig verfehlt, wenn man hinsichtlich der Verwechslungsfähigkeit auch weiterhin nur auf die Domain selbst abstellen würde. Jeder, der auf eine der neuen Top-Level-Domains ausweicht, sieht sich sofort Marken- oder zumindest namensrechtlichen Ansprüchen desjenigen ausgesetzt, der die gleiche Domain unter der Top-Level-Domain „.de" innehat. Zudem wird den Internet-Usern vor allem angesichts der Einführung der neuen, aussagekräftigen

Top-Level-Domains künftig bewusst werden, dass nur Domain und Top-Level-Domain zusammen unterscheidungskräftig sind. Während man bei der Domain „Neckermann.pro" z.B. einen Rechtsanwalt mit dem Namen Neckermann erwarten kann, geht man davon aus unter Neckermann.aero einen Reiseveranstalter zu finden. Beide haben nichts miteinander zu tun. Es besteht keinerlei Verwechslungsfähigkeit, wenn man auch die Top-Level-Domain mitberücksichtigt.

### 2.6.1.2
### Branchennähe

Die große Mehrheit der zum Bereich des Domainrechts vorliegenden Gerichtsentscheidungen fordert über die Ähnlichkeit von Domain und geschützter Marke hinaus, dass auch die unter dieser Domain und die unter der Marke des Anspruchstellers angebotenen Marken oder Dienstleitungen ähnlich sind [8]. Ohne diese Branchennähe kommt ein markenrechtlicher Anspruch nur dann in Betracht, wenn der Anspruchsteller Inhaber einer bekannten Marke ist, § 14 I Nr. 3 MarkenG.

### 2.6.1.3
### Problem der Gleichnamigkeit

Auch wenn die dargestellten Voraussetzungen eingreifen, kann ein Anspruch ausscheiden, wenn der Anspruchsgegner sich gleichfalls auf eine Marke berufen kann (Problem der sog. Gleichnamigkeit). Diese Probleme treten im Bereich des Domain-Rechts relativ häufig auf. Dem Inhaber der Marke „Müller-Bäck" aus München wird bspw. erst im Zusammenhang mit dem Versuch, eine entsprechende Domain zu registrieren, bekannt, dass sich auch in Hamburg der Inhaber einer Bäckerei die gleiche Marke hat schützen lassen. Dieser Fall wird nach dem sog. „Müller-Prinzip" entschieden: Wer zuerst kommt, mahlt zuerst. Ein Anspruch nach § 14 MarkenG ist nicht gegeben.



### 2.6.1.4
### Rechtsfolge

Soweit die dargestellten Voraussetzungen verwirklicht sind, besteht jedenfalls ein Anspruch auf Unterlassung einer künftigen Kennzeichenrechtsverletzung, d.h. bedeutet, dass der Anspruchsteller die Domain freigeben muss. Nicht alle Gerichte gestehen dem Markeninhaber aber auch einen direkten Anspruch auf Übertragung der Domain zu.

Eine Freigabe ist nicht zwingend gleichbedeutend damit, dass der Anspruchsteller nun die Domain für sich beanspruchen kann. Wenn die Domain wieder frei ist, wird sie an denjenigen vergeben, der zuerst einen entsprechenden Antrag stellt. Aus diesem Grund sollte gleich zu Beginn eines Rechtsstreits ein sog. Dispute-Antrag bei der DE-NIC gestellt werden. Dieses Instrument bewirkt vor allem, dass der Domaininhaber die Domain nicht auf einen Dritten übertragen kann und verhindert somit, dass er sich der Auseinandersetzung mit Ihnen entzieht. Außerdem gewährleistet der zu Ihren Gunsten eingerichtete Dispute-Eintrag, dass Sie automatisch neuer Domaininhaber werden, wenn der bisherige Domaininhaber die Domain freigibt. Der entsprechende Antrag ist kostenlos.

## 2.6.2
## Freigabeanspruch nach UWG



Ein Anspruch nach Wettbewerbsrecht, §§ 1 ff. UWG, ist regelmäßig zu bejahen, wenn ein direkter Wettbewerber ihren Firmennamen sich als Domain nur deshalb registrieren lässt, um Sie zu behindern.

Die meisten Gerichte bejahen einen Anspruch aus Wettbewerbsrecht auch im Fall des sogenannten Domain-Grabbing [9]. Diese Rechtsprechung lässt sich durchaus in Frage stellen, da ein Anspruch nach §§ 1 ff. UWG nicht nur ein Handeln im geschäftlichen Verkehr, sondern auch ein Wettbewerbsverhältnis voraussetzt. Letzteres ist nur dann gegeben, wenn der Anspruchsgegner sich in irgendeiner Weise in Wettbewerb zum Anspruchsteller stellt. Eine Branchennähe ist hierfür allerdings nicht erforderlich.

Lehnt man mangels Wettbewerbsverhältnis einen Anspruch nach §§ 1 ff. UWG ab, kann man zumindest im Fall des Domain-Grabbings Ansprüche aus dem allgemeinen Deliktsrecht, §§ 823 I, 826 BGB in Betracht ziehen [10].

## 2.6.3
## Freigabeanspruch nach Namensrecht



Wird der Inhaber der Domain nicht im geschäftlichen Verkehr tätig, kommt regelmäßig nur ein Anspruch aus dem Namensrecht, §§ 12 BGB, in Betracht. Der eigene Name ist grundsätzlich gegen eine Inanspruchnahme durch Dritte geschützt.

Name in diesem Sinne ist nicht nur der Familienname, sondern auch der Firmenname oder ein Markenname. Reine „Phantasienamen" sind hingegen nur dann Namen im Sinne des Gesetzes, wenn im Geschäftsverkehr bereits eine gewisse Anerkennung ge-

funden haben. Andernfalls sind auch namensrechtliche Ansprüche
ausgeschlossen.

- Das Recht am eigenen Namen wird geschützt gegen unzulässige Namensleugnungen und

- gegen unbefugte Namensanmaßungen, die die Interessen
  des Namensinhabers verletzen, § 12 BGB.

Eine unzulässige Namensleugnung liegt vor, wenn dem Namensinhaber sein Recht zum Gebrauch bestritten wird. Nach Ansicht einiger Gerichte ist diese Voraussetzung bereits dann erfüllt, wenn ein
Dritter sich eine mit dem Namen identische Domain registrieren
lässt [11]. Da jeder Domainname nur einmal vergeben werden kann,
vereitelt eine Registrierung, dass sich der Namensinhaber unter seinem eigenen Namen im Internet repräsentieren kann.

Eine Namensanmaßung liegt vor, wenn :

- ein Dritter den Namen unbefugt gebraucht

- und dadurch schutzwürdige Interessen des Namensinhabers
  verletzt.

Eine Registrierung als Domain-Name ist eine namensmäßige
Verwendung. § 12 BGB untersagt dabei nicht nur den Gebrauch des
absolut identischen Namens. Ein ähnlicher Name genügt, soweit
Verwechslungsfähigkeit gegeben ist.

Die Verwendung eines fremden Namens ist grundsätzlich auch
unbefugt. Probleme tauchen in diesem Zusammenhang nur in der
bereits oben erwähnten Konstellation der Gleichnamigkeit auf. Da
jeder ein Recht darauf hat, seinen eigenen Namen zu benutzen,
scheiden im Fall der Gleichnamigkeit namensrechtliche Ansprüche
grundsätzlich aus. Dem „älteren" Namensträger kann aber ein Anspruch darauf zustehen, dass der „jüngere" durch geeignete Zusätze
eine Verwechslungsgefahr ausschließt.

Schutzwürdige Interessen des Namensinhabers sind vor allem
verletzt, wenn eine konkrete Verwechslungsgefahr besteht. Hierfür
genügt, dass die Annahme organisatorischer oder personeller Zusammenhänge zwischen Namensverwender und Namensinhaber na-
heliegt. Auch hier ist, vergleichbar der Situation beim Kennzeichenrecht, fraglich, ob hinsichtlich der Verwechslungsgefahr allein auf
die Domain oder auch auf den Inhalt der dazugehörigen Homepage
abzustellen ist. Eine einheitliche Rechtsprechung existiert hier nicht.
Als Faustregel kann die Überlegung gelten, dass je ähnlicher die

Domain und der geschützte Name sind, desto eher allein auf diese Domain und nicht auf den Inhalt der Homepage abzustellen ist.

Ohne Verwechslungsgefahr besteht ein Schutz gegen Namensanmaßungen nur für die Inhaber berühmter Namen. Von einer solchen Berühmtheit ist allerdings erst auszugehen, wenn 80 % des Publikums den Namen kennen.

## 2.7
## Situation aus Sicht des Anspruchsgegners

*Spiegelbildliche Prob-lemstellung*

Bisher wurde die rechtliche Problematik der Domain-Vergabe nur aus Sicht dessen betrachtet, dessen Wunschdomain bereits vergeben ist und der nun danach trachtet, diese frei zu bekommen.

Die gleichen rechtlichen Probleme tauchen spiegelbildlich auf, wenn Sie Inhaber einer Domain sind und nun ein Dritter von Ihnen die Freigabe begehrt. Diese Gefahr besteht gerade dann, wenn Ihre „Wunschdomain" bereits anderweitig vergeben ist, ein Freigabeanspruch nach den dargestellten Grundsätzen nicht in Betracht kommt und Sie deshalb auf eine andere Top-Level-Domain ausweichen bzw. die Domain geringfügig modifizieren.

Zur Vermeidung kostspieliger Verfahren sollte Sie bei der Domain-Auswahl deshalb auch prüfen,

- ob bereits ähnliche Domains (im Bereich vergleichbarer Dienstleistungen oder Waren) existieren,

- ob ihre Domain fremde Namensrechte verletzt

*Bsp.: Herr Müller aus X sichert sich die Domain „Franz-Beckenbauer.de"*

- und ob ihre Domain fremde Marken- oder Kennzeichenrechte verletzt.

*Letzteres können Sie über die Homepage des Deutschen Marken- und Patentamtes recherchieren, www.dmpa.de.*

*Verwechslungs-gefahr*

Sobald fremde Marken oder Namen – auch Städtenamen oder Behördenbezeichnungen - betroffen sind, müssen Sie sicherstellen, dass keine Verwechslungsgefahr besteht. Je unterschiedlicher Ihre Tätigkeit und die des Markeninhabers ist, desto eher können Sie mit der Marke vergleichbare oder sogar identische Domains verwenden.

Außerdem sollten Sie bei der Registrierung eines Phantasienamens die Rechtsprechung zum sogenannten „Freihaltebedürfnis" bei Phantasie- und Gattungsnamen berücksichtigen. So könnte beispielsweise die Domain „Anwalt(.de)" aus wettbewerbsrechtlichen Gründen bedenklich sein, da sie Kanalisierungswirkung hat. Dies bedeutet, dass Sie von den Benutzern des Internets, die sich auf der Suche nach einem Anwalt befinden, überdurchschnittlich oft aufgerufen wird, da der „normale" Benutzer hinter der Domain „Anwalt.de" zum einen eine Sammelorganisation von Anwälten vermuten könnte und zum anderen der Einfachheit wegen bei der Suche im Internet mit dem Begriff „Anwalt" beginnen wird. Diese Kanalisierungswirkung könnte im Verhältnis zu anderen Rechtsanwälten Wettbewerbsverzerrung darstellen, §§ 1, 3 UWG [12]. Der BGH hat die Anwendung der zu diesem Problemkreis entwickelten Grundsätze auf den Bereich des Domainrechts in einer Grundsatzentscheidung vom 17.05.2001 allerdings deutlich eingeschränkt.



Da eine Internetdomain grundsätzlich nicht mit einer Marke vergleichbar ist, ist die Registrierung eines Gattungsbegriffs in der Regel zulässig. Der Inhaber der Domain muss lediglich den Eindruck vermeiden, er sei der einzige Anbieter von Diensten dieses Gattungsbegriffes oder eine Sammelorganisation [13]. Bei der Domain „Anwalt.de" darf also durch die Gestaltung der Homepage nicht der Eindruck vermittelt werden, alle (bzw. viele) Anwälte Deutschlands hätten sich hier zu einer gemeinsamen Internetrepräsentation zusammengeschlossen oder es handle sich hier um den einzigen Anwalt im Internet.



Sollten Sie beabsichtigen, mit Domains zu handeln, müssen Sie diese Überprüfung besonders sorgfältig vornehmen, da Domain-Grabber in aller Regel erfolgreich auf Freigabe verklagt werden (s. oben).

# 2.8
# Zusammenfassung

Bei der Domainauswahl sind neben Aspekten wie Benutzerfreundlichkeit und Einprägsamkeit eine Vielzahl rechtlicher Aspekte aus dem Namens- und Kennzeichenrecht zu berücksichtigen. Sie sollten sich hier vor der Registrierung einer Domain absichern, um die erfahrungsgemäß kostspieligen Domainrechtsstreitigkeiten bereits im Vorfeld auszuschließen. Sollte Ihre Wunschdomain bereits anderweitig vergeben sein, stehen Ihnen eventuell marken- und namensrechtliche Ansprüche zur Verfügung, wenn sich diese Domain aus Ihrer Marke oder Ihrem Namen zusammensetzt. Als kostengünstige

Alternative kann allerdings auch das Ausweichen auf eine andere Top-Level-Domain in Betracht gezogen werden. Letzteres wird wohl in Zukunft eine größere Bedeutung bekommen, da davon auszugehen ist, dass durch die Einführung neuer Top-Level-Domains die Top-Level-Domain „.de" ihre bisher überragende Bedeutung für den deutschen Internet-Benutzer verlieren wird.

# Anwendungskompass
# Domainnamen

**1.** Domains sollten kurz, griffig und prägnant formuliert sein! Prüfen Sie z.B. Bei der DE-NIC die Verfügbarkeit!

**2.** Verwenden Sie im Idealfall den Firmen oder Markennamen, wenn notwendig mit einem kurzen Zusatz!

**3.** Vermeiden Sie Berührungen zu Städtenamen oder Behördenbezeichnungen!

**4.** Verwenden Sie auch nach Möglichkeit keine Gattungsbegriffe mit Kanalisierungswirkung!

**5.** Freigabe-Ansprüche aus Marken und Wettbewerbsrecht stehen ihnen nur gegen geschäftliche Anspruchsgegner zu!

**6.** Bei Gleichnamigkeit von Unternehmen und deren "Ideal-Domains" gilt: Wer zuerst kommt, mahlt zuerst!

**7.** Bei vorsätzlicher Behinderung durch Mitbewerber haben Sie einen Freigabeanspruch aus UWG!

**8.** Beachten Sie, dass Sie sowohl als Anspruchsteller wie Anspruchgegner von Domainstreits betroffen sein können!

**9.** Bei Handel mit Domains ist erhebliche Sorgfalt notwendig, da regelmäßig erfolgreich Freigabe erlangt werden kann!

Literaturverzeichnis:

[1]    Bettinger, Der Kampf um die Domain-Namen, GRUR Int. 1997, 402 ff.

[2]    Richter, Rechtsschutz für Internet-Domains; http://www.jura.uni-sb.de/urheberrecht/web-dok/1999017.html

[3]    Richter a.a.O.

[4]    für weiterführende Ausführungen sei (u.a.) Jens Bücking, Namens- und Kennzeichenrecht im Internet (Domainrecht), Kolhammer-Verlag, Stuttgart 1999, empfohlen.

[5]    so die nahezu einhellige Ansicht in der Rechtsprechung, vgl. statt vieler Bettinger a.a.O., Bücking, a.a.O., Rn. 136 ff.

[6]    Bettinger a.a.O., Bücking a.a.O., Rn. 149 ff.

[7]    m.w.N. Bücking, Rn. 155

[8]    Martin Viefhues, Reputationsschutz bei Domain Names und Kennzeichenrecht, MMR 1999, 123

[9]    m.w.N. Bücking, Rn. 140

[10]   m.w.N. Bücking, Rn. 224 ff.

[11]   vgl. m.w.N. KG NJW 1997, 3321; LG Braunschweig NJW 1997, 2687; LG Frankfurt/Main BB 1997, 120

[12]   m.w.N. Bücking, Rn. 220 ff.; nach Ansicht des LG München ist die Domain „Rechtsanwaelte.de" unzulässig, 7 O 5570/00; Verkündet am 16. November 2000

[13]   BGH, Urt. v. 17.05.2001, I ZR 216/99

# 3 Recht und Qualität im elektronischen Handel

RA Burkard J. Luhmer, Rödl & Partner, Düsseldorf

## 3.1 Einleitung

Die gesamte Wirtschaft steht aufgrund der Entwicklungen des Internets derzeit erst am Anfang eines Veränderungsprozesses, den auch vorübergehende Schwankungen nicht ver- oder grundlegend behindern werden. Das Medium wird vor allem B2B-Geschäftsprozesse sowie zunehmend auch im Bereich B2C grundlegend wandeln Dies bedeutet für Unternehmen aber nicht nur einen Online-Shop in das Internet zu stellen, sondern auch entsprechende Back-End-Prozesse vorhalten zu müssen. Totale Kundenorientierung und Kundenbefriedigung aufgrund des erhöhten Wettbewerbsdrucks machen es zukünftig erforderlich, kunden- und zuliefererzentrierte Systeme aufzubauen.

Da die Unternehmen sich in die Wertschöpfungskette von Kunden und Zulieferer integrieren müssen, werden aber auch die informations- und kommunikationstechnologischen Anforderungen immer komplexer. Optimale Kundenorientierung und –Befriedigung kann aber nur der gewährleisten, der qualitative Aspekte berücksichtigt und Qualitätssicherung betreibt.

Dieser Beitrag soll einen Überblick über die rechtlichen Anforderungen im E-Commerce im Sinne qualitätssichernder Faktoren geben.

# 3.2
# Problemstellung



Für diejenigen Unternehmen, die bereits über eine Webpräsenz und Erfahrungen mit dem Medium Internet verfügen, gilt es, sich die Vorteile des Internets über die reine Präsentations- und Marketingfunktion hinaus in puncto Absatz der eigenen Produkte sowie für die unternehmensinternen und –externen Geschäftsprozesse nutzbar zu machen. Ist nun die unternehmerische Entscheidung dahingehend gefallen, sind entsprechende Unternehmensziele und Unternehmensstrategien definiert, müssen diese umgesetzt werden. In diesem Zusammenhang stellt sich für das Unternehmen und für den mit der Realisierung beauftragten Dienstleister (E-Commerce Dienstleister) unter anderem die wesentliche Frage, welche Kriterien für eine erfolgreiche Teilnahme am elektronischen Handel berücksichtigt werden müssen.



Eine der grundlegenden Forderungen ist, wie positive Beispiele aus der Praxis bestätigt haben, offensiv, dass heißt ohne Zögern und konsequent, in ganzheitlicher Weise sich auf die neuen Formen des Wirtschaftens einzulassen und entsprechend anzupassen. Das bedeutet im wesentlichen erstens neue Geschäfts- bzw. Vertriebskonzepte zu entwickeln, zweitens eine entsprechende mentale Adaption bei der Unternehmensführung und den Mitarbeitern, drittens die Geschäftsprozesse kunden- und zuliefererorientiert zu gestalten und viertens die ausreichende Berücksichtigung des neuen Marktumfelds bzw. neuer Marktstrukturen und –Gegebenheiten.



Erfolgreich im E-Commerce ist aber nur derjenige, welcher bei der Ausgestaltung insbesondere der auf den Kunden ausgerichteten Geschäftsprozesse die neuen Marktgegebenheiten in ausreichendem Maße und in flexibler Weise berücksichtigt und sich den Marktanforderungen stellt. Denn die Vielzahl neuer Unternehmen, Geschäftsmodelle, neuer Produkte und Marken, neu entstehender Wertschöpfungs- und Geschäftsprozesse, unzureichende oder teilweise noch fehlende Infrastrukturen, Medienbrüche, mangelnde (Rechts-) Sicherheit, neue Marktstrukturen, fehlende Erfahrungswerte auf Anbieter wie auf Kundenseite, rasant wachsende Unternehmensstrukturen sind typische Begleiterscheinungen der „New Economy“, die noch mangelndes Vertrauen bzw. skeptische Zurückhaltung vor allem auf Kundenseite verursachen und damit eine schnelle bzw. verstärkte Ausbreitung des elektronischen Handels hemmen.



Welche Maßnahmen können also auf der Geschäftsprozessebene entscheidend dazu beitragen, diese Barrieren abzubauen, um das notwendige Vertrauen in den elektronischen Handel beim Kunden zu stärken?

Bei einer näheren Betrachtung der dargestellten Situation rücken notwendigerweise zwei Begriffe in den Vordergrund: Kundenorientierung und Prozessoptimierung. Zentrale Begriffe, die wir aus dem Qualitätsmanagement kennen. Die zahlreichen Unternehmensgründungen sowie die Neugestaltung bzw. notwendige Reorganisation der Geschäftsprozesse in E-Business Prozesse in Unternehmen der „Old Economy" bietet die günstige Gelegenheit, Qualitätsmanagement/ Qualitätssicherungsstrukturen von vornherein berücksichtigen und implementieren zu können. Qualitätsmanagement hilft bei der Definition der E-Business Prozesse und der damit zusammenhängenden Anforderungen unter der Prämisse der Kundenorientierung, Prozessoptimierung und reibungsloseren Vertragsabwicklung, sowohl auf Produktionsebene (z.B. Multimediaproduktion) wie auf der Absatzebene (z.B. Online-Shopping).

Die Zugrundelegung und Einhaltung von Qualitätsmaßstäben bewirkt die Schaffung effizienter Unternehmensstrukturen, eine Reduzierung der Kosten und erleichtert die Auftragsabwicklung zwischen E-Commerce-Dienstleistern und dem Shopbetreiber als Auftraggeber. Diese Gesichtspunkte gelten um so mehr in dem neuen kommerziellen Umfeld des Internets. Das Aufkommen von Gütesiegel für Online-Shops - als aktuelles Beispiel - ist Ausdruck des Qualitatsgedankens und mag diese Sichtweise belegen. Wenn also die Übertragung des Qualitätsgedankens bezogen auf den elektronischen Handel aus den vorbezeichneten Gründen erst Recht sinnvoll erscheint, gilt es allgemeingültige Anforderungen und Qualitätsstandards insbesondere auch vor dem Hintergrund der globalen Dimension des Electronic Commerce zu entwickeln.

Dies ist eine der vordergründigsten und dringlichsten Aufgaben, der sich Produktanbieter, Verbraucherrepräsentanten, E-Commerce-Dienstleister, Wissenschaft und politische, insbesondere normsetzende Organisationen, gemeinsam in verständiger Weise stellen sollten. Dies darf andererseits aber auch nicht zu einer unüberschaubaren Vielzahl unterschiedlicher Standards führen, die den positiven Effekt, insbesondere aus Kundensicht, konterkarieren.

Im Rahmen der Neugestaltung bzw. Umstrukturierung der Geschäftsprozesse für den elektronischen Handel stellt sich für den Unternehmer unter anderem die grundlegende Frage, welche rechtlichen Anforderungen für die Erstellung und Betreibung eines E-Shops im Sinne prozessorientierter Qualitätskriterien vom Shopbetreiber bzw. vom E-Commerce-Dienstleister/ Multimediaproduzenten beachtet werden müssen bzw. sollten.

# 3.3
# Rechtliche Qualitätskriterien im elektronischen Handel



Zunächst ist sich noch einmal bewusst zu machen, das genauso wie in anderen Lebensbereichen auch im E-Commerce/E-Business den wesentlichen, ablaufenden Prozessen zwischen Unternehmen und deren Kunden wie Geschäftspartnern immer Rechtsbeziehungen zugrunde liegen. Dabei gilt auch hier die Unterscheidung zwischen zwingenden, gesetzlich vorgegebenen, und dispositiven, dass heißt verhandelbaren rechtlichen Anforderungen. Die Berücksichtigung und Einhaltung vordefinierter rechtlicher Qualitätskriterien gewährleistet dem Anbieter wie Kunden Rechtskonformität im Rahmen der „Kommerziellen Kommunikation", liefert einen abgesicherten Maßstab für die Ausgestaltung der Geschäftsprozesse und schafft dadurch mehr Rechtssicherheit und Vertrauen (-sschutz) beim Kunden.



Aspekte wie Rechtsunsicherheiten aufgrund unzureichender oder noch fehlender gesetzlicher nationaler wie internationaler Regelungen, Unkenntnis neuer Gesetze, sich ständig wandelnde oder neue Geschäftspraktiken, junges, relativ unerfahrenes Unternehmertum, der Zwang zur Berücksichtigung vermehrt internationalen Rechts, Unklarheiten bei der Anwendung neuer Rechtsvorschriften im Kontext des elektronischen Handels, Auslegungsunsicherheit neu geschaffener Gesetz mangels bisheriger Bestätigung durch Praxis und Rechtsprechung, kontroverse Ansichten in der Rechtwissenschaft bei der Subsumtion neuer Lebenssachverhalte in einen speziellen rechtlichen Kontext, der gesetzliche Reformdruck (annähernd 300 deutsche Gesetze), die generelle Unwissenheit in Bezug auf die aktuelle Rechtslage geben den derzeitigen Zustand wieder. Entsprechend negativ fällt auch eine Analyse aus, wenn man die Einhaltung rechtlicher Vorschriften oder diverser Rechtspraktiken beispielsweise beim Online-Shopping analysiert.

Dies mag um so mehr verdeutlichen, weshalb sich gerade im elektronischen Handel eine Orientierung an allgemeingültigen, rechtlichen Qualitätskriterien empfiehlt. Rechtliches Qualitätsmanagement vermeidet Rechtsstreitigkeiten und leistet einen wesentlichen Beitrag, das Fehlschlagen von Geschäften über das Internet zu reduzieren.

So hat eine Umfrage der Boston Consulting Group unter 12 000 Online-Käufern ergeben, dass nahezu ein Drittel aller Käufe nicht erfolgreich beendet worden sind. Bei 44% der Käufer sei mindestens ein Kauf schiefgelaufen. Ein Viertel der Käufer mit negativem Kauferlebnis bestelle seit dem nicht mehr bei diesem Anbieter. Es ist nicht sachgerecht angesichts der vorherrschenden Rechtslage insgesamt von rechtsfreiem Raum zu sprechen. Durch das deutsche Multimediagesetz, die neue EU-Electronic Commerce Richtlinie und das neue deutsche Fernabsatzgesetz wurden u.a. grundlegende Rahmenbedingungen festgelegt, die es von den Unternehmen umzusetzen und einzuhalten gilt.

# 3.4
# Die wichtigsten Rechtsgrundlagen im elektronischen Handel

Hinsichtlich der derzeitigen Rechtslage für den Bereich des elektronischen Handels ist festzustellen, dass zum einen europäische Regelungen in deutsches Recht umgesetzt werden müssen, bereits bestehende rechtliche Rahmenbedingungen in Deutschland geschaffen sind, jedoch einer nachträglichen Korrektur aufgrund neueren Gemeinschaftsrechts bedürfen.



Andererseits besteht auf deutscher Ebene immer noch Handlungsbedarf, eine Vielzahl deutscher Gesetze den neuen Kommunikations- und Geschäftsformen wie Online-Auktionen, Powershopping, elektronische Ausschreibungen, elektronische Abwicklung öffentlicher Dienstleistungen, Mobile Commerce, Online-Finanzdienstleistungen, Digitale Signaturen oder die Gleichstellung der „elektronischen Form" der Schriftform im Sinne des § 126 Bürgerliches Gesetzbuch anzupassen. Die Situation ist weiterhin davon gekennzeichnet, dass in einigen, für den Geschäftsverkehr wichtigen Rechtsfragen bisher kein einheitlicher, insbesondere wünschenswerter internationaler Konsens besteht.

| Rechtliche Qualitätskriterien für den Online-Handel | | | |
|---|---|---|---|
| **EU-Regeln** | | **Nationale Regeln** | |
| EC-Richtlinie 2000 | Fernabsatz Richtlinie | IuKDG | TDG |
| ESignatur Richtlinie | Fernabsatz Richtlinie Finanzdienstleistungen | SigG | TDDSG |
| Multimedia Richtlinie | Datenschutz-Richtlinie | MdStV | BDSG |
| | | FernAbsG | |

Im folgenden werden die wichtigsten Rechtsgrundlagen im Überblick [2] sowie der derzeitige Stand der Gesetzgebung dargestellt, nach welchen sich rechtliche Qualitätskriterien für den E-Commerce zwingend zu richten haben.

## 3.4.1
## Internationale Regelungen

Als einer der weichenstellenden Regelungen im Bereich der internationalen, vornehmlich europäischen Rechtsvorschriften sind zu nennen:

### 3.4.1.1
### EU-Electronic-Commerce Richtlinie 2000/31/EG



Ziel der EU-Richtlinie über bestimmte rechtliche Aspekte des elektronischen Geschäftsverkehrs im Binnenmarkt (E-Commerce-Richtlinie) ist, das einwandfreie Funktionieren des Binnenmarktes, insbesondere den freien Verkehr von Diensten der Informationsgesellschaft zwischen den Mitgliedsstaaten, sicher zu stellen. Mit der Richtlinie sollen unter anderem in Bezug auf die Zulassungs- und Niederlassungsfreiheit der Diensteanbieter, die Formen der Kommerziellen Kommunikation (Werbemails, Informationspflichten), den elektronischen Vertragsschluss, die Verantwortlichkeit der Anbieter vermittelnder Dienste oder die Rechtsdurchsetzung ein einheitlicher Rechtsrahmen geschaffen werden.

Einer der Kernpunkte ist die Festschreibung des Herkunftslandsprinzips, wonach der Anbieter grundsätzlich dem nationalen Recht unterliegt, in dessen Land er niedergelassen ist. Von diesem Grundsatz gibt es jedoch zahlreiche Ausnahmen, wie etwa das Verbraucherschutzrecht. Des weiteren ist den Dienstanbietern die Versendung von Werbemails (Spamming) grundsätzlich erlaubt, es sei denn, der Verbraucher hat durch Eintragung in ein öffentliches Register erklärt, dass er dies nicht wünsche (sog. Opt-Out-Verfahren). Den Mitgliedsstaaten bleibt aber das Recht vorbehalten, das Spamming grundsätzlich zu verbieten, es sei denn, der Kunde hat ausdrücklich darin eingewilligt (Opt-In-Verfahren). Ein Opt-Out-Verfahren wird es basierend auf der bisherigen Rechtsprechung in Deutschland nicht geben.

### 3.4.1.2
### EU-Fernabsatzrichtlinie 97/7/EG

Die EU-Richtlinie über den Verbraucherschutz bei Vertragsabschlüssen im Fernabsatz vom 20. Mai 1997 bezweckt lediglich eine Mindestharmonisierung. Die wesentlichen Regelungen sehen Informationspflichten des Internetanbieters gegenüber dem Verbraucher, das Widerrufsrecht des Verbrauchers, Vertragserfüllung spätestens nach 30 Tagen, bei Geldkartenzahlung Stornierung im Falle betrügerischer Verwendung, ein Verbot der Zusendung unbestellter Waren, ein Verbandsklagerecht vor. Die Umsetzung der Richtlinie ist durch die Verabschiedung des deutschen Fernabsatzgesetzes erfolgt.



### 3.4.1.3
### EU-Elektronische Signatur Richtlinie 99/93/EG

Die EU-Richtlinie über gemeinschaftliche Rahmenbedingungen für elektronische Signaturen ist am 19.01.2000 durch Verkündung im Amtsblatt der Europäischen Union in Kraft getreten und soll der Sicherstellung der grenzüberschreitenden rechtlichen Anerkennung elektronischer Signaturen dienen.



### 3.4.1.4
### EU-Multimedia Richtlinie 97/0359 (COD)

Geänderter Vorschlag einer EU-Richtlinie zur Harmonisierung bestimmter Aspekte des Urheberrechts und der verwandten Schutzrechte in der Informationsgesellschaft KOM 97/628 final. Mit der geplanten Richtlinie sollen im Bereich des Urheberrechtsschutzes gleiche Bedingungen für alle geschaffen werden. Sie regelt insbesondere das Vervielfältigungsrecht, das Recht der öffentlichen Wiedergabe und Zugänglichmachung, das Verbreitungsrecht sowie den rechtlichen Schutz von Systemen zur Verhinderung unerlaubten Kopierens und zur Verwaltung von Rechten.



Die Europäische Kommission hat auf Initiative von BinnenmarktKommissar Mario Monti einen Vorschlag für eine Richtlinie zur Harmonisierung bestimmter Aspekte des Urheberrechts und der verwandten Schutzrechte in der Informationsgesellschaft vorgelegt. Mit diesem Vorschlag soll der bestehende Rechtsrahmen insbesondere im Hinblick auf neue Produkte und Dienstleistungen mit urheberrechtlichem Gehalt (sowohl online als auch auf materiellen Trägern wie CD, CD-ROM und DVD) ergänzt und angepasst werden, um auf diese Weise einen Binnenmarkt für Urheberrecht und verwandte Schutzrechte zu schaffen und gleichzeitig Kreativität und Innovation in der EU zu fördern.

Harmonisiert werden unter anderem die Bestimmungen über das Vervielfältigungsrecht, das Recht der öffentlichen Wiedergabe (einschließlich des Angebots von geschütztem Material im Internet), das Verbreitungsrecht, den rechtlichen Schutz von Antikopiersystemen und den Informationen für die Verwaltung dieser Rechte. Die Richtlinie würde Nutzern, Rechtsinhabern und Investoren, z. B. den Anbietern von Online-Diensten, zugute kommen und den innergemeinschaftlichen Handel mit urheberrechtlich geschützten Waren und Dienstleistungen erleichtern. Der Richtlinienvorschlag ist nicht nur das Ergebnis umfassender Konsultationen auf der Grundlage des Grünbuchs von 1995, sondern folgt auch der internationalen Entwicklung auf diesem Gebiet insoweit, als er die wesentlichen Verpflichtungen der im Dezember 1996 angenommenen neuen WIPO-Verträge zum Schutz der Urheber und zum Schutz der ausübenden Künstler und Tonträgerhersteller umsetzt.

### 3.4.1.5
### EU-Richtlinie für Fernabsatz von Finanzdienstleistungen 98/C385/10

*Finanzdienst-leistung*

Der EU-Richtlinienvorschlag über den Verbraucherschutz beim Fernabsatz von Finanzdienstleistungen ist eine Ergänzung zur EU-Fernabsatzrichtlinie, die Finanzdienstleistungen ausschließt.

### 3.4.1.6
### EU-Datenschutz-Richtlinie 95/46/EG

*Datenschutz nnerhalb der EU*

Die Datenschutzrichtlinie vom 24. Oktober 1995 regelt den Schutz natürlicher Personen bei der Verarbeitung personenbezogener Daten und Erleichterungen für den freien Datenverkehr innerhalb der Europäischen Union. Die Richtlinie sollte bis zum Oktober 1998 in deutsches Recht umgesetzt sein, was bisher noch nicht erfolgt ist.

### 3.4.2
### Deutsche Gesetze

### 3.4.2.1
### Informations- und Kommunikationsdienste-Gesetz („Multimediagesetz", IuKDG)

*Rahmengesetz*

Das Gesetz des Bundes zur Regelung der Rahmenbedingungen für Informations- und Kommunikationsdienste (IuK-Dienste) vom 1. August 1997 ist ein Rahmengesetz, dessen Schaffung sowohl die Beseitigung von Hemmnissen für die freie Entfaltung der Marktkräfte im Bereich der neuen IuK-Dienste als auch die Gewährleistung einheitlicher wirtschaftlicher Rahmenbedingungen durch die Einführung notwendiger Regelungen im Datenschutz, in der Datensicherheit, im Urheberrecht, Jugend- und Verbraucherschutz sowie die Verantwortlichkeiten der Diensteanbieter beabsichtigt.

### 3.4.2.2
### *Teledienstegesetz (TDG)*

Das Teledienstegesetz bezweckt einheitliche wirtschaftliche Bedingungen für die verschiedenen Nutzungsmöglichkeiten der elektronischen Informations- und Kommunikationsdienste zu formulieren. Das Gesetz ist insbesondere bedeutsam für die Werbung und Konsumentenkommunikation. Es gilt für alle Informations- und Kommunikationsdienste, die für eine individuelle Nutzung von kombinierten Daten wie Zeichen, Bilder und Töne bestimmt sind und die mittels Telekommunikation übermittelt werden (Teledienste). Teledienste sind bspw. Homepages, Online-Shops, Online-Banking, Chatforen, elektronische Bestellkataloge. Es regelt u.a. den Geltungsbereich der Teledienste in Abgrenzung zu sogenannten Mediendiensten im Sinne des Mediendienste-Staatsvertrages, die Zulassungs- und Anmeldefreiheit, Verantwortlichkeit und zahlreiche Informationspflichten im Verhältnis Anbieter gegenüber Nutzer. In Umsetzung der EU-E-Commerce Richtlinie wird das TDG zur Zeit überarbeitet. Mitte 2001 soll das novellierte TDG vom Bundestag verabschiedet werden.

*Definition in Abgrenzung zu den Mediendiensten*

### 3.4.2.3
### *Mediendienste-Staatvertrag der Länder (MdStV)*

Der Geltungsbereich des Mediendienste-Staatvertrages der Länder erstreckt sich im Gegensatz zum Teledienstegesetz auf das Angebot und die Nutzung von an die Allgemeinheit gerichteten IuK-Diensten, wie sogenannte Verteildienste im Sinne von Fernseheinkauf, Fernsehtext, Radiotext oder vergleichbare Text- und Verteildienste, in denen Messergebnisse und Datenermittlungen verbreitet werden oder Abrufdienste (Video on Demand). Ausgenommen sind Telespiele, die reine Übermittlung/ Abfrage von Auskunftsdaten oder die den individuellen Leistungsaustausch zum Gegenstand haben, wie z.B. Online-Shopping oder Homebanking. Sind die Mediendienste jedoch dem Rundfunk zuzuordnen, gilt der Rundfunkstaatsvertrag. Der MdStV regelt u.a. die Verantwortlichkeit für Inhalte und deren Ausgestaltung, Werbung, Sponsoring, Auskunftsrechte sowie das Recht der Gegendarstellung. Auch der MdStV wird zur Zeit an die Vorgaben der EU-E-Commerce Richtlinie angepasst und soll Mitte 2001 vom Bundestag verabschiedet werden.

*Regelt Inhalte und Recht der Gegendarstellung*

Im Juni 2000 wurde das deutsche Fernabsatzgesetz vom Bundestag verabschiedet. Es bezieht sich auf Verträge über die Lieferung von Waren oder die Erbringung von Dienstleistungen, die ausschließlich zwischen einem Unternehmer und einem Verbraucher unter ausschließlicher Verwendung von Fernkommunikationsmitteln (Briefe, Telefon, Telefax, E-Mails, Rundfunk, Tele-, Mediendienste) abgeschlossen werden, es sei denn, der Vertragsschluss ist nicht im Rahmen eines für den Fernabsatz organisierten Vertriebs- oder Dienstleistungssystems erfolgt. Demzufolge fällt das Online-Shopping wie aber auch das Tele-Shopping oder Bestellen über Telefon, Telefax oder E-Mail unter den Fernabsatz. Damit stellt der Fernabsatz folglich auch eine bestimmte Form kommerzieller Kommunikation im Sinne der E-Commerce-Richtlinie dar. Das Gesetz bestimmt im wesentlichen, welche Informationen der Verbraucher in bestätigender Weise zu erhalten hat sowie das Recht, den über Fernabsatz geschlossenen Vertrag ohne Angabe von Gründen innerhalb einer Frist von 14 Tagen widerrufen zu können. Durch diesen Widerruf wird auch ein Verbraucherkredit gelöst, der zur vollständigen oder teilweisen Finanzierung der betreffenden Ware oder Dienstleistung zwischen Lieferant und Verbraucher oder Verbraucher und einem Dritten (aufgrund einer zusätzlichen Vereinbarung zwischen dem Lieferanten und Dritten) abgeschlossen wurde. Das Fernabsatzgesetz enthält im Verhältnis zum Teledienstegesetz ergänzende Vorschriften zum Verbraucherschutz.

### 3.4.3
### Signaturgesetz (SigG)



Bereits 1997 ist in Deutschland im Rahmen der sogenannten Multimediagesetze (IuKDG) das Signaturgesetz verabschiedet worden. Da dieses Gesetz lediglich technische und organisatorisch-administrative Rahmenbedingungen regelt, besteht aus deutscher Sicht ein gesetzlicher Anpassungsbedarf an die nunmehr geltende EU-Signaturrichtlinie u.a. hinsichtlich der Rechtsverbindlichkeit (Beweiswert) elektronischer Signaturen, des Verfahrens sowie der Haftung von Zertifizierungsstellen. Das Gesetz wird noch im ersten Halbjahr 2001 den Bundestag passieren. Gleiches gilt für die Anpassung der Signaturverordnung an die Richtlinie.

### 3.4.3.1
### Teledienste-Datenschutzgesetz (TDDSG)

Das Teledienstedatenschutzgesetz ist im Verhältnis zum allgemeinen Bundesdatenschutz ein Spezialgesetz. Es gilt für den Schutz
personenbezogener Daten speziell bei Telediensten im Sinne des Te-
ledienstegesetzes. Damit soll in datenschutzrechtlicher Hinsicht den
speziellen Gefährdungen bei der Internet Online Nutzung entgegen-
gewirkt werden. Das Gesetz enthält Grundsätze für die Verarbeitung
personenbezogener Daten, Verpflichtungen technisch-organi-
satorischer Art auf Anbieterseite sowie detaillierte Regelungen hinsichtlich dem Umgang mit Nutzungs-, Bestands- und Abrechnungsdaten sowie das Auskunftsrecht oder die elektronische Einwilligung
des Nutzers zur Erhebung personenbezogener Daten. Dieses Gesetz
regelt beispielsweise, unter welchen Bedingungen Online-
Marketing-Massnahmen wie die Anlegung von Nutzerprofilen oder
die Verwendung von Cookies zulässig ist. Vor dem Hintergrund,
dass das Internet enorme Möglichkeiten der Sammlung und Auswertung von Nutzerdaten bietet, andererseits Daten in der Informations-
und Kommunikationsgesellschaft fast schon geldwerter Charakter
beizumessen ist, erlangt der Datenschutz vor allem im sogenannten
Nicht-öffentlichen Bereich zunehmend an Bedeutung. Demzufolge
haben die Datenschützer auch bereits angekündigt, zukünftig verstärkt Unternehmen nach der Einhaltung der Datenschutzgesetze zu
überprüfen.



### 3.4.3.2
### Bundesdatenschutzgesetz (BDSG)

Das deutsche Datenschutzrecht soll bis zum Ende der laufenden Le-
gislaturperiode einer grundlegenden Reform unterzogen werden. Die
erste Stufe bezieht sich insbesondere auf die überfällige Umsetzung
der EU-Datenschutzrichtlinie in deutsches Recht. Danach haben Unternehmen genau über den Zweck der Verarbeitung personenbezogener Daten, wie z.B. zu Werbezwecken, zu informieren. Unter einen besonderen Schutz wird die Verarbeitung besonders sensibler
Daten etwa aus dem Gesundheitsbereich oder hinsichtlich der Reli-
gionszugehörigkeit gestellt. Ferner werden die Kontroll- und Sankti-
onsrechte der staatlichen Aufsichtsbehörden erweitert.

# 3.5
# Rechtliche Qualitätskriterien beim Online-Selling

Insbesondere die Umsetzung der E-Commerce-Richtlinie sowie der Fernabsatz-Richtlinie haben in Deutschland die Schaffung einer Reihe neuer Vorschriften im Hinblick auf die Erstellung und das Betreiben eines Online-Shops mit sich gebracht. Auf die wesentlichen Regelungen soll im Überblick eingegangen werden.

## 3.5.1
## Unternehmenspräsentation



Der Anbieter (Web-Site Betreiber) muss auf seiner Website seine Identität und alle notwendigen Daten für den Rechtsverkehr und die Kontaktaufnahme an leicht auffindbarer und von allen untergeordneten Seiten leicht zugänglicher Stelle angeben. Im Rahmen der sogenannten Anbieterkennzeichnung sind im wesentlichen anzugeben: Name bzw. vollständige Firmenbezeichnung inkl. Rechtsformangabe.



Besteht die Firma aus einem Einzelkaufmann, so ist diese Person mit Namen und Anschrift hervorzuheben

- Bei einer BGB-Gesellschaft (GbR) reicht die bloße Angabe der „XYZ-GbR" nicht aus. Es sind stattdessen alle Gesellschafter namentlich zu benennen. Eine hauptverantwortliche Person kann dabei hervorgehoben werden

- (Post-) Anschrift des Anbieters

- Anschriften weiterer Niederlassungen

- gegebenenfalls abweichende Postanschrift (Postfach)

- Telefonnummer, Telefaxnummer, Email-Adresse des Anbieters

- Nachname, Vorname(n) vertretungsberechtiger Personen, bei Personenvereinigungen und –gruppen ist auch dessen Anschrift des anzugeben

- Zusätzlich bei journalistisch-redaktionell gestalteten Angeboten: Name und Anschrift eines oder gegebenenfalls mehrerer Verantwortlicher

- Handelsregisternummer oder vergleichbare Registerkennung

- Angabe des Handelsregisters (Registergericht) oder vergleichbares öffentliches Register

- Angabe der Umsatzsteueridentifikationsnummer

- Angaben der zuständigen Aufsichtsbehörde, sofern für die Tätigkeit eine Zulassung erforderlich ist

- Bei reglementierten Berufen (Rechtsanwälte, Steuerberater etc.): Berufsverband, Kammer, vergleichbare Einrichtungen, Berufsbezeichnung und Mitgliedsstaat, in dem diese verliehen worden ist

Nicht zwingend sind Angaben zu Geschäftszeiten für den stationären Handel wie „Internet-Geschäftszeiten" oder solche zur Bonität des Unternehmens wie Kreditrankings In jedem Fall sollte stets auf eine für den Nutzer eindeutige Zuordnung von Anbieter und seinen Produkten geachtet werden. Die Gefahr nicht eindeutiger Zuordnung besteht insbesondere bei der Verwendung von Frames und bei der Verlinkung auf Produkte anderer Anbieter wie z.B. bei Cyber Malls. Ferner sollte auf eine erkennbar eindeutige Trennung zwischen dem Privat- und Geschäftskundenbereich geachtet werden. So gelten im B2B und B2C jeweils andere rechtliche Anforderungen beispielsweise hinsichtlich der Allgemeinen Geschäftbedingungen, der Preisangaben oder anderweitiger handelsrechtlicher Erfordernisse.

Nicht zwingend: z.B.
Geschäftszeiten oder
Bonität

# 3.6
# Verbraucherschutz

## 3.6.1
## Informations- und Belehrungspflichten

Der gesetzliche Verbraucherschutz im E-Commerce soll im wesentlichen über eine fast kaum mehr überblickbare Vielzahl neuer Informations-, Hinweis- oder Belehrungspflichten seitens des Anbieters gewährleistet werden. Diese ergeben sich insbesondere aus dem Fernabsatzgesetz, dem novellierten Teledienstegesetz und den einschlägigen Datenschutzvorschriften. In diesem Zusammenhang geben teilweise die Gesetze selber auch vor – wenn auch für den Gesetzesanwender noch stark auslegungsbedürftig -, in welcher Art und Weise die Verbraucheraufklärung auf der Web-Site zu präsentieren ist.

Verbraucherschutz

Neben den vorbezeichneten allgemeinen Informationspflichten im Sinne der Anbieterkennzeichnung ergeben sich nach der E-Commerce-Richtlinie Informationspflichten im Zusammenhang mit der sogenannten kommerziellen Kommunikation, welche klar als solche erkennbar sein muss. Weiterhin muss die eine Person, für deren Rechnung die Kommunikation erfolgt, klar identifizierbar sein. Ferner müssen Angebote zur Verkaufsförderung wie Preisnachlässe, Zugaben und Geschenke und Bedingungen für ihre Inanspruchnahme klar gestaltet sein. Die Teilnahmebedingungen für Preisausschreiben und Gewinnspiele müssen leicht zugänglich und unzweideutig angegeben werden.

Daneben ist im Einklang mit dem neuen deutschen Fernabsatzgesetz über

- die Mindestvertragslaufzeit bei dauernd oder regelmäßig wiederkehrend vereinbarten Leistungen,

- über einen Vorbehalt, eine in Qualität und Preis gleichwertige Leistung zu erbringen, einen vertraglichen Vorbehalt, die versprochene Leistung im Falle ihrer Nichtverfügbarkeit nicht zu erbringen,

- den Preis der Ware oder Dienstleistung einschließlich aller Steuern und sonstigen Preisbestandteile,

- gegebenenfalls zusätzlich anfallende Liefer- und Versandkosten,

- Einzelheiten hinsichtlich der Zahlung, Lieferung oder Erfüllung,

- über das Bestehen des gesetzlichen Widerrufs- oder vertraglichen Rückgaberechts,

- die Gültigkeitsdauer befristeter Angebote, insbesondere des Preises und

- über zusätzliche Fernkommunikationsmittelkosten, die über die üblichen Kosten hinausgehen, zu informieren.

- Ferner sind über wesentlichen Merkmale der angebotenen Ware oder Dienstleistung aufzuklären.



Der Verbraucher soll in die Lage versetzt werden, dass Leistungsangebot bewerten zu können. Es müssen jedoch nicht alle Einzelheiten genannt werden. Die im Rahmen des Fernabsatzes mitzuteilenden Informationen müssen dem Verbraucher spätestens unmittelbar nach Vertragsschluss, bei Waren spätestens bei Lieferung auf einem dauerhaften Datenträger (Papier, Diskette, CD-ROM u.ä.) zur

Verfügung stehen. Zu beachten ist, dass nach dem Fernabsatzgesetz bestimmte Informationen auf dem Datenträger noch einmal besonders hervorgehoben sein müssen. Dies bezieht sich auf Kündigungsbedingungen, die Belehrung über das Rückgabe- und Widerrufsrecht, Kundendienstangaben, Gewährleistungs- und Garantiebedigungen sowie die Anschrift der Niederlassung, bei der der Verbraucher Beanstandungen vorbringen kann. Auf vertriebliche Einschränkungen in Bezug auf das Liefergebiet, Produkte oder den Kundenkreis (keine Minderjährigen o. ä.) ist so früh wie möglich und an leicht wahrnehmbarer Stelle auf der Website hinzuweisen.

Weitere zwingende Informationspflichten ergeben sich aus dem Datenschutzrecht. Danach muss der Anbieter u.a. den Nutzer vor jeder Datenerhebung über Art, Umfang, Ort und Zweck der Datenerhebung, -verarbeitung und Datennutzung informieren und von diesem eine  entsprechende Einwilligung abverlangen. Dies gilt auch, wenn bei der Verwendung von Cookies personenbezogene Daten erhoben werden. Die Einwilligung des Nutzers kann auch elektronisch erfolgen. Diese Einwilligung ist ausnahmsweise nicht erforderlich für die Datenerhebung und Verarbeitung im Rahmen der Vertragsabwicklung. Sofern über die Vertragsabwicklung hinausgehend personenbezogene Daten mit der erforderlichen Einwilligung des Nutzers erhoben werden, ist er auf die jederzeitige Möglichkeit des Widerrufs seiner Einwilligung und auch auf sein jederzeitiges Auskunftsrecht hinzuweisen.



## 3.6.2
## Jugendschutz

Hinsichtlich des Jugendschutzes hat auch der Anbieter von Medien- oder Telediensten die geltenden Jugendschutzbestimmungen im Sinne von Verbreitungsverboten oder Konsumbeschränkungen einzuhalten. Die unzulässige Verbreitung jugendgefährdender Inhalte ergibt sich aus strafrechtlichen Vorschriften (§§ 130, 131, 184 StGB - vgl. Kapitel 12) oder dem Gesetz über die Verbreitung jugendgefährdender Schriften und Medieninhalte (GjS), wobei letzteres auf Medien- und Rundfunkdienste keine Anwendung findet. Das Verbreitungsverbot nach GjS findet dann auch keine Anwendung, wenn technische Vorkehrungen sicherstellen, dass das Angebot oder die Verbreitung in Deutschland auf volljährige Nutzer beschränkt werden kann. Darüber hinaus besteht für Teledienste ein Verbreitungsverbot für Angebote, die in der von der Bundesprüfstelle geführten Liste jugendgefährdender Schriften vermerkt sind. Anbieter von Tele- und Mediendiensten sind ferner verpflichtet, einen Ju-

gendschutzbeauftragten zu bestellen, wenn der Dienst jugendgefährdende Inhalte enthalten können, sofern diese sich an die Allgemeinheit und nicht an geschlossene Benutzergruppen richten § 8
(MDStV). Ferner hat die „Freiwillige Selbstkontrolle Multimedia-
Dienstanbieter" zum Ziel den Jugendschutz auf selbstverantworteter
Basis zu stärken.

### 3.6.3
### Online-Marketing



Das deutsche Werbe- und Wettbewerbsrecht gilt auch für Werbung,
Kaufanreize oder das 1to1 Marketing im Internet. Die rechtlichen
Vorgaben ergeben sich insbesondere aus § 1 UWG (Sittenwidrigkeit) und § 3 UWG, wonach der Anbieter verpflichtet ist, keinerlei
falsche oder irreführende Informationen über seine geschäftlichen
Verhältnisse, Waren und Leistungen oder sonstige Angebotsbestandteile zu veröffentlichen. Wegen Verstoßes gegen § 1 UWG
ist es auch im Internet unzulässig, die Teilnahmemöglichkeit an einem Gewinnspiel mit einer Bestellung bzw. dem Kauf einer Ware
zu verbinden. Sofern der Bundestag Mitte 2001 der Abschaffung des
deutschen Rabattgesetzes und der Zugabeverordnung zustimmen
wird, wird sich zukünftig die Gewährung von Rabatten und Zugaben
zumindest am Recht über den unlauteren Wettbewerb messen lassen
müssen. Nach der deutschen Rechtsprechung muss der Anbieter bei
Versendung von Werbemails die vorherige Einwilligung des Empfängers einholen (Opt-in-Verfahren). Die nach deutschem Recht bestehenden standesrechtlichen Werbebeschränkungen für Angehörige
freier Berufe sowie produktbezogenen Werbebeschränkungen (Tabak, Arzneimittel) gelten auch im Internet der presse- und medienrechtliche Grundsatz der Trennung zwischen redaktionellem Inhalt
und Werbung. Inwiefern eine solche Trennung sich zukünftig im Internet aufrechterhalten lässt, wird sich mit der Zeit herausstellen. Zur
Zeit plant die EU auch eine Harmonisierung des Werberechts.



In Bezug auf die Preisangabe ist § 9 IuKDG in Ergänzung mit der
Preisangabenverordnung sowie § 2 Fernabsatzgesetz einschlägig.
Danach muss jedes Internet- bzw. auf einen Bildschirm übertragene
Angebot eine Preisangabe erhalten. Diese muss gegenüber dem
Endverbraucher sämtliche Preisbestandteile wie Abgaben und Nebenkosten umfassen. Diese Anforderungen werden wohl auch dann
auf Angebote aus dem B2B Bereich gelten müssen, wenn sich die
Internetpräsentation nicht ausschließlich auf den gewerblichen Kundenkreis beschränken lässt. Währungsangaben haben in DM und Euro zu erfolgen. Die Währungsangabe in DM ist bis zum 31.12.2001

zwingend. Die Euro-Angabe kann bis dahin zusätzlich erfolgen. Bei sogenannten Onlinelieferungen (z.B. Software Download) müssen die permanent auflaufenden Kosten angezeigt werden.

## 3.6.4
## Bestellprozess - Vertragsschließung



Der Vorgang des Bestellens einer Ware oder Dienstleistung und der Vertragsschließung im Online-Shop ist grundsätzlich derart zu gestalten, dass er für den Nutzer verständlich, einfach zu handhaben und rechtskonform ist. Dies ergibt sich u.a. aus dem geltenden Transparentgebot. Die einzelnen Bestellschritte sind einfach und nachvollziehbar strukturiert auszugestalten, so dass eine vollständige in Kenntnis der Umstände zustande gekommene Einigung der Parteien sichergestellt werden kann. Dem Nutzer muss bewusst gemacht werden, wann er durch welche Aktion sich endgültig rechtlich bindet. Dies sollte der Anbieter durch klarstellende Hinweise, unzweideutige Formulierungen und entsprechende gekennzeichnete Funktionalitäten (Buttons, Links, grafische Darstellung der Bestellschritte etc.) deutlich machen.

Ausgehend von einer standardisierten Betrachtungsweise gliedert sich jeder Bestellvorgang in einem Online-Shop für den Vertrieb von Waren oder Dienstleistungen, der nicht online über das Netz abgewickelt werden kann (Offline-Lieferungen) im wesentlichen in folgende Einzelschritte:

- Auswahl bestimmter Produkte aus dem elektronischen Produktkatalog durch Überführung in den Warenkorb.

- Erstmalige Nutzer- (Kunden-) Registrierung oder Eingabe bereits gespeicherter Kundendaten (z.B. Passwort)

- Bestellformular: Erfassung und Visualisierung aller vertragsrelevanten Daten (Neueingabe oder Übernahme gespeicherter Daten)

- Anbieter-Bestätigung der erfassten Vertragsdaten gegenüber dem Nutzer und Aufgabe der Bestellung durch den Nutzer auf der selben Web-Site (Vertragsangebot des Nutzers bei Offline-Lieferungen)

- Erneute Bestätigung des Eingangs der Bestellung. Je nach Ausgestaltung kann dies bereits die Vertragsannahme des Anbieters darstellen, entscheidend ist, was der Nutzer auffasst.

Der Warenkorb sollte insbesondere den aktuellen Bestellstatus anzeigen und mindestens Angaben über die genaue Produktbezeichnung, gegebenenfalls Kurzbezeichnung, die Bestellnummer (wenn vorgesehen), den Einzelstückpreis, die bestellte Anzahl/ Menge eines bestimmten Produkts (Summenanzeige), den Summenpreis, die Gesamtkostenanzeige (inklusive aller für den Erwerb zusätzlich anfallenden Kosten) enthalten. Ferner muss der Nutzer die Möglichkeit haben, jederzeit den Bestellvorgang abbrechen zu können.



Der Anbieter hat den Kunden vor Abgabe der elektronischen Bestellung gemäß der Neufassung von § 305b Abs. 2 Bürgerliches Gesetzbuch zu informieren über:

- die einzelnen technischen Schritte, die zum Vertragsschluss führen,

- darüber; ob der Vertragstext nach Vertragsabschluss von dem Anbieter gespeichert wird und ob er dem Nutzer zugänglich ist,

- über die technischen Mittel zur Erkennung und Korrektur von Eingabefehlern vor Abgabe der Bestellung,

- über die für den Vertragsschluss zur Verfügung stehenden Sprachen,

- über Verhaltensregelwerke, denen sich der Anbieter unterwirft, sowie die Möglichkeit eines elektronischen Zugangs (Internet-Domain, Downloadmöglichkeit) zu diesen.



Verträge, die nach geltendem Recht zwingend einer bestimmten Form bedürfen, wie eigenhändige Unterschrift, Schriftlichkeit (z.B. Verbraucherkreditverträge) oder notarielle Beurkundung, können derzeit elektronisch nicht wirksam geschlossen werden, da auch ein digital signiertes Dokument bis jetzt nicht der gesetzlichen Schriftform und eigenhändigen Unterschrift gleichgestellt ist. Der Anbieter sollte daher für diese Art von Verträgen keinerlei vertragschließende Funktionalitäten, sondern einen entsprechenden Hinweis auf der Website vorsehen.



Grundsätzlich ist jedem kommerziellen Anbieter zu empfehlen, standardisierte Vertragsbedingungen/ Allgemeine Geschäftsbedingungen (AGB) zusammenhängend in seinem Internetauftritt zu dokumentieren. Dabei sollten diese im wesentlichen beinhalten:

- die Rechtswahl (Wahl der anwendbaren Rechtsordnung)
- Lieferbedingungen, Zahlungsbedingungen



*3 Recht und Qualität im elektronischen Handel*

- Vereinbarung eines Vorbehalts, bei Nichtverfügbarkeit eine in Qualität und Preis gleichwertige Leistung zu erbringen sowie die Vereinbarung eines vertraglichen Vorbehalts, bei Nichtverfügbarkeit die Leistung nicht zu erbringen, wenn dies gewollt ist

- Angabe der Kündigungsbedingungen bei Dauerschuldverhältnissen

- Regelungen für typische Vertragsstörungen wie Gewährleistung, Verzug

- einen Eigentumsvorbehalt (wenn vorgesehen) oder besondere Garantieversprechen und -bedingungen beinhalten, die Produkthaftung

- Regelungen der Vertragsrückabwicklung bzw. Rückabwicklung von Leistungen in den dafür typischen Fällen (Widerruf, Rückgabe, Rücktritt etc.) und der damit verbundenen Kostentragung

- die Wahl des Gerichtsstands

- Zusätzlich können je nach Art der Leistung Regelungen für außergerichtliche Streitigkeiten oder Beweisvereinbarungen vorgesehen werden.

§ 2 Abs.1 AGB-Gesetz verlangt, dass AGB nur dann Vertragsbestandteil werden, wenn der Verwender (Anbieter) im Zeitpunkt des Vertragsschlusses ausdrücklich darauf hingewiesen hat und außerdem der Vertragspartner die Möglichkeit hat, in zumutbarer Weise von ihrem Inhalt Kenntnis zu nehmen. Der Nutzer muss daher in unmittelbaren Zusammenhang mit dem Bestellvorgang mit ein bis zwei Mausklicks bzw. mühelos Zugriff auf die AGB haben und sollte auf die Möglichkeit hingewiesen werden, sich die Vertragsbedingungen ausdrucken und herunterladen zu können. Vorbildlich wäre zusätzlich die AGB von jeder einzelnen Website abrufen zu können. Ferner ist darauf zu achten, dass für Anbieter wie für den Nutzer auch später noch nachvollziehbar ist, welche Fassung der AGB im Zeitpunkt des Vertragsschlusses gegolten haben. Sofern ein Anbieter sich bestimmten Verhaltenskodizes unterworfen hat, müssen diese oder Informationen über deren elektronische Zugänglichkeit angeben werden. Ausnahmen von diesen Pflichten im Zusammenhang mit der elektronischen Vertragsschließung gelten nur für den Fall gewerblicher Parteien, die eine abweichende Regelung getroffen haben.

Aus Anbietersicht ist darüber hinaus grundsätzlich zu empfehlen, den eigentlichen Vorgang der Vertragsschließung so zu gestalten, dass der Nutzer das Vertragsangebot abgibt. Damit hat es der Anbieter in der Hand, den Vertrag, etwa „vorbehaltlich eigener Belieferung" oder einer Bonitätsprüfung, plötzlich eintretender ungünstiger Ereignisse oder irrtümlich falscher Produkt- bzw. Preisangaben, zustande zukommen oder scheitern zu lassen. Die Produktdarstellung etwa in Form eines elektronischen Kataloges stellt rechtlich gesehen dann lediglich eine sogenannte „Einladung zum Kauf" dar. Dies gilt ausnahmsweise nicht bei Online-Lieferungen (Downloads), da der Nutzer durch seinen Download das Vertragsangebot des Anbieters in schlüssiger Weise bereits annimmt.

## 3.6.5
## Vertragsdurchführung



Nach der Fernabsatzrichtlinie hat eine Vertragserfüllung spätestens nach 30 Tagen zu erfolgen. Unabhängig von dieser klarstellenden Regelung gilt nach wie vor die für den Verbraucher günstigere deutsche Vorschrift des § 271 Abs.1 Bürgerliches Gesetzbuch, wonach eine Leistung, sofern nichts anderes vereinbart oder den Umständen zu entnehmen ist, sofort zu bewirken ist. Ferner ist die Zahlung mit einer Kredit-, EC-, Geld- oder anderer Karten im Fall betrügerischer Verwendung zu stornieren.

## 3.6.6
## Rückgabe- und Widerrufsrecht



Nach dem Fernabsatzgesetz steht dem Verbraucher ein Widerrufsrecht zu, sich ohne Angabe von Gründen innerhalb einer Frist von 14 Kalendertagen von geschlossenen Fernabsatzverträgen wieder lösen zu können. Die Widerrufsfrist beginnt gemäss § 341a Bürgerliches Gesetzbuch mit der Belehrung über den Widerruf, also auf der Website, spätestens wenn diese auf dem dauerhaften Datenträger zu Verfügung gestellt wird. Bei der Lieferung von Waren beginnt diese Frist jedoch nicht vor deren Eingang beim Empfänger und bei der Erbringung von Dienstleistungen nicht vor Abschluss des Vertrages.



Das Widerrufsrecht gilt mangels anderer Vereinbarung nicht bei Fernabsatzverträgen

- zur Lieferung von Waren, die nach Kundenspezifikation angefertigt werden,

- eindeutig auf die persönlichen Bedürfnisse zugeschnitten sind oder

- die aufgrund ihrer Beschaffenheit nicht für eine Rücksendung geeignet sind oder schnell verderben können oder deren Verfalldatum überschritten würde;

- ferner nicht bei Lieferungen von Audio- oder Videoaufzeichnungen oder von Software, sofern die gelieferten Datenträger vom Verbraucher entsiegelt worden sind,

- nicht bei Lieferung von Zeitungen, Zeitschriften und Illustrierten

- Fernabsatzverträgen zur Erbringung von Wett- und Lotterieleistungen. Der Verbraucher ist vorbehaltlich abweichender Vorschriften zur Rücksendung auf Kosten und Gefahr des Unternehmers verpflichtet; dem Verbraucher dürfen bei einer Bestellung bis zu einem Betrag von 40 Euro die regelmäßigen Kosten der Rücksendung vertraglich  et wa in Form der Zugrundelegung Allgemeiner Geschäftsbedingungen - auferlegt werden, es sei denn, dass die gelieferte Ware nicht der bestellten entspricht.

Anstelle des gesetzlichen Widerrufsrechts kann vertraglich ein Rückgaberecht vereinbart werden. Diese Regelung hat zur Konsequenz, dass sich der Verbraucher bei entsprechender vertraglicher Gestaltung nur durch die Rücksendung der Ware und nicht beispielsweise schriftlich per Fax oder brieflich vom Vertrag lösen kann. Die Frist für diese Art der Rechtsausübung beträgt 14 Kalendertage. Die Kosten der Rücksendung der Ware dürfen im Fall der Einräumung eines Rückgaberechts im Gegensatz zum Widerrufsrecht dem Verbraucher nicht auferlegt werden.

# Anwendungskompass
# Elektronischer Handel

**1.** Bedienen Sie sich eines rechtlichen Qualitätsmanagements, um die komplexen Rechtsanforderungen umzusetzen!

**2.** Geben Sie im Web in Form der Anbieterkennzeichnung genau die Identität des Betreibers des Angebots an!

**3.** Achten Sie dabei auf die Vollständigkeit der Angaben entsprechend der beigefügten Anbieter-Checkliste!

**4.** Sorgen Sie dafür, dass Sie alle Informations- und Belehrungspflichten der diesbezüglichen Auflistung erfüllt sind!

**5.** Achtung bei Marketingmaßnahmen: Das UWG regelt auch fürs Web bestimmte Varianten des Glücksspiels!

**6.** Prüfen Sie anhand der beigefügten AGB-Auflistung, ob Sie alle wichtigen AGB-Inhalte integriert haben.

**7.** Beachten Sie bei der Gestaltung Ihres Bestellprozesses stets die rechtlichen Rahmenvorgaben - im schlimmsten Fall kommt sonst erst gar kein Vertrag zustande!

Literaturverzeichnis:

[1]    Legaldefinition gemäß Art. 2 lit. e Geänderter Vorschlag d. E-
       Commerce Richtlinie: Alle Formen der Kommunikation, die der un-
       mittelbaren oder mittelbaren Förderung des Absatzes von Waren oder
       Dienstleistungen oder des Erscheinungsbilds eines Unternehmens, ei-
       ner Organisation oder natürlichen Person dienen, die eine Tätigkeit in
       Handel, Gewerbe oder Handwerk oder einen freien Beruf ausübt

[2]    Eine ausführliche Aufzählung maßgeblicher Rechtsvorschriften für
       den elektronischen Handel in Deutschland finden Sie am Ende des
       Beitrages.

# 4 Verbraucherschutz im Internet

RA Heinfried Hahn, Hemmer & Kollegen Rechtsanwälte, Würzburg

## 4.1
## Vorbemerkung

Die EG ist seit vielen Jahren bemüht, dem Verbraucherschutz im
Recht verstärkt Geltung zu verschaffen. Dies hatte bereits vielfältige
Gesetzesänderungen zur Folge, die zum Großteil auf der Umsetzung
von EG-Richtlinien beruhten. Genannt seien hier beispielhaft nur
das Verbraucherkreditgesetz (VerbrKrG) und das Haustürwiderrufsgesetz (HaustürWG).

Die rechtlichen Probleme, die mit diesen „neuen" Gesetzen einhergingen, schienen bis vor kurzem weitgehend geklärt. Der Markt
hatte sich auf die Informations- und Verhaltenspflichten, die Unternehmern auferlegt wurden, eingestellt.

Mit der zunehmenden Ausdehnung des Electronic Commerce, also des Handels im Internet, taten sich aber neue Probleme auf, die
Rechtsprechung und juristische Literatur zu lösen hatten. Der Problemschwerpunkt lag vornehmlich darin, dass die „herkömmlichen"
Verbraucherschutzgesetze bei ihrer Verabschiedung den klassischen
Geschäftsabschluss im Auge hatten und noch nicht von der Möglichkeit ausgingen, dass in naher Zukunft Verträge per „Mausklick"
geschlossen würden.

Bis zum Zeitpunkt des Inkrafttretens des Fernabsatzgesetzes
(FernAbsG), das für Verträge, die vor dem 30. Juni 2000 abgeschlossen wurden, keine Anwendung findet, wurde versucht dem
Verbraucherschutz durch die Anwendung des HaustürWG und des
VerbrKrG Geltung zu verschaffen. [1]. Gerade im Hinblick auf noch
„schwelende Altfälle" soll zunächst ein kurzer Überblick über die
Rechtslage vor dem Inkrafttreten des FernAbsG gewährt werden.

Im Zuge der Schuldrechtsreform, die zu Beginn des Jahres 2002
in Kraft treten soll, ist eine Integration der erwähnten Nebengesetze

in das BGB geplant. So finden sich die Vorschriften aus dem HaustürWG im Regierungsentwurf für die Neufassung des Bürgerlichen Gesetzbuchs in § 312. Die Vorschriften aus dem FernAbsG folgen in den §§ 312b ff. BGB-RegE, während die Gestaltung rechtsgeschäftlicher Schuldverhältnisse durch Allgemeine Geschäftsbedingungen in den § 305 ff. BGB-RegE normiert werden soll. Das VerbrKrG wird unter der Überschrift Darlehensvertrag, Finanzierungshilfen und Ratenlieferungsverträge in den §§ 488 ff. BGB-RegE eingeordnet. Größere inhaltliche Änderungen an den im folgenden besprochenen Themenkomplexen sind nach dem bisherigen Stand des Gesetzgebungsverfahrens allerdings nicht zu erwarten.

## 4.2
## Der Verbraucherschutz vor dem Inkrafttreten des FernAbsG

### 4.2.1

### Anwendbarkeit des HaustürWG auf Geschäftsabschlüsse im Netz

*HaustürWG*

Das HaustürWG soll den Verbraucher davor schützen, durch „psychologisch geübte" Verkäufer in persönlichen Gesprächen, denen sich der Verbraucher nur sehr schwer entziehen kann, überrumpelt und so zu Vertragsabschlüssen gedrängt zu werden.

*Anwendungsbereich*

An die Anwendung des HaustürWG auf Vertragsschlüsse im Internet war zu denken, wenn die Vertragsanbahnung auf einer dem Verbraucher unaufgefordert zugesandten eMail beruhte. Der im Netz angebahnte Kontakt fällt unter keine der Handlungsalternativen des § 1 I HaustürWG. Insbesondere ist keine mündliche Verhandlung am Arbeitsplatz oder innerhalb der Privatwohnung gegeben.

Für Anwendbarkeit des HaustürWG könnte jedoch § 5 HaustürWG sprechen, der einen sogenannten Umgehungstatbestand begründet. Hiernach findet das HaustürWG auch dann Anwendung, wenn seine Vorschriften durch anderweitige Gestaltung umgangen werden. [2] Eine solche Umgehung des HaustürWG könnte deshalb angenommen werden, da es Sinn und Zweck des HaustürWG und damit Motivation des Gesetzgebers war, den Verbraucher vor einer Überrumpelung durch den Unternehmer zu schützen. [3]

Andererseits darf aber auch der Anwendungsbereich, der durch § 1 I HaustürWG klar beschränkt ist, nicht durch § 5 HaustürWG

unzulässig ausgedehnt werden[4]. Vor dem Hintergrund aber, dass
es dem Verbraucher ohne Probleme jederzeit offen steht, die Homepage zu verlassen und jeden Kontakt abzubrechen und die
Überrumpelung gerade auch auf persönlichen Zwängen beruht,
sollte der klar formulierte Anwendungsbereich nicht unzulässig
ausgedehnt werden. Es liegt in der Verantwortung des Verbrauchers,
der eine Internetseite aufruft, dass er nicht unbedacht Vertragsabschlüsse herbeiführt. Für einen telefonisch angebahnten Vertragsschluss hat der BGH die Anwendung des HaustürWG mit vergleichbarer Argumentation abgelehnt [5].

Spätestens seit Umsetzung des FernAbsG besteht daher keine
rechtliche Veranlassung mehr, das HaustürWG auf Vertragsabschlüsse im Internet über seinen Wortlaut hinaus durch extensive
Auslegung des § 5 HaustürWG anzuwenden. [6]

## 4.2.2

## Anwendbarkeit des VerbrKrG auf Geschäftsabschlüsse im Netz

Weniger problematisch stellte sich die Anwendbarkeit des Verbrau-
cherkreditgesetzes auf Geschäftsabschlüsse im Internet dar. Das
VerbrKrG bestimmt einen Mindestschutz für Verbraucher, die den
Geschäftsabschluss über den Unternehmer selbst, etwa durch einen
Zahlungsaufschub oder die damit einhergehende Ratenzahlungsver-
einbarung, oder einen Dritten durch die verbundene Kreditaufnahme
finanzieren.

*Anwendungsbereich des VerbrKrG*

Hierbei soll gewährleistet sein, dass der Verbraucher alle für ihn
wichtigen Informationen, insbesondere Kreditlaufzeit, Höhe der
Zinsen, Kosten des Kaufgegenstandes mit und ohne Finanzierung
erhält, und dass er innerhalb einer bestimmte Frist die Möglichkeit
des Widerrufs erhält.

Auch bei Vertragsabschlüssen via Internet kann der Schutzbereich der VerbrKrG betroffen sein. Nach § 1 II VerbrKrG ist ein
Kreditvertrag ein Vertrag, durch den ein Kreditgeber einem Verbraucher einen entgeltlichen Kredit in Form eines Darlehens, eines
Zahlungsaufschubs oder einer sonstigen Finanzierungshilfe gewährt
oder zu gewähren verspricht.

*Vertragsschlüsse im Netz*

Probleme ergaben sich insbesondere deswegen, weil nach § 4
VerbrKrG die Schriftform des gesamten Vertrages unabdingbare
Wirksamkeitsvoraussetzung war. Dieser Schriftform konnte online
nicht genügt werden [7]. Heftig umstritten war, ob das Versandhan-
delsprivileg des § 8 VerbrKrG a.F. eingriff, wonach die Voraussetzungen des § 4 VerbrKrG nicht zu erfüllen waren, wenn der Ver-

tragsschluss auf einem Verkaufsprospekt zurückging. Die Befürworter vertraten die Ansicht, dass Angebote auf einer Homepage Verkaufsprospekten gleichgestellt werden sollten, wenn die Möglichkeit besteht, diese unentgeltlich herunterzuladen oder auszudrucken [8] Nach dieser nicht unumstrittenen Ansicht konnte auch beim Internet-Shopping den Formerfordernissen des VerbrKrG Rechnung getragen werden.

## 4.3
## Der aktuell geltende Verbraucherschutz im Internet

Nach Einführung des FernAbsG ist der Verbraucherschutz im Internet auf sichere Rechtsgrundlagen gestellt worden. Dieses neueingeführte Gesetz schützt – insbesondere im Zusammenspiel mit dem VerbrKrG – den Verbraucher vor unliebsamen Konsequenzen aus dem Cybershopping.

### 4.3.1
### Der Regelungsgehalt des FernAbsG

#### *4.3.1.1*
#### *Der Anwendungsbereich des FernAbsG*

*Voraussetzungen des FernAbsG*

Gemäß § 1 I FernAbsG gilt das Gesetz für alle Verträge über die Lieferung von Waren oder über die Erbringung von Dienstleistungen, die zwischen einem Unternehmer und einem Verbraucher unter ausschließlicher Verwendung von Fernkommunikationsmitteln abgeschlossen werden, es sei denn, dass der Vertragsschluss nicht im Rahmen eines für den Fernabsatz organisierten Vertriebs- oder Dienstleistungssystems erfolgt (sog. Fernabsatzverträge). Hierunter sind Systeme zu verstehen, die darauf angelegt sind, dass der Vertragsschluss ausschließlich unter Verwendung von Fernkommunikationsmitteln zustande kommt.

#### 4.3.1.1.1 Persönlicher Anwendungsbereich

*Verbraucher i.S.d. § 13 BGB*

Verbraucher im Sinne dieses und anderer Verbraucherschutzgesetze ist gemäß § 13 BGB jede natürliche Person, die ein Rechtsgeschäft zu einem Zweck abschließt, der weder ihrer gewerblichen noch ihrer selbständigen beruflichen Tätigkeit zugerechnet werden kann.

Da das FernAbsG nur für Verträge gilt, die zwischen einem Unternehmer und einem Verbraucher geschlossen werden, gelten seine Vorschriften nicht für Verträge, die zwischen zwei Verbrauchern angebahnt und abgeschlossen werden. Dies ist z.B. der Fall bei Kleinanzeigenmärkten im Internet oder Internet-Auktionen, bei denen Käufer und Verkäufer – jeweils als Verbraucher im Sinne des Gesetzes – den Vertrag unmittelbar selbst miteinander schließen. Ebenfalls aus dem Anwendungsbereich des FernAbsG fällt daher auch der sog B2B (Business-to-Business) – Sektor.

Auch der Unternehmerbegriff ist nunmehr im BGB definiert worden. § 14 BGB erklärt jede natürliche oder juristische Person oder eine rechtsfähige Personengesellschaft zum Unternehmer, die bei Abschluss eines Rechtsgeschäfts in Ausübung ihrer gewerblichen oder selbständigen beruflichen Tätigkeit handelt

### 4.3.1.1.2  Der sachliche Anwendungsbereich

Das FernAbsG betrifft primär Geschäfte im sogenannten eCommerce, also im elektronischen Handel. Es darf aber nicht übersehen werden, dass nach der in der Richtlinie vorgesehenen und in § 1 II FernAbsG übernommenen Definition der Fernkommunikationsmittel alle Kommunikationsmittel, die zur Anbahnung oder zum Abschluss eines Vertrags ohne gleichzeitige Anwesenheit der Vertragsparteien eingesetzt werden können, Fernkommunikationsmittel im Sinne des Gesetzes sind. Hierunter fallen vor allem eMails, Briefe, Kataloge, Telefonanrufe (Telefonmarketing), Faxe sowie Rundfunkdienste (Teleshopping), Tele- und Mediendienste (vor allem WWW).

§ 1 III FernAbsG zählt Ausnahmetatbestände auf, in denen das FernAbsG keine Anwendung findet. Hier die wichtigsten gesetzlich geregelten Ausnahmen:

Die Finanzdienstleistungsverträge (*Bankgeschäfte, Finanz- und Wertpapierdienstleistungen, Versicherungen und deren Vermittlung, Online-Banking*) werden gem. § 1 III Nr.3 FernAbsG nicht vom FernAbsG erfasst, da diese Geschäfte Gegenstand einer geplanten eigenen EG-Richtlinie werden sollen [9]

Die Verträge über die Veräußerung von Grundstücken und grundstücksgleichen Rechten sowie die Begründung, Veräußerung und Aufhebung von dinglichen Rechten, an Grundstücken und grundstücksgleichen Rechten, als auch über die Errichtung von Bauwerken (§ 1 III Nr.4 FernAbsG) unterfallen regelmäßig schon nicht dem sachlichen Anwendungsbereich des FernAbsG, da es sich hierbei nicht um die Lieferung von *Waren* i.S. des § 1 I FernAbsG handelt. § 1 III Nr. 4 FernAbsG hat insoweit nur klarstellende Bedeutung.

Verträge über Lebensmittel und Gegenstände des täglichen Bedarfs (§ 1 III Nr. 5 FernAbsG). Wie eng oder weit das Tatbestandsmerkmal „Gegenstände des täglichen Bedarfs" auszulegen und zu präzisieren sein wird, wird der Rechtsprechung überlassen bleiben. Es ist daher unbedingt zu raten, aktuelle Entscheidungen der Rechtsprechung zu verfolgen und gegebenenfalls vorhandene Druckwerke und Kataloge möglichst schnell den neuen Informationsanforderungen des FernAbsG anzupassen.



Die in § 1 III Nr.6 FernAbsG genannten Verträge über die Erbringung von Dienstleistungen in den Bereichen Unterbringung, Beförderung, Lieferung von Speisen und Getränken sowie Freizeitgestaltung sind aus dem Anwendungsbereich des Gesetzes herausgenommen, wenn sie zu einem bestimmten Zeitpunkt erfolgen müssen. Damit erfasst die Ausnahme vor allem Reiseverträge, für die die §§ 651a ff. BGB eine abschließende Regelung enthalten.



Ursprünglich sah der Gesetzesentwurf vor, dass Versteigerungen im Internet aus dem Anwendungsbereich des FernAbsG nach § 1 III Nr.7 lit.c FernAbsG in der Entwurfsfassung ausgenommen sein sollten. Der Rechtsausschuss hat jedoch in seiner Sitzung vom 12. April 2000 [10] dafür plädiert, Versteigerungen nicht vollständig aus dem Anwendungsbereich des FernAbsG herauszunehmen. Grund hierfür war, dass der Rechtsausschuss zwar, wie die Bundesregierung auch, der Ansicht war, dass das Widerrufsrecht Versteigerungen im Fernabsatz, insbesondere im Internet nahezu unmöglich machen würde, da die Endgültigkeit des Zuschlages Wesensmerkmal einer Versteigerung im Sinne des § 156 BGB sei.

Jedoch haben die Kunden vornehmlich von Internetversteigerungen häufig nicht den nötigen Einblick, ob es sich um echte Versteigerungen handelt, bei denen der Zuschlag gegen höchstes Gebot erfolgt und den Vertragsschluss darstellt; häufig behält sich der „Versteigerer" trotz Zuschlag noch die Annahme vor. Dann handelt es sich jedoch um einen Kauf gegen höchstes Gebot, wobei das Gebot lediglich ein Angebot darstellt, das durch den Verkäufer noch angenommen werden muss, bei dem die Annahme aber nicht durch Zuschlag erfolgt.

Um dem Verbraucher Klarheit zu verschaffen, soll zwar das Widerrufsrecht nach § 3 FernAbsG nicht, wohl aber die Informationspflichten des § 2 FernAbsG gelten. Diese vermittelnde Ansicht des Rechtsausschusses ist in § 3 II Nr.5 FernAbsG Gesetz geworden.

### 4.3.1.1.3 Ausnahmen vom Anwendungsbereich wegen vorrangiger Verbraucherschutzbestimmungen

*FernAbsG garantiert Mindestschutz*

Nach § 1 IV FernAbsG findet das Fernabsatzgesetz auch dann keine Anwendung, wenn andere Vorschriften für den Verbraucher günstigere Regelungen, insbesondere weitere Informationspflichten enthalten. Das FernAbsG garantiert also einen Mindestschutz, ist aber bei Überschneidungen im Anwendungsbereich zu anderen Verbraucherschutzgesetzen subsidiär, tritt also als nicht anwendbar zurück, soweit der Gesetzgeber nicht andere Kollisionsvorschriften vorgesehen hat.

Vorschriften für den Verbraucher sind solche, die sich in Verbraucherschutzgesetzen befinden. Verbraucherschutzgesetze sind nach der Neufassung des § 22 AGBG n.F. solche Gesetze, die dem Schutz der Verbraucher dienen, insbesondere das HaustürWG und das VerbrKrG.

*Überschneidungen mit anderen Gesetzen*

Es stellt sich aber die Frage, mit welchen dieser Verbraucherschutzgesetze Überschneidungen überhaupt möglich sind. Überschneidungen mit dem HaustürWG sind bei Fernabsatzverträgen mangels Anwendbarkeit des HaustürWG auf Internet- oder Telefonvertragsschlüsse grundsätzlich nicht möglich. Ein entsprechender Schutz des Verbrauchers wird nunmehr allein über das FernAbsG sichergestellt. Denkbar sind Überschneidungen hingegen – wie gesehen – mit dem VerbrKrG, da dieses auch bei Vertragsschlüssen im Internet und anderer Fälle des Fernabsatzes Anwendung findet.

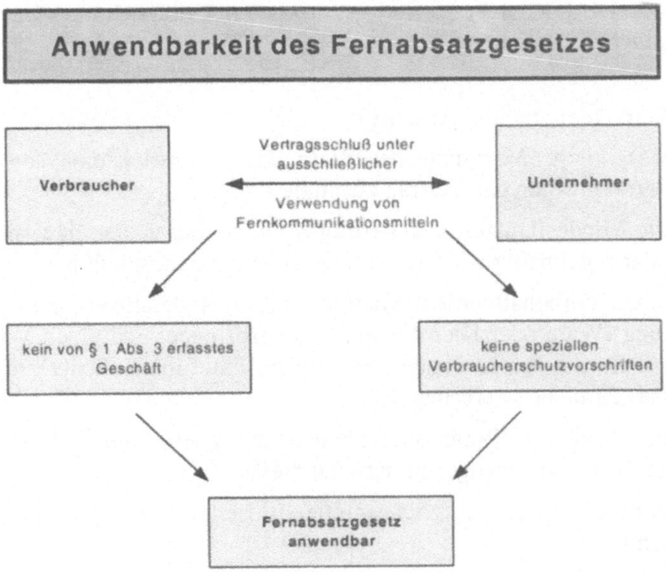

## 4.3.1.2
### Schutzgehalt des FernAbsG

Der Schutzgehalt des FernAbsG für den Verbraucher ist in §§ 2, 3 FernAbsG zusammengefasst. Den Unternehmer treffen Informationspflichten (§ 2 FernAbsG). Dem Verbraucher steht eine Widerrufs- oder Rückgaberecht zu (§ 3 FernAbsG).

### 4.3.1.2.1 Informationspflichten



Nach § 2 FernAbsG treffen den Unternehmer verschiedenste Informationspflichten. Wie detailliert diese Unterrichtung des Verbrauchers sein muss, wird auch hier, trotz der vielfältigen Bestimmungen des Gesetzgebers, erst durch die Rechtsprechung bestimmt werden müssen.



Nach § 2 I FernAbsG ist der Verbraucher jedenfalls bereits bei der Vertragsanbahnung über den geschäftlichen Zweck und die Identität des Unternehmers umfassend aufzuklären. Dies erfordert die Angabe des Geschäftszweckes, also z.B. Versandverkauf, und die komplette Adresse des Unternehmers, inklusive der Rechtsform. In Fällen des Telefon-Marketings sind diese Angaben vorab zu machen.



Des weiteren müssen rechtzeitig vor Abschluss des Vertrages noch in § 2 II FernAbsG abschließend aufgezählte Informationen gegeben werden.

**§ 2 II FernAbsG sieht hierbei vor, dass der Unternehmer Angaben machen muss über:**

4. Seine Identität und Anschrift

5. wesentliche Merkmale der Ware oder Dienstleistung, sowie darüber, wann der Vertrag zustande kommt,

6. die Mindestlaufzeit des Vertrages, wenn dieser eine dauernde oder regelmäßig wiederkehrende Leistung zum Inhalt hat,

7. einen Vorbehalt, eine in Qualität und Preis gleichwertige Leistung (Ware oder Dienstleistung) zu erbringen, und einen Vorbehalt, die versprochene Leistung im Falle ihrer Nichtverfügbarkeit nicht zu erbringen,

8. den Preis der Ware oder Dienstleistung einschließlich aller Steuern und sonstiger Preisbestandteile,

9. gegebenenfalls zusätzlich anfallende Liefer- und Versandkosten,

10. Einzelheiten hinsichtlich der Zahlung und der Lieferung oder Erfüllung,

11. das Bestehen eines Widerrufs- oder Rückgaberechts nach § 3,

12. Kosten, die dem Verbraucher durch die Nutzung der Fernkommunikationsmittel entstehen, sofern sie über die üblichen Grundtarife, mit denen der Verbraucher rechnen muss, hinausgehen,

13. die Gültigkeitsdauer befristeter Angebote, insbesondere des Preises.

Der Unternehmer hat diese Angaben dem Verbraucher alsbald, spätestens bis zur vollständigen Erfüllung des Vertrages, bei Waren spätestens bis zur Lieferung an den Verbraucher, auf einem dauerhaften Datenträger zur Verfügung zu stellen, § 2 III S.1 FernAbsG.

Der Begriff des dauerhaften Datenträgers ist in § 361a III BGB legaldefiniert. Danach sind Informationen auf einem dauerhaften Datenträger zur Verfügung gestellt, wenn sie in einer Urkunde oder einer anderen lesbaren Form zugegangen sind, die dem Empfänger für eine den Erfordernissen des Rechtsgeschäfts entsprechende Zeit ihre inhaltlich unveränderte Wiedergabe erlaubt. Als wichtigster Datenträger ist zunächst das Papier (Urkunde i.S.v. § 361a III BGB) zu nennen. Die Übersendung auf CD-Rom ist dann zulässig, wenn die Daten in einem Dateiformat vorliegen, das dem konkreten Empfänger die Wiedergabe in lesbaren Schriftzeichen erlaubt [11].

In Anbetracht des Sinn und Zweckes des Gesetzes wird hierbei die Zusendung per eMail wohl ausreichend sein, da anderenfalls der eCommerce durch das Erfordernis herkömmlicher Kommunikationsmethoden unterbrochen würde [12]. In der Gesetzesbegründung wird darauf abgestellt, dass dem Empfänger die Information so zugegangen ist, dass ihm die unveränderte Wiedergabe für eine angemessene Zeit möglich ist. Diese Voraussetzung liegt bei eMails dann vor, wenn sie in der Mailbox des Empfängers bei dessen E-mail-Provider eingetroffen sind und mit der Möglichkeit der Kenntnisnahme unter normalen Umständen gerechnet werden kann [13]. Der Umstand, dass der Empfänger die Nachricht ungelesen löscht, steht dem Zugang dann nicht mehr entgegen.

Im WWW ist die Bereitstellung von Informationen auf einem dauerhaften Datenträger ungleich schwieriger. Das Bereithalten der Seiten auf dem Server des Unternehmer genügt grundsätzlich nicht, da die Informationen dort jederzeit veränderbar sind. Die bloße Möglichkeit der Speicherung bzw. des Ausdrucks durch den Empfänger genügt nach Auffassung des Gesetzesverfassers nicht, so dass

*...auf dauerhaftem Datenträger*

*eMail ist ausreichend*

*Problem im WWW*

der Absender – etwa durch die Verwendung besonderer Programmteile (sog. Applets) – sicherstellen muss, dass die reproduzierbare Speicherung auf der Festplatte oder der Ausdruck tatsächlich erfolgt sind (vgl. Riehm aaO).

### 4.3.1.3
### Das Widerrufs- oder Rückgaberecht

Zweiwöchige Frist

Dieses Widerrufsrecht, das neben den Informationspflichten den Kern des durch das FernAbsG normierten Verbraucherschutzes bildet, findet sich in § 3 FernAbsG. Dieser normiert zugunsten des Verbrauchers die Voraussetzungen für ein zweiwöchiges Widerrufsrecht, das ohne Angabe von Gründen ausgeübt werden kann (vgl. § 361a I S.2 BGB). Die Widerrufsfrist beginnt bei der Lieferung von Waren mit dem Eingang beim Empfänger, bei Dienstleistungen nicht vor dem Tag des Vertragsschlusses (vgl. § 3 I S.2 FernAbsG, der eine Sonderregelung zu § 361a I S.3 BGB darstellt). Gleichzeitig muss wegen § 3 I S.2 FernAbsG auch der Informationspflicht des § 2 FernAbsG Rechnung getragen worden sein.

Rechtzeitige Absendung

Zur Ausübung des Widerrufsrechts genügt die rechtzeitige Absendung des Widerrufs. Das Verspätungsrisiko trägt kraft gesetzlicher Anordnung der Empfänger (§ 361a I S.2, 2.Hs BGB). Dies bedeutet, dass – gleichgültig wie lange der Postlauf dauert – die rechtzeitige Absendung innerhalb der Zweiwochenfrist zur Wahrung des Widerrufsrechts immer genügt. Kommt der Widerruf beim Unternehmer jedoch gar nicht an, so geht dies zu Lasten des Verbrauchers. Zur Sicherstellung des Zugangs werden Verbraucher daher gut beraten sein, den Widerruf per Einschreiben zu verschicken.

Art und Weise

Der Wiederruf erfolgt gem. § 361a I S.2; 1.Hs. BGB entweder schriftlich bzw. auf einem anderen dauerhaften Datenträger oder durch Rücksendung der Sache. Der Widerruf kann auch per eMail erfolgen [14], da diese unter den Begriff des dauerhaften Datenträgers subsummiert werden kann. Für den Unternehmer ist es daher wichtig, bei Fernabsatzverträgen eine funktionierende eMail-Struktur zu schaffen, die die adäquate Verarbeitung von Verbraucherinteressen gewährleistet.

Unterschrift entbehrlich

Die Widerrufsbelehrung, die nach § 2 III Nr.8 FernAbsG erfolgen muss, bedarf nach § 3 I 1, 2.Hs. FernAbsG keiner Unterzeichnung durch den Empfänger. Komplizierter ist jedoch das Verhältnis zum VerbrKrG bei den sogenannten finanzierten Fernabsatzverträgen

Gesetzliche Fristverlängerung

Werden die nach § 2 FernAbsG erforderlichen Angaben bei Vertragsschluss bzw. – soweit verlangt – rechtzeitig vorher nicht erbracht, so erlischt das Widerrufsrecht erst *vier Monate* nach Eingang *der Waren* beim Verbraucher (§ 3 I S.3 Nr.1 FernAbsG). Bei Dienstleistungen erlischt das Widerrufsrecht spätestens vier Monate nach

Vertragsschluss (§ 3 I S.3 Nr. 2a) FernAbsG). Ein früheres Erlöschen des Widerrufsrechts tritt dann ein, wenn die Dienstleistung *im Einverständnis* mit dem Verbraucher bereits ausgeführt wurde (§ 3 I Nr. 2b) FernAbsG). Nach dem Sinn und Zweck des Gesetzes und dem Überrumpelungsschutz, der insbesondere dem HaustürWG zugrunde liegt, aber auch dem Rechtsgedanken anderer Verbraucherschutzgesetze entspricht, ist zu erwarten, dass an das „Einverständnis des Verbrauchers" durch die Rechtsprechung hohe Anforderungen gestellt werden. Es soll dem Unternehmer nämlich gerade nicht ermöglicht werden, durch einseitige Handlung das Widerrufsrecht vor Ablauf der vier Monate zum Erlöschen zu bringen.

Gänzlich ausgeschlossen ist das Widerrufsrecht bei Waren, die nach Kundenspezifikation angefertigt werden, die auf persönliche Bedürfnisse des Verbrauchers zugeschnitten sind oder deren Rücksendung wegen Verderblichkeit ausgeschlossen ist, § 3 II Nr.1 FernAbsG.



Auch bei § 3 II Nr.1 FernAbsG ist die Rechtsprechung gefordert, festzulegen, wann eine Ware nach Kundenspezifikation angefertigt oder eindeutig auf persönliche Bedürfnisse zugeschnitten ist. Dies ist bei der Auswahl einer bestimmten Farbe (*etwa beim Autokauf im Internet*) sicherlich noch nicht der Fall, kann aber individueller Sonderausstattung (*bspw. BMW oder Mercedes – Individuell*) fraglich werden. Prognosen lassen sich hier nur sehr schwer abgeben, da es hierbei heißt, den Verbraucherschutz mit den berechtigten Interessen des Unternehmers abzuwägen, die darin bestehen, dass ein individuell gefertigtes Produkt erheblich an Marktfähigkeit einbüßt, der Widerruf daher die Unverkäuflichkeit zur Folge haben kann. Weiterhin ist nach dieser Variante der Widerruf ausgeschlossen, wenn die Waren aufgrund ihrer Beschaffenheit nicht für die Rücksendung geeignet sind. Beispielhaft genannt werden kann hier Software, die direkt per download aus dem Internet geliefert wurde [15]. Nach der Gesetzesbegründung [16] ist der Widerruf auch bei Waren ausgeschlossen, deren Wert dem Verbraucher schon unentziehbar zugeflossen sein kann, wie dies bei Musik- CD's, die der Käufer schon installiert oder kopiert haben kann, der Fall ist.

§ 3 II Nr. 2 FernAbsG lässt einen Widerruf nicht zu, wenn bei versiegelter Software oder anderen versiegelten Ton- und Datenträgern der Verbraucher die Ware entsiegelt hat. Daneben schließt § 3 II FernAbsG in seinen Nrn. 3 und 4 auch Lieferungen von Zeitungen, Zeitschriften und Illustrierten sowie die Erbringung von Wett- und Lotterie-Dienstleistungen von dem Widerrufsrecht nach § 3 I FernAbsG aus. Infolge der Umsetzung der vermittelnden Ansicht des Rechtsausschusses zur Behandlung von Versteigerungen im Fernabsatz, insbesondere im Internet, sind in § 3 II Nr.5 FernAbsG auch Versteigerungen als dem Widerrufsrecht nicht unterfallend aufgenommen.

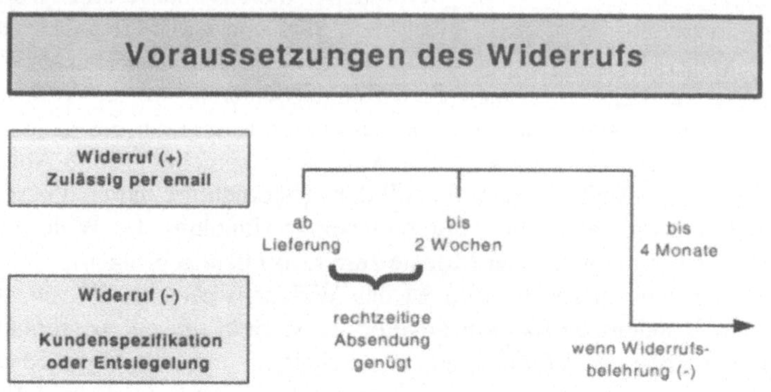


### 4.3.1.4
### Folgen des ausgeübten Widerrufs

Bezüglich der Abwicklung nach ausgeübtem Widerruf verweist das FernAbsG auf den neu eingefügten § 361a BGB. Diese Norm bestimmt, dass ein Verbraucher an den Vertrag nicht mehr gebunden ist, wenn er fristgerecht widerrufen hat.

*Vertrag bis Widerruf gültig*

Anders als nach der alten Fassung des VerbrKrG und des HaustürWG ist dieser Widerruf nunmehr (vgl. Wortlaut: „(...) *nicht mehr gebunden (...)"*) rechtsvernichtend und nicht mehr rechtshindernd (vgl. zur alten Rechtslage BGHZ 131, 82 (87)) ausgestaltet. War der Vertrag, der dem VerbrKrG oder dem HaustürWG unterfiel, früher vor Ablauf der Widerrufsfrist *nicht gültig* und erlangte seine Wirksamkeit erst durch Nicht-Ausübung des Widerrufs, so gilt für Verträge, die dem Widerrufsrecht nach § 361a BGB unterfallen (*z.B. FernAbsG, VerbrKrG, HaustürWG*), dass diese mit Vertragsschluss *wirksam werden*, dann jedoch anschließend durch den Widerruf, dem keine Rückwirkung beigemessen wurde, wieder entfallen (§ 361a I S.1 BGB). Für den Unternehmer hat dies z.B. den Vorteil, dass Ansprüche auch während des Laufs der Widerrufsfrist fällig sind und damit geltend gemacht werden können.

*Rücksendungsrisiko- und Kosten trägt Unternehmer*

Die Rücksendung nach ausgeübtem Widerruf hat auf Kosten und Gefahr des Unternehmers zu erfolgen (§ 361a II S.3 1.Hs. BGB). Dies bedeutet also, dass der Verbraucher berechtigt ist, die Ware per Nachnahme zurückzusenden. Wird die Ware auf dem Postwege beschädigt oder sogar zerstört, so trifft dies den Unternehmer, nicht den Verbraucher. Letzteren trifft ab der Absendung keinerlei Verantwortung mehr für die Ware.

Die Kosten der Rücksendung können jedoch bei einer Bestellung bis zu 40 Euro dem Verbraucher vertraglich aufgelegt werden (§ 361a II S.3 2.Hs. BGB). Dies kann durch den Unternehmer in dessen AGB geschehen und wird – so zu erwarten – zu einer Standardklausel avancieren.

Wird die Sache innerhalb der Widerrufsfrist, aber vor Ausübung des Widerrufs beschädigt oder zerstört, so ist der Widerruf, anders als der Rücktritt nach BGB nicht ausgeschlossen. § 361a II S.4 2.Hs. BGB n.F. bestimmt, dass §§ 351 – 353 BGB, die diesen Ausschluss für den Rücktritt regeln, für Fälle des Widerrufs nach §§ 361a, 361b BGB n.F. gerade nicht anwendbar sind. Der Verbraucher kann daher widerrufen, obwohl die Sache z.B. nicht mehr existiert. Er hat dann aber für die schuldhafte Zerstörung oder Verschlechterung der Ware Ersatz zu leisten (§ 361a II S.4 1.Hs. BGB).

Ist der Verbraucher jedoch über das Bestehen eines Widerrufs- oder Rückgaberechts nach den §§ 361a, 361b BGB n.F. nicht ordnungsgemäß belehrt worden, so hat er in den Fällen der Beschädigung oder Zerstörung vor Ausübung des Widerrufs aber innerhalb der Widerrufsfrist nur für Vorsatz und grobe Fahrlässigkeit einzustehen (§ 361a II S.5 BGB). Dies gilt jedoch nur dann, wenn er nicht auf andere Weise von seinem Widerrufsrecht Kenntnis erlangt hat. Die Beweislast hierfür trifft allerdings den Unternehmer, der den Beweis, dass der Verbraucher Kenntnis vom Widerrufsrecht hatte, in der Regel nur schwer wird erbringen können.

Nach der Ausübung des Widerrufsrechts und der Rücksendung der Sache an den Unternehmer hat der Verbraucher für den Gebrauch der Sache bis zum Widerruf eine entsprechende Nutzungsvergütung zu zahlen (§ 361a II S.6 1.Hs. BGB). Die Sachlage ist mit der vergleichbar, dass der Unternehmer die Sache dem Verbraucher „mietweise" überlassen hat. Damit geht aber auch einher, dass eine *zusätzliche* Entschädigung für die auf dem bestimmungsgemäßen Gebrauch beruhende, typische Abnutzung gerade nicht verlangt werden kann (§ 361a II S.6 2.Hs. BGB). Der Ersatz bei Nicht-Beschädigung der zurückgegebenen Ware erschöpft sich demgemäss in einer marktüblichen Nutzungsvergütung, auch wenn die Sache abgenutzt wurde und daher nicht mehr als Neuware weiterveräußert werden kann.

Das Widerrufsrecht nach § 361a BGB kann vertraglich durch ein Rückgaberecht nach § 361b BGB ersetzt werden. Dies ist unter den Voraussetzungen möglich, dass im erforderlichen Verkaufprospekt eine deutlich gestaltete Belehrung vorhanden ist, dass der Verbraucher diesen Verkaufsprospekt in Abwesenheit des Unternehmers, was bei Fernabsatzverträgen unproblematisch ist, eingehend zur Kenntnis nehmen kann und die Einräumung des Rückgaberechts dem Verbraucher gegenüber auf einem dauerhaften Datenträger erfolgt (vgl. § 361b I BGB).

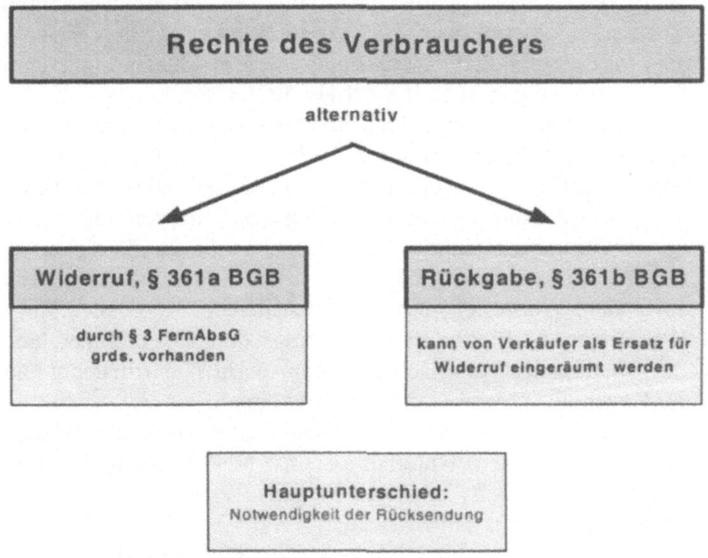




Die Wirkungen dieses Rückgaberechtes sind praktisch identisch mit denen des Widerrufsrechts, da § 361b II S.2 1.Hs. BGB auf § 361a II BGB verweist. Sinn und Zweck dieser Norm ist es daher, die Beschränkung der Widerrufsmöglichkeit auf die Erklärung durch Rücksendung der Ware den in § 361b I BGB genannten besonderen Einbeziehungsvoraussetzungen zu unterwerfen [17].

Die Rücksendung der Ware erfolgt auf Gefahr und Kosten des Unternehmers, diesmal ohne die mögliche Abwälzung der Kosten bei Verträgen bis zu 40 Euro (§ 361b II S.1 BGB). Kann die Ware nicht als Paket versandt werden, wird das Rückgaberecht durch Rücknahmeverlangen innerhalb der Frist des § 361a BGB ausgeübt (§ 361b II S.1 2.Hs. BGB). Der Unternehmer hat die Sache in diesem Fall abzuholen bzw. abholen zu lassen. Das Rücknahmeverlangen muss schriftlich oder auf einem anderen dauerhaften Datenträger erfolgen, wobei hier erneut davon auszugehen ist, dass das Verlangen per eMail ausreichend ist. Eine Begründung des Rücknahmeverlangens ist auch hier nicht erforderlich.

## 4.3.2
## Besonderheiten finanzierter Fernabsatzverträge

### 4.3.2.1
### Die Anforderungen des § 4 VerbrKrG

Das VerbrKrG findet nach wie vor auf Vertragsabschlüsse im Internet, welche die Voraussetzungen des § 1 II VerbrKrG erfüllen, Anwendung. Gewährt z.B. der Verkäufer bei einem Kaufvertrag, der unter das Fernabsatzgesetz fällt, einen entgeltlichen Kredit im Wege des Zahlungsaufschubs wie dies beim Teilzahlungskauf der Fall ist, so stellt sich die Frage nach dem Zusammenspiel der beiden Gesetze. Die grundsätzlich von § 4 VerbrKrG aufgestellten Formvorschriften (Schriftform) und Informationspflichten, werden durch § 8 I VerbrKrG n.F. suspendiert, der nunmehr eine Sondervorschrift für den Fernabsatzhandel darstellt.



Hiernach findet § 4 VerbrKrG keine Anwendung, wenn die Informationen, die § 4 VerbrKrG in dem schriftlichen Vertrag verlangt, mit Ausnahme des Betrags der einzelnen Teilzahlungen dem Verbraucher so rechtzeitig vor Vertragsschluss auf einem dauerhaften Datenträger zur Verfügung stehen, dass er die Angaben vor dem Abschluss des Vertrages eingehend zur Kenntnis nehmen kann (§ 8 I VerbrKrG).

### 4.3.2.2
### Widerrufsbelehrung und Widerrufsrecht

Die Widerrufsbelehrung, die nach § 2 III Nr.8 FernAbsG erfolgen muss, bedarf nach § 3 I 1, 2.Hs. FernAbsG keiner Unterzeichnung durch den Empfänger. Dies stellt eine Erleichterung gegenüber § 7 I 1 VerbrKrG n.F. i.V.m. § 361a I 4 BGB dar, der die Unterschrift oder elektronische Signatur verlangt. Daher stellt sich auch hier die Frage, wie die sog. finanzierten Fernabsatzverträge, die sowohl den Anwendungsbereich des FernAbsG als auch des VerbrKrG eröffnen, im Hinblick auf die Widerrufsbelehrung zu behandeln sind. § 1 IV FernAbsG will grundsätzlich den weiterreichenden Verbraucherschutzvorschriften den Vorrang einräumen. Da die vom VerbrKrG geforderte gesonderte Unterzeichnung für den Verbraucher eine gesteigertes Maß an Sicherheit gewährleistet, müsste das VerbrKrG hier den Vorrang genießen. Der Gesetzgeber hat jedoch diese Kollision der verschiedenen Verbraucherschutzgesetze im § 8 VerbrKrG im entgegengesetzten Sinne geregelt.

Gemäß § 8 II 1 VerbrKrG n.F. findet das Widerrufs- und Rückgaberecht der §§ 7 und 9 II VerbrKrG keine Anwendung auf finanzierte Fernabsatzverträge. Wenn *§ 7 VerbrKrG* für die finanzierten Fernabsatzverträge *nicht anwendbar* ist, so werden auch an die *Belehrung keine erhöhten Anforderungen* gestellt. § 1 IV FernAbsG kommt nicht zur Anwendung. Dies gilt jedoch nicht, wenn dem Verbraucher kein Widerrufsrecht nach dem FernAbsG zusteht. Hierbei sind insbesondere die in § 3 II FernAbsG geregelten Fälle erfasst. Diesbezüglich bestimmt § 8 II 2 VerbrKrG n.F. aber, dass die Widerrufsbelehrung dem Verbraucher zwar auf einem dauerhaften Datenträger zur Verfügung stehen, aber nicht gesondert unterschrieben werden muss.

### 4.3.2.3
### Die Regelung in § 4 FernAbsG für finanzierte Fernabsatzverträge

#### 4.3.2.3.1 § 4 Abs.1 FernAbsG



Werden Fernabsatzverträge durch einen Kreditvertrag finanziert so ist weiterhin § 4 FernAbsG zu beachten; das Merkmal des Kreditvertrages ist hierbei wie in § 1 VerbrKrG zu interpretieren [18]. § 4 Abs.1 stellt klar, dass der Verbraucher, wenn ihm der Unternehmer im Rahmen des Fernabsatzvertrages gleichzeitig einen Kredit gewährt hat, auch an seine auf Abschluss der Kreditvertrages gerichtete Willenserklärung nicht gebunden ist, wenn er bezogen auf den Fernabsatzvertrag von seinem Widerrufs- oder Rücktrittsrecht Gebrauch macht. Auf § 4 Abs.1 FernAbsG muss nicht im Rahmen des sog. Teilzahlungskaufes eingegangen werden, da hier nur ein einziger Vertrag vorliegt, dessen Verpflichtungen schon unmittelbar über §§ 361a, 361b BGB suspendiert werden [18].



Bedeutung erlangt diese Vorschrift nur, wenn zwei selbständige Verträge vorliegen, z.B. wenn der Unternehmer mit dem Verbraucher noch einen weiteren selbständigen Darlehensvertrag zur Finanzierung der Fernabsatzgeschäftes schließt. Folge des Widerrufs ist, dass jeder Vertragsteil dem anderen bereits empfangene Leistungen zurückzugewähren hat (§ 4 I 3 FernAbsG i.V.m. § 361a II BGB). Ausdrücklich ausgeschlossen werden hierbei aber Ansprüche des Kreditgebers gegen den Erwerber auf Zahlung von Zinsen und Kosten.

### 4.3.2.3.2  § 4 Abs. 2 FernAbsG

Wird das Fernabsatzgeschäft von einem Dritten finanziert, so findet § 4 Abs.2 FernAbsG Anwendung. Der Gesetzgeber hatte hierbei die Fälle im Visier, bei denen der Kunde bei einem Darlehensgeber einen Kredit aufnimmt und dieser den Kreditbetrag absprachegemäß sofort an den Unternehmer auszahlt, um die Verbindlichkeiten des Verbrauchers gegenüber dem Unternehmer aus dem Fernabsatzgeschäft zu tilgen. Zunächst ist zu prüfen, ob der Fernabsatzvertrag und der Kreditvertrag eine wirtschaftliche Einheit bilden. Nach § 4 II S.2 FernAbsG ist dies der Fall, wenn der Kreditgeber sich bei der Vorbereitung oder dem Abschluss der Kreditvertrages sich der Mitwirkung des Unternehmers bedient. Dies ist etwa der Fall, wenn beim Unternehmer Darlehensformulare des Kreditgebers ausliegen. Ist noch kein Leistungsaustausch erfolgt, erlöschen durch den Widerruf nach § 3 I FernAbsG die vertraglichen Verpflichtungen sowohl aus dem Darlehensvertrag als auch aus dem Fernabsatzvertrag (§ 4 II 1, I 1 FernAbsG). Ansonsten sind auch hier die Parteien verpflichtet, einander die empfangenen Leistungen zurückzuerstatten. (§ 4 II, I S.3 FernAbsG i.V.m. § 361a II BGB).

Besonderheiten bestehen jedoch, wenn der Kreditgeber den Darlehensbetrag bereits *an den Unternehmer* ausgezahlt hat. Dann greift § 4 II S.3 FernAbsG ein. Diese Norm führt dazu, dass der Verbraucher bei der Rückabwicklung so gestellt wird, als hätte er allein mit dem Kreditgeber einen finanzierten Fernabsatzvertrag geschlossen. Folglich muss der Verbraucher dem Kreditgeber die erhaltene Ware zurückgewähren, kann aber im Gegenzug bereits geleistete Anzahlungen und Darlehensraten zurückfordern [19]. Die Rückabwicklung erfolgt im Interesse des Verbrauchers nur im Zwei-Personen-Verhältnis (der Normzweck ist daher mit § 9 III VerbrKrG vergleichbar)

## 4.4
## Fazit

Jedem Unternehmer, der Verträge im Fernabsatz schließt, ist dringend anzuraten, seine Verbraucherinformationen an die neuen Anforderungen anzupassen. Tut er dies nicht, setzt er sich nicht nur dem viermonatigen Widerrufsrecht aus, sondern riskiert zudem die mögliche Unwirksamkeit von AGB, die aufgrund neu geschaffener Gestaltungsmöglichkeiten eingefügt werden können.

## 4.5
## Zusammenfassung

Zur Zusammenfassung sei hier noch mal § 2 FernAbsG als kurze Checkliste wiedergegeben, anhand derer der Unternehmer seine Angaben abgleichen kann:

1 Der geschäftliche Zweck und die Identität des Unternehmers müssen dem Verbraucher eindeutig erkennbar sein (§ 2 I FernAbsG); bei Telefongesprächen müssen diese Informationen zu Beginn des Gesprächs ausdrücklich offen gelegt werden.

2 Der Unternehmer muss den Verbraucher rechtzeitig vor Vertragsschluss informieren über:

- seine Identität und Anschrift,

- wesentliche Merkmale der Ware oder Dienstleistung, sowie darüber, wann der Vertrag zustande kommt,

- die Mindestlaufzeit des Vertrags, wenn dieser eine dauernde oder regelmäßig wiederkehrende Leistung zum Inhalt hat,

- einen Vorbehalt, eine in Qualität und Preis gleichwertige Leistung (Ware oder Dienstleistung) zu erbringen, und einen Vorbehalt, die versprochene Leistung im Falle ihrer Nichtverfügbarkeit nicht zu erbringen,

- den Preis der Ware oder Dienstleistung einschließlich aller Steuern und sonstiger Preisbestandteile,

- gegebenenfalls zusätzlich anfallende Liefer- und Versandkosten,

- Einzelheiten hinsichtlich der Zahlung und der Lieferung oder Erfüllung,

- das Bestehen eines Widerrufs- oder Rückgaberechts nach § 3,

- Kosten, die dem Verbraucher durch die Nutzung der Fernkommunikationsmittel entstehen, sofern sie über die üblichen Grundtarife, mit denen der Verbraucher rechnen muss, hinausgehen,

- die Gültigkeitsdauer befristeter Angebote, insbesondere des Preises.

In den Fällen, in denen der Fernabsatzvertrag durch den Unternehmer oder einen Dritten im Sinne des § 1 II VerbrKrG oder § 4 I FernAbsG finanziert wird, ist zudem darauf zu achten, um das Privileg des § 8 I VerbrKrG n.F. genießen zu können, dass die nach § 4 I Nr.2 lit. a) – e) VerbrKrG nötigen Informationen dem Verbraucher rechtzeitig vor Vertragsschluss auf einem dauerhaften Datenträger, also nach der hier vertretenen und sich erwartungsgemäß durchsetzenden Auffassung, auch per eMail, zur Verfügung stehen.

# Anwendungskompass
# Verbraucherschutz

**1.** Beachten Sie, dass Geschäfte im Internet regelmäßig dem FernAbsG unterliegen!

**2.** Wichtige Ausnahmen sind u.a. Finanzdienstleistungsverträge, Lebensmittelverkäufe und Reiseverträge!

**3.** Das FernAbsG ist nur ein Mindestschutz. Prüfen Sie stets, ob nicht zusätzlich speziellere Gesetze eingreifen!

**4.** Prüfen Sie genau, ob Sie die Informationspflichten i.S.d. § 2II FernAbsG vollständig erfüllt haben!

**5.** Machen Sie von Ihrem Wahlrecht zwischen Widerruf und Rückgabe Gebrauch! Nutzen Sie dazu u.a. Ihre AGBs!

**6.** Integrieren Sie in Ihre AGBs weitere Regeln der Risikobeschränkung, z.B. einen Eigentumsvorbehalt!

**7.** Gleiches gilt für Bestellungen bis zu 40 EURO: Achten Sie hier auf die Übertragung der Rücksendungskosten!

**8.** Beachten Sie zudem die Besonderheiten bei finanzierten Fernabsatzverträgen, insbesondere bei der Rückabwicklung!

Literaturverzeichnis

[1]     Vgl. Klingsporn NJW 1997, 1546

[2]     Hierfür plädieren Hoeren/Sieber – Waldenberger, Handbuch Multimedia Recht,
        13.4 Rn.6, 9 ff, München, C.H. Beck Verlag 1998, 1. Ergänzungslieferung Ap-
        ril 2000

[3]     BGH NJW 1992, 1889, 1890

[4]     Palandt/Putzo, HaustürWG 5, Rn.3.

[5]     vgl. BGH NJW 1996, 929; a.A.: Klingsporn NJW 1997, 1546, der für eine ana-
        loge Anwendung plädiert

[6]     vgl. Riehm JURA 2000, 509; in diesem Sinne wohl auch Hoeren/Sieber-
        Waldenberger, Handbuch Multimedia Recht, 13.4 Rn.8)

[7]     h. M. vgl. Palandt, 60.Auflage, Kommentar zum BGB, München, C.H.Beck
        Verlag, 2001; § 4 Rn. 4; Köhler NJW 1998, 185

[8]     vgl. Köhler aaO m.w.N

[9]     Vgl. den Vorschlag der Kommission vom 19.11.1998, verfügbar unter
        http://europa.eu.int/eur-lex(de(com/dat/1998/de598PC0468.html

[10]    Vgl. BT Drucksache 14/3195 S.30.

[11]    vgl. BT/Drs. 14/2658 S.41

[12]    so auch Riehm JURA 2000, 505

[13]    vgl. Taupitz/ Kritter JuS 1999, 839, 841f

[14]    vgl. auch Fuchs ZIP 2000, 1273 (1283)).

[15]    vgl. Riehm JURA 2000, 511

[16]    vgl. BT-Drs. 14/2658 S.44

[17]    so auch Riehm JURA 2000, 505

[18]    vgl. BT-Drs. 14/2658

[19]    vgl. Lorenz JuS 2000, 833 (840)

# 5 Gestaltung von Provider-Verträgen

RA Oliver Alexander Klimek, e-trend, Bielefeld

## 5.1 Einleitung

Den allgemeinen Prototypen eines Provider-Vertrages mit einem fest definierten Leistungsprogramm und flankierenden Regelungen zur Gewährleistung, Haftung etc. gibt es nicht |1|. Empfehlungen zur Gestaltung des Vertragsverhältnisses entbehren daher angesichts der Vielfalt der von Providern angebotenen Leistungen und in Ermangelung einer gefestigten Rechtsprechung hinsichtlich vieler Probleme dieses Rechtsbereichs nicht einer gewissen Problematik. Trotz dieser Schwierigkeiten soll nachfolgend der Versuch einer praxisnahen Einführung in die Gestaltung von Provider-Verträgen unternommen werden.

## 5.2 Rechtliche und tatsächliche Rahmenbedingungen

Bei der Gestaltung von Provider-Verträgen sind je nach konkretem Vertragsgegenstand verschiedene Rechtsquellen zu berücksichtigen. Aus dem Bereich des öffentlichen Rechts können etwa das Informations- und Kommunikationsdienste-Gesetz (IuKDG), der Mediendienste-Staatsvertrag (MDStV), der Rundfunkstaatsvertrag (RStV), die Landespressegesetze sowie das Bundesdatenschutzgesetz (BDSG) zu beachten sein. Ferner das Telekommunikationsgesetz (TKG) und die hierzu erlassenen Rechtsverordnungen. Aus dem Bereich des Zivilrechts sind hier vor allem das allgemeine Zivil- und

*Rechtliche Voraussetzungen*

Zivilprozessrecht einschließlich des Internationalen Privatrechts (BGB, ZPO, EGBGB), das Verbraucherschutzrecht (AGBG, HaustürWG, VerbrKrG) und die Gesetze zum Schutz des geistigen Eigentums (etwa das UrhG) zu nennen.

## 5.3
## Providerleistungen als Massengeschäft und das AGB-Gesetz



Im Vordergrund der Gestaltung eines jeden Vertrages stehen zunächst grundsätzlich individuelle Interessen der jeweiligen Vertragspartei. Im Idealfall würde sich deshalb ein Internet-Provider vor jedem einzelnen Vertragsabschlussüberlegen, zu welchen Leistungen er sich verpflichten und welche Rechte er seinem Kunden einräumen will. Angesichts der Tatsache, dass Providerleistungen regelmäßig ein Massengeschäft sind, ist eine individuelle Ausgestaltung eines jeden Vertrages jedoch pure Illusion. Anbieter können nicht umher, ihren Kunden vorformulierte Verträge zu präsentieren. Damit gewinnt die Inhaltskontrolle nach dem AGB-Gesetz, welche bei allen vorformulierten Vertragsbedingungen (Allgemeine Geschäftsbedingungen - AGB) eingreift, im Geschäft zwischen Providern und Endkunden, aber auch der Anbieter untereinander, mit Abstand das größte Gewicht [2].

Primär bezweckt das AGB-Gesetz zwar „nur" den Schutz des unerfahrenen Endverbrauchers vor vorformulierten Vertragsbedingungen. Darüber hinaus wird aber auch der Rechtsverkehr mit Unternehmern erfasst: So finden nach § 24 Satz 1 AGBG insbesondere die Klauselverbote der §§ 10, 11 AGBG gegenüber Unternehmern keine direkte Anwendung. Über § 24 Satz 2 AGBG bleibt jedoch auch im Rechtsverkehr mit Unternehmern die Generalklausel des § 9 AGBG (und damit indirekt auch die Wertungen in den §§ 10, 11 AGBG) anwendbar, mit dem Korrektiv, dass Unternehmer eines geringeren Schutzes bedürfen, da sie geschäftsgewandter sind und nach im Handelsverkehr geltenden Gewohnheiten und Gebräuchen handeln.



Da etwaige Zweifel bei der Auslegung Allgemeiner Geschäftsbedingungen grundsätzlich zu Lasten des Verwenders gehen (§ 5 AGBG) und nach § 6 AGBG auch keine geltungserhaltende Reduktion von AGB-Klauseln erfolgt, d.h. an die Stelle unwirksamer Vertragsbestimmungen treten die gesetzlichen Vorschriften, schwebt über vorformulierten Vertragsbedingungen stets das Damoklesschwert der Unwirksamkeit nach dem AGB-Gesetz.

# 5.4
# Der Provider-Vertrag als Dauerschuldverhältnis

Nur in Einzelfällen wird es sich in Provider-Verträgen um einen einmaligen Leistungsaustausch (etwa bei der Nutzung von Datenbankinhalten oder der einmaligen Gestattung einer Programmnutzung) zwischen den Vertragsparteien handeln. Regelmäßig wird hier eine Mehrzahl von Leistungen gebündelt und in einem Rahmen zusammengefasst. Zudem ist es meist nicht mit einem einmaligen punktuellen Leistungsaustausch getan. Vielmehr schuldet der Provider eine dauernde Bereitstellung von verschiedenen Leistungen (z.B. Zugangsgewährung zum Internet, E-Mail-Dienste, Zurverfügungstellung von Speicherplatz, zur Erstellung und Bereithaltung einer Homepage etc.).

Dies charakterisiert den Provider-Vertrag als Dauerschuldverhältnis, aus dem während seiner Laufzeit ständig neue Leistungs-, Neben- und Schutzpflichten entstehen [3]. Gesetzlich normierte Dauerschuldverhältnisse sind z.B. Miete, Pacht, Leihe, Darlehen, Dienstvertrag etc. Das Dauerschuldverhältnis im Allgemeinen ist im Gesetz nicht geregelt. Einer positiven vertraglichen Regelung der einzelnen Punkte kommt daher besondere Bedeutung zu. Lediglich zu beachten sind hier vereinzelte von der Rechtsprechung entwickelte Grundsätze und gesetzliche Bestimmungen [4]:

In Anbetracht der rasanten Entwicklung der Informations- und Kommunikationstechnik und mit Blick auf die Einordnung des Provider-Vertrages als Dauerschuldverhältnis empfiehlt sich auf Seiten des Providers regelmäßig der Vorbehalt eines Rechts auf Leistungsänderung, welcher ihm erlaubt, im Wettbewerb mit konkurrierenden Anbietern verbesserte oder veränderte Leistungen anzubieten bzw. Leistungen in der Zukunft auf neuen Wegen zu erbringen. Bei Individualverträgen ist eine solche Vereinbarung unproblematisch. In vorformulierten Vertragsbedingungen sind solche Leistungsänderungsvorbehalte dagegen regelmäßig nur zulässig, wenn die Änderung für den Vertragspartner zumutbar ist, § 10 Nr. 4 AGBG.

Zumutbar kann eine solche Änderung sein, wenn diese für den Provider aufgrund des technischen Fortschritts unvermeidlich ist und das ursprüngliche Verhältnis von Leistung und Gegenleistung nicht oder nur unerheblich gestört wird. Unzulässig sind dagegen allgemeine Änderungsvorbehalte, nach denen der Provider nach freiem Belieben und ohne vorherige Ankündigung einen Dienst ganz oder teilweise einstellen darf. Eine wirksame Gestaltung erfordert hier die Angabe der konkreten Voraussetzungen, Art, Grund und Ausmaß

*Provider-Vertrag: in der Regel Dauerschuldverhältnis*

*Recht auf Leistungsänderung*

*Allgemeine Änderungsvorbehalte sind unzulässig*

der vorbehaltenen Änderung [5]. Zu empfehlen ist darüber hinaus ein Vertragslösungsrecht für den Kunden im Falle einer Änderung.



Das Dauerschuldverhältnis kann grundsätzlich unbefristet (mit entsprechenden Kündigungsmöglichkeiten und -fristen) oder für einen fest definierten Zeitraum befristet vereinbart werden. Höchstgrenzen für die Vertragsdauer sowie für deren Verlängerung finden sich aber etwa in § 11 Nr. 12 AGBG. Hiernach ist eine Klausel in vorformulierten Vertragsbedingungen, die eine Laufzeit von mehr als zwei Jahren und eine stillschweigende Verlängerung von jeweils mehr als einem Jahr vorsieht, unwirksam. § 11 Nr. 12 AGBG findet allerdings nur auf Kauf-, Werk- oder Dienstverträge Anwendung, die die regelmäßige Lieferung von Leistungen zum Gegenstand haben.



Keine Anwendung findet er dagegen auf typische Dauerschuldverhältnisse wie Miete, Pacht etc. [6]. Soweit der jeweilige Provider-Vertrag also von einem typischen Dauerschuldverhältnis geprägt wird, müssen die Vorgaben des § 11 Nr.12 AGBG nicht beachtet werden. Regelmäßig wird aber der Charakter des Vertrages als dauerhafte und regelmäßige Dienstleistung etwa in Gestalt der Zugangsgewährung zum Internet, des E-Mail Services und der bereitgehaltenen Informationen überwiegen.



Bei einer Gesamtschau unterfällt der Provider-Vertrag den in § 11 Nr. 12 AGBG erwähnten Vertragstype. Damit sind die hier festgelegten Grenzen gegenüber Endkunden zu beachten [7]. Damit wären im äußersten Fall aber selbst Laufzeiten von zwei Jahren zulässig, ohne dass indes in der Praxis erkennbar auf diese Möglichkeit zurückgegriffen würde.



Bei auf unbestimmte Zeit geschlossenen Dauerschuldverhältnissen wird dringend angeraten, die Möglichkeiten der ordentlichen Kündigung unter Einhaltung vertraglich bestimmter Kündigungsfristen ausdrücklich vorzusehen. Darüber hinaus können Dauerschuldverhältnisse, unabhängig ob befristet oder nicht, nach von der Rechtsprechung entwickelten Grundsätzen ohne Einhaltung einer Kündigungsfrist aus wichtigem Grund gekündigt werden. Ein wichtiger Grund liegt hiernach immer dann vor, wenn dem Kündigenden aufgrund von vorliegenden Tatsachen unter Abwägung der jeweiligen Interessen der Vertragsparteien eine Fortsetzung des Vertrages bis zum Ablauf der ordentlichen Kündigungsfrist bzw. bis zum Ende der vorgesehenen Vertragslaufzeit unzumutbar ist.



In der Praxis hat sich bewährt, einen Katalog ausgewählter außerordentlicher Kündigungsgründe (etwa den Verzug mit der Zahlung der Vergütung für zwei aufeinanderfolgende Termine) in den Vertrag aufzunehmen. Im Anwendungsbereich des AGB-Gesetzes ist jedoch stets darauf zu achten, dass keine außerordentlichen Kündigungsgründe in die Klausel aufgenommen werden, die in Wahrheit nicht das Gewicht eines wichtigen Grundes haben [8].

# 5.5
# Typische Leistungen in Provider-Verträgen

## 5.5.1
## Rechtliche Einordnung der Leistungen als Ausgangspunkt der Vertragsgestaltung

Nach dem Prinzip der Vertragsfreiheit sind Parteien in der Gestaltung ihrer schuldrechtlichen Beziehungen grundsätzlich frei. Der Gesetzgeber hat im BGB jedoch bestimmte Vertragstypen wie z.B. Kauf-, Miet-, Dienst- und Werkverträge als gesetzliche Leitbilder umfangreich sowohl hinsichtlich der Rechte und Pflichten der Vertragsparteien, als auch hinsichtlich möglicher Ansprüche etwa im Falle der Schlechtleistung geregelt.



**Wichtige Vertragstypen und mögliche Ansprüche im Falle der Schlechtleistung:**

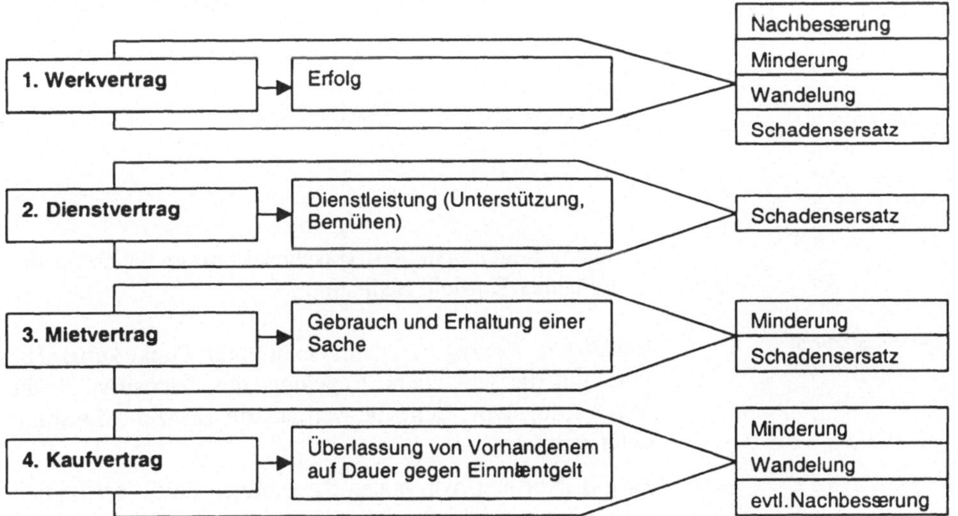

**Vertragsparteien und relevante Vertragsbeziehungen:**

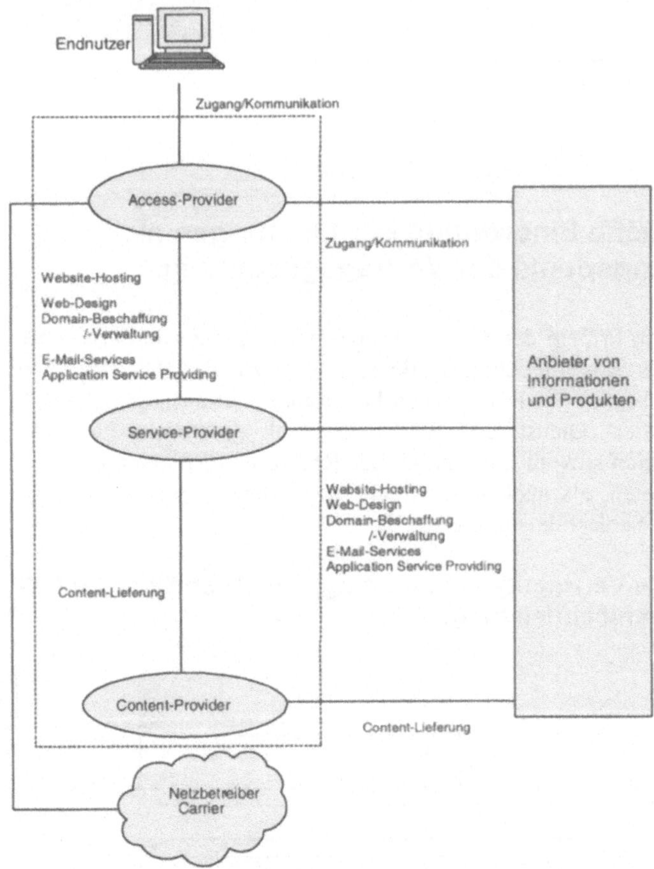


Die gesetzliche Regelungen der typischen Verträge haben für die Parteien in dreifacher Hinsicht Bedeutung:

*Gesetzliche Einschränkungen*

- Enthält ein Vertrag zu einem bestimmten Punkt keine Abrede, gilt die gesetzliche Regelung, das dispositive Recht des Vertragstyps, dem die vereinbarte (Einzel-) Leistung unterstellt wird.

- Es gibt Normen, von denen die Parteien durch vertraglich Vereinbarung nicht abweichen können.

- Von anderen Vorschriften können zwar Individualvereinbarungen, nicht aber vorformulierte Vertragsbedingungen abweichen.

Bei der Gestaltung eines Vertrages ist daher zu Beginn zu überlegen, welche und wenn ja, wie Vertragsbeziehungen zwischen den Parteien bereits durch das Gesetz geregelt sind. Hierfür wird zunächst die Entscheidung zu treffen sein, welchem im Gesetz geregelten Vertragstyp die zu vereinbarende Leistung unterfällt. Diese Erkenntnis hilft dann, unerwünschte gesetzliche Regelungen vertraglich (soweit es sich nicht um zwingende Vorschriften handelt) abzuändern bzw. sich aus dem Gesetz ergebende Lücken zu füllen.

## 5.5.2
## Einordnung einzelner Providerleistungen

Im Hinblick auf die obigen Ausführungen werden im folgenden einige typische Leistungen in Provider-Verträgen rechtlich eingeordnet:

Als typische Leistung eines Access-Providers steht die Zugangsgewährung zu einem Computernetz und in der Regel auch zum Internet im Mittelpunkt der vertraglichen Pflichten. Typologisch handelt es sich hierbei um ein Dauerschuldverhältnis, dessen rechtliche Einordnung umstritten ist [9]. Im Hinblick auf die erfolgsorientierte Komponente des funktionierenden Netzzuganges wird teilweise die Einordnung als Werkvertrag befürwortet.

*Zugangsgewährung zu einem Computernetz: Werk - oder Mietvertrag*

Andererseits wird die Meinung vertreten, dass aufgrund des vertraglichen Interesses des Kunden, die Technik bzw. Infrastruktur des Providers zu nutzen, ein Mietvertrag vorliege. Gegen die Annahme eines Mietvertrages spricht aber bereits die Freiheit des Access-Providers in der Auswahl und dem Austausch seiner technischen Einrichtungen sowie die Tatsache, dass der Nutzer nur sekundär an der Benutzung der technischen Einrichtungen des Providers interessiert ist. Sein Interesse bezieht sich beim reinen Access-Providing vielmehr auf die Durchleitung zum Datennetz oder dem Internet bzw. zu fremden Inhalten. Der Annahme eines Werkvertrages steht die damit verbundene verschuldensunabhängige Erfolgsgarantie einer ständigen Verfügbarkeit des Zuganges entgegen, welche bereits aufgrund der Komplexität der technischen Einrichtungen realistisch nicht zu garantieren ist.

*Rechtliche Einordnung ist problematisch*

Nach hier vertretener Ansicht liegt daher die Annahme eines Dienstvertrages näher, bei dem den Interessen der Nutzer an ständigem Zugang und der Nutzung der Infrastruktur des Providers bei der

*Bei Nutzung und Zugang: Dienstvertrag*

Bestimmung der geschuldeten Bemühungen Rechnung zu tragen ist [10].



Wird Standardsoftware, die dem Kunden den Zugang zu einem Dienst oder dem Internet ermöglicht, entgeltlich und auf Dauer überlassen, kommt Kaufvertragsrecht zur Anwendung. Dagegen ist es nach Mietrechtsregeln zu beurteilen, wenn die Standardsoftware dem Nutzer nur für eine bestimmte Zeit zur Verfügung gestellt wird.



Der Versand von E-Mails im eigenen Netz des Providers ist als Werkvertrag zu qualifizieren, da der Anbieter den Zugang der E-Mail (Erfolg) bei dem entsprechenden Account schuldet. Diese Erfolgsverpflichtung bezieht sich allerdings nur auf die Übermittlung, nicht auch auf die Erreichbarkeit des Teilnehmers. Ein Dienstvertrag ist hingegen anzunehmen, wenn die Übermittlung in andere, für den Provider nicht beherrschbare Netze erfolgen soll. Dies sollte vertraglich klargestellt werden.



Werkvertrag ist entgegen weitverbreiteter Ansicht [11] anzunehmen, wenn Nutzern Speicherkapazität zur Vorhaltung und Veröffentlichung (Bereitstellung der gespeicherten Seiten zum Abruf, Herstellung der Internet-Connectivity) von Webpages gegen Entgelt überlassen wird (sog. Webhosting). Die Abrufbarkeit der gespeicherten Webpages durch Clients im Internet stellt hierbei den vom Webhoster geschuldeten Erfolg dar. Die Erfolgsverpflichtung beschränkt sich hier jedoch auf die Bereitstellung der Seiten zum Abruf. Nicht garantiert werden kann im Hinblick auf die komplexe technische Gestaltung des Internet hingegen, dass die Seiten auch erfolgreich abgerufen werden. Die Abrufbarkeit der Seiten stellt darüber hinaus die zentrale Leistung beim Webhosting dar. Die Zurverfügungstellung von Speicherplatz, welche als Mietvertrag einzuordnen ist, tritt dahinter als Nebenpflicht zurück [12].



Die Einstufung des Erwerbs von Inhalten in die im BGB geregelten Vertragstypen fällt schwer, da es den typischen Content-Einkauf nicht gibt. Besteht der zu liefernde Inhalt aus urheberrechtlich geschützten Werken in nicht-verkörperter Form, die auf unbestimmte Zeit und gegen Einmalgebühr überlassen werden, ist grundsätzlich Kaufvertragsrecht anzuwenden (Gleiches gilt für die Lieferung reiner Informationen oder Nachrichten, die nicht die erforderliche Schöpfungshöhe aufweisen, um als urheberrechtlich geschütztes Schriftwerk zu gelten). Wird der Inhalt dagegen nur für einen gewissen Zeitraum gegen wiederkehrende Gebühren und ggf. mit weiteren Einschränkungen lizenziert, kommen regelmäßig Mietrechtsregeln zur Anwendung.



Soweit ein Provider seinen Kunden von ihm erstellte oder von ihm lizenzrechtlich erworbene Software zur Nutzung etwa über das Internet für eine jeweilige Einzelbearbeitung in der Weise zur Verfügung stellt, dass die Kunden diese Programme bei Bedarf aufrufen und für sich im Data-Center des Providers arbeiten lassen können, ohne die eigentliche Software in irgendeiner Form in ihren Rechner zu kopieren (Application Service Providing), ist dies regelmäßig und entgegen weitverbreiteter Ansicht nach Dienstvertragsrecht zu beurteilen. Mietrechtsregeln sind hier nicht anwendbar (die Zurverfügungstellung von Hardwarekapazität bzw. Rechenleistung im Data-Center des Providers, welche wohl nach Mietrechtsregeln zu beurteilen wäre, tritt hinter der zentralen Leistung „Gestattung der Softwarenutzung" als Nebenpflicht zurück).



Die Software wird nicht zur Nutzung überlassen, sondern der Provider schuldet dem Kunden vielmehr nur die Dienste eines bestimmten Programmes, eine software- bzw. funktionsbezogene Auftragsdatenverarbeitung, wie sie bereits für klassische Rechenzentrumsleistungen typisch ist. Zwar verlangt § 535 BGB nicht zwingend die Übergabe eines verkörperten Exemplares der Software, sondern nur die Gebrauchsgewährung. Damit ist eine Besitzübertragung für die Annahme eines Mietvertrages nicht unbedingt erforderlich, sondern es genügt, wenn dem Mieter (Nutzer) Zugang zur Mietsache (Software) verschafft wird. Die Software als solche steht dem Kunden beim Application Service Providing jedoch zu keinem Zeitpunkt vollständig zur Verfügung. Der Programmablauf wird ausschließlich von der Betriebssoftware des Providers gesteuert. Bereits wegen dieser intensiven Steuerung der gesamten Verarbeitung durch den Systembetreiber liegt es nahe, von einem Dienstvertrag auszugehen [13].



Darüber hinaus spricht bereits eine nach hier vertretener Auffassung gebotene, interessengerechte und über die drohenden Gewährleistungs- und Haftungsfolgen vorzunehmende Einstufung für die Anwendung von Dienstvertragsrecht. Denn legte man Mietvertragsrecht zugrunde, würde man dem Provider zum einen für die gesamte Vertragsdauer formularvertraglich nicht abdingbare Erhaltungspflichten bezüglich der Funktionsfähigkeit der Software und zum anderen Instandhaltungspflichten hinsichtlich des eingesetzten Serverrechners sowie die Verpflichtung auf ständige volle Verfügbarkeit des Systems auferlegen. Derart hohe Haftungsrisiken des Providers stellen aber eine Bedrohung für das gesamte Geschäftsmodell „Application Service Providing" dar und dürften damit auch nicht im Sinne des Kunden sein.

# 5.6
# Einzelprobleme der Vertragsgestaltung in der Praxis

## 5.6.1
## Bedeutung und Notwendigkeit einer detaillierten Leistungsbeschreibung



Die exakte Beschreibung der (Einzel-)Leistung stellt insbesondere wegen ihrer engen Verknüpfung mit der Gewährleistung und Haftung des Providers die wohl wichtigste Aufgabe bei der Gestaltung von Provider-Verträgen dar. Dabei kann die Leistungsbeschreibung im Vertrag selbst, aber -und in der Praxis bewährt- auch durch Bezugnahme auf in einer Anlage beigefügte Spezifikationen, Pflichtenhefte und bezüglich etwaiger zu erfüllender Kriterien bei Serviceleistungen in sog. Service Level Agreements geschehen. Der Umfang der vereinbarten Leistungen sollte in der Praxis, um Ansprüche im Streitfall leichter durchsetzen bzw. abwehren zu können, so detailliert wie möglich und vor allem positiv umschrieben werden. Auslegungsbedürftige Leistungsbeschreibungen bieten hier dem unredlichen Vertragspartner unnötigerweise Angriffspunkte.

Die positive Umschreibung der Leistung hat den Vorteil, dass sie nicht der Inhaltskontrolle nach dem AGB-Gesetz unterliegt.

## 5.6.2
## Einzelne Klauseln und häufige Fehler bei deren Gestaltung



Einige, in der Praxis häufige Fehler bei der Klauselgestaltung seien nachfolgend herausgegriffen:

Ein Provider hat ein berechtigtes Interesse daran, sich nicht auf unbestimmte Zeit an ein im Zeitpunkt des Vertragsabschlusses festgelegtes Preisgefüge zu binden, sondern je nach Kosten- und Marktentwicklung die Preise ändern zu können. Dementsprechend findet man in Verträgen häufig sog. Preisänderungsvorbehalte. Hier ist im nichtkaufmännischen Verkehr jedoch insbesondere § 9 AGBG zu beachten: Preisänderungsklauseln sind demnach nur zulässig, wenn entweder im Änderungsvorbehalt Maß und Gründe der Anpassung exakt bezeichnet sind, so dass der Kunde die Rechtfertigung der Preisänderung nachvollziehen kann oder dem Nutzer die Möglichkeit eingeräumt wird, sich bei einer Erhöhung ohne Nachteile vom

Vertrag zu lösen [14]. Im Verkehr zwischen Unternehmern werden Preisanpassungsklauseln dagegen in der Regel nicht beanstandet.

Regelmäßig sehen Anbieter eine Vorauszahlungspflicht jedenfalls für die Monatsgrundgebühr vor. Ob Vorleistungsklauseln zulässig sind, wird in Rechtsprechung und Schrifttum nicht einheitlich beurteilt. Für Provider-Verträge wird man jedoch eine Vorleistungsklausel grundsätzlich als angemessen erachten müssen, da sie den Kunden ob der geringen Grundgebühr nicht übermäßig mit einem Risiko belastet. Die Höhe der Vorauszahlung hat sich aber im Verhältnis zur gesamten Vertragsdauer auf einen Bruchteil zu beschränken. Unzulässig sind daher Klauseln, nach denen der gesamte Jahresbetrag im vorhinein zu zahlen ist. Unbedenklich sind hingegen Klauseln, die dem Kunden formularmäßig die Pflicht auferlegen, monatlich Mietzins im voraus zu bezahlen. Zu beachten ist hier jedoch, dass die Verbindung mit einem Aufrechnungsausschluss eine solche Klausel wiederum unzulässig machen kann.

*Vorleistungsklauseln*

Nicht selten wird versucht, die Gewährleistung für neu hergestellte Sachen und Werkleistungen formularvertraglich zu beschränken. In diesem Fall sind die umfangreichen Regelungen in § 11 Nr. 10 lit. a bis lit. f AGBG zu beachten. Demnach sind u.a. Klauseln unwirksam, welche Gewährleistungsansprüche vollständig ausschließen und auf die Inanspruchnahme Dritter verweisen. Ferner Klauseln, die die Gewährleistung auf Nachbesserung oder Ersatzlieferung beschränken, wenn dem Kunden nicht ausdrücklich das Recht vorbehalten wird, bei Fehlschlagen der Nachbesserung bzw. Ersatzlieferung Herabsetzung der Vergütung oder Rückgängigmachung des Vertrages verlangen zu können. Darüber hinaus ist etwa untersagt, dem Kunden Aufwendungen, die zum Zweck der Nachbesserung erforderlich werden (z.B. Arbeits- und Materialkosten etc.), auf den Kunden abzuwälzen sowie gesetzliche Gewährleistungsfristen zu verkürzen.

*Gewährleistungsbeschränkung*

Zu empfehlen sind im Rahmen der Gewährleistung immer Klauseln, wonach ein Kunde alle erkennbaren Mängel oder Schäden dem Anbieter unverzüglich oder innerhalb einer bestimmten Frist anzuzeigen hat und im Rahmen des Zumutbaren alle Maßnahmen zu treffen hat, die eine Beseitigung der Störung erleichtern und beschleunigen können. Derartige Klauseln konkretisieren die allgemeinen Grundgedanken des Mängelgewährleistungsrechts und des Schadensrechts. Eine solche Klausel hat jedoch klar zu bestimmen, ab wann die Frist zu laufen beginnt und in welcher Art und Weise die Störung oder der Mangel zu rügen ist.

*Mängelgewährleistung*

In der Praxis verstoßen noch immer zahlreiche Haftungsausschlüsse und -begrenzungsklauseln in Provider-Verträgen insbesondere gegen die Bestimmungen des AGB-Gesetzes. Die Anbieter ver-

*Haftungsausschluss und Begrenzung*

suchen sich hier angesichts hoher Haftungsrisiken möglichst von allen Gefahren einer Inanspruchnahme freizuzeichnen. Indes sind den tatsächlichen Möglichkeiten des Providers enge Grenzen gezogen. Bei der Klauselgestaltung ist vor allem folgendes zu beachten: Unzulässig ist zunächst der vollständige Ausschluss der Haftung ebenso wie generelle summenmäßige Haftungsbegrenzungen. Die Haftung für Vorsatz lässt sich bereits nach BGB (§ 276 Abs.2) nicht ausschließen. Auch die Haftung für grobe Fahrlässigkeit kann in vorformulierten Verträgen gemäß § 11 Nr.7 AGBG nicht wirksam abbedungen werden. Die Vorschrift gilt zwar zunächst nur uneingeschränkt für den nichtkaufmännischen Verkehr, sollte aber im Sinne der Risikovermeidung auch im Verkehr mit Unternehmen vorbehaltlos berücksichtigt werden.



Zulässig sind Haftungsausschluss und -begrenzung grundsätzlich aber in Fällen der leichten Fahrlässigkeit, gegenüber Nichtkaufleuten jedoch keine Haftungsfreizeichnung bei Verzug und Unmöglichkeit, beim Fehlen zugesicherter Eigenschaften, bei Verletzung wesentlicher Vertragspflichten sowie für ein Verhalten, welches Gefahren für wesentliche Rechtsgüter wie Leben oder Gesundheit begründet. In den zuletzt genannten drei Fällen ist auch eine Haftungsfreizeichnung im Rechtsverkehr mit Unternehmen unwirksam. Darüber hinaus sind aber Begrenzungen (z.B. auf eine Höchstsumme oder durch den Ausschluss typischerweise nicht vorhersehbarer Schäden) bei leicht fahrlässig verschuldetem Verzug, Unmöglichkeit oder leicht fahrlässiger Verletzung wesentlicher Vertragspflichten möglich. Die Haftungshöchstsumme muss hier jedoch im angemessenen Verhältnis zum vertragstypischen Schadensrisiko stehen [15]. Schließlich sollte in einer Haftungsklausel noch zum Ausdruck kommen, dass sich die Haftungsbegrenzung - soweit möglich - auch auf konkurrierende deliktische Ansprüche bezieht und unabdingbare Ansprüche, insbesondere nach dem Produkthaftungsgesetz, von der Freizeichnung unberührt bleiben.



Häufig werden in Klauseln auch über das rechtlich zulässige Maß hinaus Regelungen zur Kostenbelastung des Kunden bei Nutzung der Dienste eines Providers durch Dritte getroffen. Die Anonymität des Netzzuganges und das erhebliche Risiko, dass Dritte Kenntnis der Zugangsberechtigung eines Kunden erlangen, führen dazu, dass entsprechenden Regelungen in Provider-Verträgen eine hohe Bedeutung zukommt. So finden sich in der Praxis häufig Formulierungen, die dem Kunden offenbar ohne jedwede Rücksicht auf ein Vertretenmüssen die Entgelte für befugte, aber auch für missbräuchliche Nutzungen der Dienste durch Dritte auferlegen. Derartige Klauseln sind nach § 9 Abs.2 Nr.1 AGBG unwirksam, da sie im Ergebnis eine verschuldensunabhängige Haftung des Nutzers begründen. Eine wirksame Klauselgestaltung müsste hier das Verschulden des Kunden als Haftungsvoraussetzung aufnehmen [16].

Zahlungsverzug

Dem Charakter des Provider-Vertrages als Dauerschuldverhältnis entsprechend finden sich in vielen Verträgen Klauseln bezüglich dem Zahlungsverzug wieder, die im wesentlichen eine Sperrung des Zugangs in solchen Fällen vorsehen [17]. Zu beachten ist hier, dass für eine solche Sperre grundsätzlich ein Zahlungsverzug in erheblicher Höhe vorliegen muss, da sie, im Falle des Zahlungsverzuges als Leistungsverweigerung i.S.d. § 320 BGB zu qualifizieren, unter dem Vorbehalt von Treu und Glauben steht. Nach § 9 Abs. 2 AGBG sind daher Klauseln, die bereits bei einem Zahlungsverzug von zwei Monatsraten eine Sperre erlauben, mithin bereits bei relativ kleinen Beträgen, unzulässig. Dies wird auch durch die Wertungen in § 19 TKV bekräftigt, der erst ab einem Zahlungsverzug von DM 150.- eine Sperre eingreifen lässt.

Fristen

Nach der Telekommunikationskundenschutzverordnung (TKV) ist ein Anbieter unter Beachtung der Telekommunikationsdienstunternehmen-Datenschutzverordnung (TDSV) verpflichtet, dem Nutzer Einzelnachweise über die Verbindungsdaten vorzulegen. Häufig sehen Provider in ihren AGBs zusätzlich eine dem Kontokorrentgeschäft vergleichbare Frist zur Erhebung von Einwendungen unverzüglich (und schriftlich) nach Rechnungszugang, spätestens jedoch x Wochen nach Rechnungsdatum vor, nach deren Ablauf eine Rechnung als genehmigt gelten soll (sog. fingierte Erklärung). Auf die besonderen Folgen einer unterlassenen rechtzeitigen Anzeige werde in den Rechnungen nochmals gesondert hingewiesen. Gesetzliche Ansprüche des Nutzers nach Ablauf dieser Frist sollen hiervon unberührt bleiben [18]. Die hiermit verfolgte Zielsetzung, die Erleichterung der Abrechnung im Massengeschäft, ist grundsätzlich und eine solche Klausel mit Blick auf § 10 Nr. 5 AGBG nicht zu beanstanden. Zu beachten ist jedoch, dass unter Abwägung der berechtigten Interessen des Providers und der des Kunden, die hier gesetzte Frist sechs Wochen nicht unterschreiten und auf die verschuldete Versäumnis der Geltendmachung der Einwendungen beschränkt werden sollte. § 10 Nr. 5 AGBG ist dabei auch im unternehmerischen Rechtsverkehr zu beachten, wobei es eines gesonderten Hinweises auf die Folgen einer unterlassenen rechtzeitigen Anzeige hier regelmäßig nicht bedarf.

# 5.7
# Quintessenz

Bei der Gestaltung von Provider-Verträgen ist die Systematisierung
der sich aus dem Leistungsbündel ergebenden Vertragspflichten von
besonderer Bedeutung. Zu vielen Vertragsproblemen fehlt es an ge-
festigter Rechtsprechung mit verbindlichen Leitlinien. Hier ist die
weitere Entwicklung abzuwarten und zu beobachten. Das Rüstzeug
jedenfalls ist bereits jetzt vorhanden. Man muss es nur nutzen.

# Anwendungskompass Providerverträge

**1.** Beachten Sie bei der Gestaltung von Providerverträgen grundsätzlich die Grenzen des AGB-Gesetzes!

**2.** Das AGBG sieht dabei gegenüber Privatkunden und Unternehmen unterschiedliche Schutzlevel vor!

**3.** Wegen der schnellen Veränderungen des Marktes sollten immer Anpassungsklauseln vereinbart werden!

**4.** Regeln Sie Gewährleistung und Haftung im Sinne einer ausgewogenen Risikoverteilung!

**5.** Treffen Sie über die Klauseln hinaus Vereinbarungen zu Datenschutz, Mitwirkung, Verantwortlichkeiten etc!

**6.** Integrieren Sie wegen dem grenzübergreifenden Charakter des Internets Gerichtsstands- und Rechtswahlklauseln!

**7.** Übliche Vertragsklauseln wie Verzugszinsen, Vertraulichkeit, Einwendungen, Aufrechnungen und Schriftform etc. sollten von Ihnen ebenfalls vereinbart werden!

Literaturverzeichnis

[1]     vgl. Spindler in: Spindler (Hrsg.), Vertragsrecht der Internet-Provider, Köln, Verlag Dr. O. Schmidt, 2000, S. 205

[2]     so schon Spindler in: Spindler (Hrsg.), Vertragsrecht der Internet-Provider, Köln, Verlag Dr. O. Schmidt, 2000, S.209

[3]     vgl. Heinrichs in: Palandt, Kurzkommentar zum BGB, 58. Auflage, München, Verlag C.H. Beck, 1999, Einl. v. § 241 Rn.17

[4]     vgl. statt vieler: Bräutigam in: Schwarz, Recht im Internet, Augsburg, Kognos Verlag, Stand: Juni 1999, Bd. 2, 16-2.1, S.4ff.

[5]     Riehmer/Hessler, Rahmenbedingungen und Ausgestaltung von Provider-Verträgen, Computer und Recht, Verlag Dr. O. Schmidt, 2000, S. 172                                                                               m.w.N.
        [6] Hensen in: Ulmer/Brandner/Hensen, AGB-Gesetz, 8. Auflage, Köln, 1997, § 11 Nr.12 Rn. 4

[7]     wie hier Spindler in: Spindler (Hrsg.), Vertragsrecht der Internet-Provider, Köln, Verlag Dr. O. Schmidt, 2000, S. 343ff.; a.A. wohl Bräutigam in: Schwarz, Recht im Internet, Augsburg, Kognos Verlag, Stand: Juni 1999, Bd. 2, 16-2.1, S. 5ff.

[8]     Schmidt in: Ulmer/Brandner/Hensen, AGB-Gesetz, 8. Auflage, Köln, 1997, § 10 Nr.3 Rn. 17

[9]     siehe zur gesamten Problematik Spindler in: Spindler (Hrsg.), Vertragsrecht der Internet-Provider, Köln, Verlag Dr. O. Schmidt, 2000, S. 243ff. m.w.N.

[10]    wie hier: Spindler in: Spindler (Hrsg.), Vertragsrecht der Internet-Provider, Köln, Verlag Dr. O. Schmidt, 2000, S. 243ff.

[11]    z.B. Roth in: Loewenheim/Koch (Hrsg.), Praxis des Online-Rechts, Weinheim, 1998, S.78ff.; Büchner in: Lehmann (Hrsg.), Rechtsgeschäfte im Netz, Stuttgart, Schäffer-Poeschel Verlag, 1999, S.158

[12]    wie hier Redeker, Der EDV-Prozeß, 2. Aufl., München, Verlag C.H. eck, 2000, S.327ff.

[13]    gl. unter dem Stichwort Programmnutzung Redeker, Der EDV-Prozeß, 2. Aufl., München, Verlag C.H. Beck, 2000, S.329

[14]    vgl. Spindler in: Spindler (Hrsg.), Vertragsrecht der Internet-Provider, Köln, Verlag Dr. O. Schmidt, 2000, S. 317ff.

[15]    Heinrichs in: Palandt, Kurzkommentar zum BGB, 58. Auflage, München, Verlag C.H. Beck, 1999, § 9 AGBG Rn. 47

[16]    vgl.: Bräutigam in: Schwarz, Recht im Internet, Augsburg, Kognos Verlag, Stand: Juni 1999, Bd. 2, 16-2.1, S.30

[17]    vgl. hierzu statt vieler: Spindler in: Spindler (Hrsg.), Vertragsrecht der Internet-Provider, Köln, Verlag Dr. O. Schmidt, 2000, S. 336ff.

[18]    vgl. hierzu statt vieler: Spindler in: Spindler (Hrsg.), Vertragsrecht der Internet-Provider, Köln, Verlag Dr. O. Schmidt, 2000, S. 333ff. m.w.N.

# 6 Agenturverträge

RA Dr. Ralf Imhof, Kanzlei Schulz Noack Bärwinkel, Hamburg

## 6.1
## Wozu Verträge?

Verträge sollen erreichen, dass die Vertragsparteien "sich vertragen". Hierzu sind die Rechte und Pflichten jeder Vertragspartei festzulegen und Regelungen zu finden, wie im Falle von Störungen bei der Vertragsabwicklung zu verfahren ist. Gerade Agenturen sind häufig gegenüber ihrem Kunden wirtschaftlich in einer schwächeren Position und müssen in Streitfällen oft nachgeben, was dann regelmäßig mit finanziellen Nachteilen verbunden ist. Wird ein Vertrag den gestellten Anforderungen aber gerecht, hilft er Streit und damit Kosten zu vermeiden.

*Rechte und Pflichten*

Voraussetzung ist allerdings, dass die Verträge sich eingehend mit dem auseinander setzen, was Agentur und Kunde sich an Leistungen gegenseitig schulden. Leider haben Agenturverträge oft mit der Wirklichkeit nichts gemein. Ihnen fehlt der Bezug zum Projekt und damit jede Praxisrelevanz. So wurden schon Verträge von Agenturen vorgelegt, die für die Lieferung von Büromöbeln Verwendung hätten finden können, jedoch mit der Erstellung einer Web-Site nichts zu tun hatten.

*Welche Leistung wird geschuldet?*

Nicht ausreichend ist, überhaupt einen Vertrag zu haben. Solche Verträge werden unterzeichnet und verschwinden in irgendeiner Schublade. Verträge müssen aber auch gelebt werden.

## 6.2
## Was sind Agenturverträge?

Agenturverträge sind alle Verträge, die eine Agentur zur Regelung ihrer Leistungen benötigt. Da sich die Agenturen aber in sehr unterschiedlicher Weise betätigen, sollen in diesem Beitrag nur die typi-

*Typisch sind Erstellung und Pflege*

schen Leistungen einer Agentur behandelt werden. Dies sind das Erstellen einer Web-Site und deren anschließende Pflege.

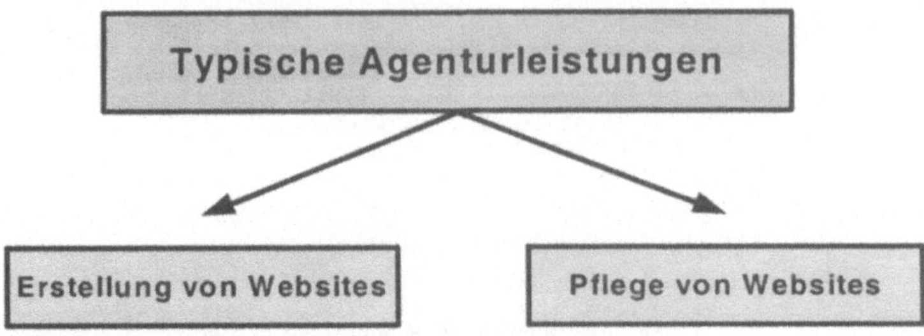


*Zuordnung zu*
*Vertragstyp*

Für die Vertragsgestaltung sind diese Leistungen zunächst einem passenden Vertragstyp zuzuordnen. Dies betrifft vor allem die Frage, ob die Regelung der zwischen Agentur und Kunden auszutauschenden Leistungen als Dienstvertrag oder Werkvertrag ausgestaltet werden. In der Wahl eines dieser beiden Vertragstypen ist die Agentur nämlich grundsätzlich nicht frei.

*Privatautonomie und*
*Vertragsmodelle*

Die Ursache hierfür liegt darin, dass das Bürgerliche Gesetzbuch (BGB) den Vertragsparteien zwar die Freiheit lässt, ihre Vertragsbeziehungen autonom zu regeln. Gleichzeitig gibt es aber eine Anzahl von Vertragsmodellen, die immer dann Anwendung finden, wenn die Vertragsparteien gerade keine besonderen Regelungen getroffen haben. Neben dem Kaufrecht sind dies das Mietrecht, das Werkvertragsrecht, das Dienstvertragsrecht etc. Jeder Vertrag, zu dem die Parteien nichts Ausdrückliches festgelegt haben muss grundsätzlich einem dieser Vertragstypen oder einer Mixtur daraus zugeordnet werden.

*Dienst- oder Werk-*
*vertragsrecht*

Wird, wie bei den Agenturen, eine schöpferische Leistung erbracht, so kommt hierfür der Vertragstypus Werkvertrag oder Dienstvertrag in Betracht. Der Unterschied dieser beiden Vertragstypen besteht in der Erfolgsbezogenheit der zu erbringenden Leistung. Muss die Agentur ein bestimmtes Ziel erreichen, so ist vorbehaltlich einer abweichenden Vereinbarung der Vertragsparteien Werkvertragsrecht anwendbar. Ist dagegen kein Erfolg geschuldet, sondern reicht das bloße Tätigwerden aus, so gilt Dienstvertragsrecht. Wegen der unterschiedlichen Rechtsfolgen, die das Gesetz an die Zuordnung zu einem dieser Vertragstypen knüpft, ist die Unterscheidung von Dienst- und Werkvertrag von erheblicher Bedeutung für die Agenturen.

*Dienstvertrag grds.*
*ohne Gewährleistung*

Da beim Dienstvertrag kein bestimmter Erfolg geschuldet ist, besteht zwischen den Vertragsparteien auch keine feste Bindung. Das Vertragsverhältnis kann jederzeit ohne Angabe von Gründen von einer Partei gekündigt werden. Eine Gewährleistungsverpflichtung des Dienstleisters besteht nicht.

Anders sieht es dagegen beim Werkvertrag aus. Hier ist die Agentur verpflichtet, so lange tätig zu werden, bis sie den geschuldeten Erfolg erreicht hat. Kündigen kann sie nur in seltenen Ausnahmefällen. Dem Kunden steht dagegen ein jederzeitiges Kündigungsrecht zu. Die Vergütung für ihr Tätigwerden erhält die Agentur nicht wie beim Dienstvertrag nach Zeitabschnitten, sondern erst am Ende ihrer Tätigkeit, nämlich nach der Abnahme des vertragsgemäß erstellten Werkvertrages.



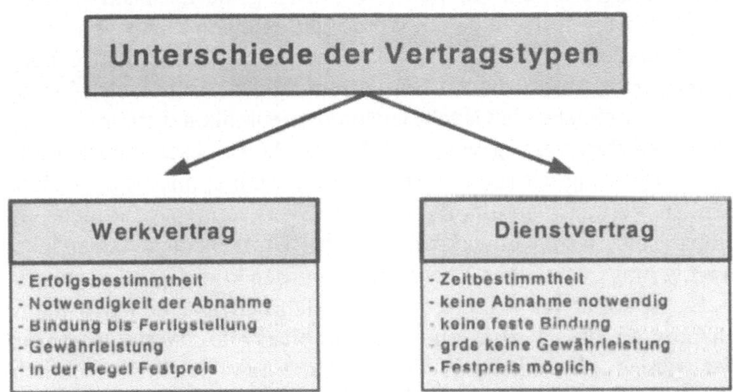


Stellt sich nach der Abnahme heraus, dass das von der Agentur erstellte Werk fehlerhaft ist, so muss sie hierfür bis zu 6 Monate Gewähr leisten. Schafft sie es nicht, den geschuldeten Erfolg herbeizuführen oder etwa vorhandene Mängel zu beseitigen, so hat der Kunde Anspruch auf Schadensersatz oder Rückgängigmachung des Vertrages. Diese Ansprüche stehen ihm beim Dienstvertrag nicht zu.



Dementsprechend liegt es auf der Hand, dass die Agenturen versuchen, Dienstverträge mit ihren Kunden abzuschließen. Sie wollen so die erheblichen Risiken bei der Erstellung komplexer Web-Sites vermeiden. Der Wahl des Dienstvertrages als Vertragsmodell steht jedoch das Gesetz über Allgemeine Geschäftsbedingungen (AGB-Gesetz) entgegen.



Ziel dieses Gesetzes ist es, denjenigen zu schützen, der von seinem Vertragspartner einen vorformulierten Vertragstext vorgelegt bekommt. Eröffnet der Verwender dieser Vertragsklauseln seinem Vertragspartner nicht die Möglichkeit, ernsthaft über diese Klauseln zu verhandeln, so will das AGB-Gesetz den sich offensichtlich in einer schwächeren Verhandlungsposition befindlichen Vertragspartner schützen.

Das Gesetz erklärt dazu an konkreten Beispielen, aber auch abstrakt, bestimmte Vertragsklauseln für unwirksam. Die Folge dieser Unwirksamkeit ist, dass anstelle der vom Verwender gewollten Vertragsklausel die gesetzliche Regelung, von der gerade durch die Vereinbarung der beabsichtigten Klausel abgewichen werden sollte, gilt.



Da das AGB-Gesetz vor allem davor schützen will, dass durch den Vertrag von den wesentlichen gesetzlichen Bestimmungen zu Lasten der schwächeren Vertragspartei abgewichen wird, wirkt es sich auch auf die Einordnung eines Vertrages als Dienst- oder Werkvertrag aus. Soll nämlich eine Leistung, für die nach dem Gesetz Werkvertragsrecht gelten würde, durch einen Dienstvertrag geregelt werden, so ist dies grundsätzlich nachteilig für den Kunden, da ihm seine Ansprüche auf Herbeiführung des geschuldeten Erfolgs und die anschließende Gewährleistung vorenthalten werden.



Ein solcher Vertrag würde nach dem AGB-Gesetz daher immer als Werkvertrag betrachtet werden, auch wenn er anders überschrieben ist. Vertragsklauseln, die mit dem Werkvertragsrecht nicht vereinbar sind, wären unwirksam. Die im Übrigen nicht behandelten werkvertragsrechtlichen Vorschriften würden kraft Gesetzes gelten.

Es ist somit für Agenturen sehr gefährlich und dennoch häufig anzutreffen, dass Verträge in die Form eines Dienstvertrages gekleidet werden, obwohl der Werkvertrag die einzig richtige rechtliche Regelung wäre. Nur in dem Fall, dass alle wesentlichen Vertragsklauseln zwischen den Parteien offen und ernsthaft verhandelt worden sind, kommt tatsächlich die Vereinbarung von Dienstvertragsrecht in Betracht. Solche Fälle stellen aber die seltene Ausnahme dar.

## 6.3
## Agenturverträge und Leistungsphasen



Wie ein Agenturvertrag auszugestalten ist, richtet sich danach, was die Agentur leisten soll, welchem Vertragstyp diese Leistung zugeordnet wird und schließlich danach, welche besonderen rechtlichen Ziele mit dem Vertrag verfolgt werden sollen.



Die ersten beiden Frage hängen eng miteinander zusammen. Bereits bei der Erfassung der Leistungen der Agentur ist relevant, ob die Web-Site-Erstellung als Ganzes betrachtet oder in Teilabschnitte zerlegt wird. Betrachtet man nämlich die Leistung insgesamt, so muss man sie nach der Rechtsprechung bei der Zuordnung zu einem

Vertragstyp, dem Vertragstyp zuordnen, bei dem der Schwerpunkt liegt.

Für die Erstellung einer Web-Site würden die Gerichte den Schwerpunkt im Werkvertragsrecht sehen, selbst wenn durchaus relevante Bereiche Beratungsleistungen betreffen, die dem Dienstvertragsrecht zuzuordnen wären.

Um dieses unerwünschte Ergebnis des Alles oder Nichts zu vermeiden, empfiehlt es sich, die Leistungen so einzuteilen, dass sie möglichst dem für die Agentur günstigeren Dienstvertragsrecht unterstellt werden können. Hieraus ergeben sich leicht plan- und kalkulierbare Leistungsphasen.

*Leistungsphasen*

| Typische Leistungs-/Vertragsphasen | | | |
| --- | --- | --- | --- |
| Konzeption | Spezifikation | Realisation | Pflege |
| DV | WV/DV | WV | WV |

## 6.3.1
## Konzeptionsphase

Eine erste solche Phase könnte die Konzeption der Web-Site sein. Zu Beginn eines Projektes nimmt die Agentur vorwiegend beratende Tätigkeiten war. Sie spricht mit dem Kunden über dessen Vorstellungen hinsichtlich der Web-Site und berät ihn über die Möglichkeiten der Umsetzung. Diese Konzeptionsphase enthält daher allein oder zumindest im Wesentlichen dienstvertraglich zu bewertende Leistungen.

*Vorwiegend beratend - dienstvertraglich*

## 6.3.2
## Spezifizierungsphase

An die Konzeptionsphase schließt sich regelmäßig die Phase der Spezifizierung der Leistungen, die Erstellung des Pflichtenheftes an. Im Regelfall wird die Agentur die Aufgabe übernehmen, das Pflichtenheft zu erstellen. Die Zuordnung dieser Leistung zu einem Vertragstyp ist hierbei nicht eindeutig möglich.

*Pflichtenheft*

Einerseits steht am Ende der Leistung ein Erfolg, nämlich das fertige Pflichtenheft, das als Grundlage für die nachfolgende Umsetzung in programmtechnischer Form verstanden werden kann. Andererseits kann die Lieferung des Pflichtenheftes aber auch als originär

*Vertragliche Leistung*

vom Kunden zu leistende Mitwirkungshandlung angesehen werden.
Bei der Erfüllung dieser Mitwirkungshandlung könnte ihn die Agentur beraten und unterstützen. Diese Leistungen hätten wiederum dienstvertraglichen Charakter.



Letztlich kommt es sehr auf den Einzelfall und die Arbeitsweise der Agentur bei der Erstellung des Pflichtenheftes an. Zieht sich die Agentur mit den in der Konzeptionsphase gesammelten Informationen zurück und erstellt ohne weitere Hinzuziehung des Kunden ein Pflichtenheft, so liegt es nahe, in diesem Fall eine werkvertraglich zu beurteilende Leistung anzunehmen.

Die Agentur sollte die Chance nutzen, diesen Leistungsabschnitt dem Dienstvertragsrecht zu unterwerfen und die Leistungserbringung als Beratungs- und Unterstützungsleistung entsprechend zu regeln.

## 6.3.3
## Realisierungsphase



Die letzte Phase der Web-Site-Erstellung betrifft schließlich die Realisierung der in dem Pflichtenheft enthaltenden Vorgaben. Diese Realisierungsphase ist eindeutig werkvertraglich geprägt.

Zu beachten ist, dass diese Phasen nicht so miteinander vermengt werden, dass sie sich letztlich als eine Phase darstellen. Dies würde nämlich wiederum zur umfassenden Anwendung des Werkvertragsrecht führen.

## 6.3.4
## Pflege



Wird die Agentur über die Erstellung der Web-Site hinaus auch mit der Pflege dieser Site beauftragt, so beinhalten die dann zu erbringenden Pflegeleistungen regelmäßig entweder das Beseitigen von Störungen oder das Überarbeiten bzw. Ergänzen von Inhalten. Damit ist in jedem Fall ein Erfolg geschuldet und der Pflegevertrag als Werkvertrag anzusehen.

## 6.4
## Regelungen in Agenturverträgen



Nachfolgend sollen einige besonders wichtige Regelungspunkte in Agenturverträgen erwähnt werden. Die Frage, ob Klauseln dabei der Überprüfung durch das AGB-Gesetz standhalten, sollte in jedem

Fall individuell geprüft werden. Ein guter Vertrag kann aber durchaus auch unwirksame Klauseln enthalten, sofern dies bewusst in Kauf genommen wird und die Unwirksamkeit nicht offensichtlich ist.

## 6.4.1
## Projektmanagement

Eine der wichtigsten Regelungen in Agenturverträgen betrifft das Projektmanagement. Viele Projekte geraten in die Krise oder scheitern, weil der Vertrag keine Regelungen für die Abwicklung des Projekts und insbesondere für das Verhalten der Vertragsparteien in der Projekt-Krise enthält.

*Hohe Bedeutung: Projektmanagement*

Ratsam ist, einen Projektablaufplan zu erstellen und für beide Parteien Projektleiter festzulegen, welche die Einhaltung dieses Plans überwachen. Die Projektleiter sollten sich regelmäßig zusammensetzen und ihre Erfahrungen mit der Projektdurchführung austauschen. Dabei sollten sie die Einhaltung der vereinbarten Zielvorgaben und bereits aufgetauchte oder wahrscheinlich zukünftig auftauchende Probleme ansprechen. Dieser Erfahrungsaustausch muss in jedem Fall dokumentiert werden. Überhaupt ist die Dokumentation ein zentraler Punkt des Projektmanagements.

*Projektablaufplan und Dokumentation*

Ein weiteres Augenmerk ist darauf zu legen, wer auf Seiten der Agentur dem Vertragspartner verbindliche Auskünfte geben darf. Duldet die Agentur, dass die Kommunikation an dem Verantwortlichen vorbei erfolgt, so muss sie sich etwaige Zusagen ihrer nicht autorisierten Mitarbeiter entgegenhalten lassen.

*Auskünfte und Zusagen*

## 6.4.2
## Nutzungsrechte

Regelmäßig wird mit großer Intensität bei Vertragsverhandlungen über die Frage der Nutzungsrechte gestritten. Typischerweise möchte der Kunde alle Rechte erhalten. Übersehen wird dabei aber, dass diese umfassende Rechteeinräumung für den Kunden nicht erforderlich und die Agentur oftmals gar nicht in der Lage ist, dem Kunden umfassende Rechte einzuräumen. Dies betrifft insbesondere die in Web-Sites enthaltene Fremdsoftware, sei es Shop-Software, Redaktionssysteme oder auch nur Freeware.

*Einräumen von Rechten nicht immer möglich*

Dabei steht die Agentur hinsichtlich der Nutzungsrechtseinräumung ohne eindeutige vertragliche Regelung ausnahmsweise sogar besser dar als der Kunde. Benennt der Kunde im Vertrag nicht ausdrücklich die von ihm gewünschten Nutzungsarten, und zwar so konkret wie möglich, läuft er nach dem Gesetz Gefahr, wesentlich weniger Rechte zu erhalten als ursprünglich beabsichtigt.



Bei der Gestaltung der Nutzungsrechtsklausel sind vor allem die folgenden Fragen zu beantworten:

- Erhält der Kunde ein eigenes Bearbeitungsrecht oder darf die Pflege und Weiterentwicklung der Site nur durch die Agentur erfolgen ?
- Darf der Kunde die Web-Site vervielfältigen, um sie beispielsweise Tochterunternehmen zur Verfügung zu stellen?
- Darf der Kunde die Web-Site auch im Intranet verwenden?

## 6.4.3
## Dokumentation



Nach der Rechtsprechung zu herkömmlichen IT-Software-Projekten ist der Anbieter verpflichtet, eine Anwenderdokumentation zu erstellen. Ein solches Benutzerhandbuch ist auch bei komplexeren Sites sinnvoll. Allerdings gibt es nach meinen Erfahrungen keine Branchenübung dahingehend, dass der Kunde auch eine solche Dokumentation erhält. Gerichtsentscheidungen liegen zu diesem Thema nicht vor. Sollten, was nicht auszuschließen ist, die Gerichte aber diese Dokumentation verlangen, so entstehen für die Agentur erhebliche Haftungsrisiken, wenn sie keine Benutzerdokumentation abliefert.



Es sollte daher in dem Vertrag deutlich gemacht werden, ob eine Benutzerdokumentation geschuldet ist oder eventuell gegen gesondertes Entgelt geliefert wird.

## 6.4.4
## Abnahme



Sofern die von der Agentur zu erbringenden Leistungen dem Werkvertragsrecht unterfallen, müssten sie vom Kunden vertragsgemäß abgenommen werden. Ohne die Abnahme entsteht der Vergütungsanspruch der Agentur nicht und die Gewährleistungsfrist beginnt nicht zu laufen.



Im Zusammenhang mit der Abnahme ist vor allem das Verfahren festzulegen. Zu regeln ist, wer an der Abnahme teilnimmt, wann sie stattfindet und wie lange sie dauert, wer eventuell erforderliche Daten beizusteuern hat und wie die Systemumgebung für die Abnahme zu konfigurieren ist.

Die Agentur sollte auch im eigenen Interesse auf die Einhaltung eines Abnahmeverfahrens unter Ausschluss der Internet-Öffentlichkeit bestehen. Oft will der Kunde wegen der entstandenen Zeitnot, dass die Site zunächst online gestellt wird und die Abnahme danach erfolgt. Dies birgt jedoch erhebliche Haftungsrisiken für die Agentur, wenn., nach der Online-Stellung Fehler auftreten.



## 6.4.5
## Vergütung

Für die Abrechnung nach Aufwand oder zum Festpreis spielt es keine Rolle, ob der Vertrag als Dienstvertrag oder Werkvertrag angesehen wird. Bei Festpreisen sollte es aber immer Öffnungsklauseln geben, die regeln, was im Falle von nicht vorhersehbaren Mehraufwendungen zu geschehen hat. Ratsam ist in jedem Fall eine Pauschalierung der Vergütung nur für den jeweils nächsten, überschaubaren Projektabschnitt.



## 6.4.6
## Leistungsänderungen

Leistungsänderungswünsche sind dann unproblematisch, wenn die Agentur nach Aufwand abrechnet und keine festen Leistungstermine vereinbart sind. Bei Festpreisen stellt sich jedoch die Frage, ob der Leistungsänderungswunsch noch von der ursprünglichen Vereinbarung umfasst ist oder nur durch eine Vertragsänderung erfüllt werden kann.

Zu einer Vertragsänderung wäre die Agentur grundsätzlich nicht verpflichtet. Eine solche Änderung bedingt in jedem Fall der Wunsch nach zusätzlichen Leistungen. Schwierigkeiten bereiten in der Praxis die Änderungswünsche des Kunden, die sich auf vertraglich nicht eindeutig definierte Leistungen beziehen. Bei einem Dienstvertrag hat der Kunde in einem solchen Fall das Recht, von der Agentur eine Leistungsänderung einzufordern. Bei einem Werkvertrag hat der Kunde dieses umfassende Recht nicht. Er kann nur einzelne Korrekturen hinsichtlich des von der Agentur noch zu erstellenden Werkes einfordern.

Um die hiermit verbundenen Abgrenzungsprobleme im Einzelfall zu vermeiden empfiehlt sich, nicht nur die zu erbringende Leistung möglichst detailliert zu beschreiben, sondern auch in den Vertrag ein detailliertes Verfahren zur Leistungsänderung aufzunehmen. Die

Agentur muss dabei Zeit erhalten, den Änderungswunsch hinsichtlich seiner Auswirkungen auf die Vergütung, etwaige Termine sowie die Leistung im Übrigen zu prüfen. Das bedingt, dass bereits
vereinbarte Termine um die Dauer dieses Prüfvorgangs verschoben
werden. Auch sollte klargestellt werden, dass die Prüfungsleistung
der Agentur selbst entgeltpflichtig ist.

### 6.4.7
### Gewährleistung und Haftung

*Ausschluss kaum möglich*

Gewährleistungspflichten entstehen für die Agentur nur bei Werkverträgen. Die Gewährleistung lässt sich in Allgemeinen Geschäftsbedingungen kaum zugunsten der Agentur ändern. Für die Haftung
gilt ähnliches wie für die Gewährleistung. Es ist kaum möglich, die
Haftung in allgemeinen Geschäftsbedingungen wirksam so einzu-
schränken, dass ein für die Agentur befriedigendes Ergebnis hierbei
herauskommt.

*Individuelle Einigung*

Empfehlenswert ist daher, eine individuelle Einigung mit dem
Kunden herbeizuführen. Diese individuelle Vereinbarung unterliegt
nicht der Kontrolle des AGB-Gesetzes und ist daher grundsätzlich
wirksam. Besondere Bedeutung sollte dabei der summenmäßigen
Haftungsbeschränkung beigemessen werden.

### 6.4.8
### Pflegeverträge

*= Werkvertrag*

Da Pflegeverträge Werkverträge sind, gilt das zu den Werkverträgen
Gesagte entsprechend. Bei der Pflege von Software, die nicht von
der Agentur selbst erstellt wurde, muss die Agentur die hierfür erforderlichen Informationen, also insbesondere den Quellcode, vom
Kunden einfordern. Daneben sollte in Pflegeverträgen vereinbart
werden, innerhalb welcher Reaktionszeit die Agentur die Pflegeleistungen zu erbringen hat. Besonders bei der Verpflichtung zur Beseitigung von Störungen erwartet der Kunde zu Recht eine schnelle
Reaktion.

### 6.5
### Resümee

Verträge sind als bindende Pläne für den Projektablauf und die Pro-
jektsteuerung unentbehrlich. Die Erstellung einer Web-Site kann in
den Phasen der Konzeptionierung, der Spezifikation und der Reali-

sierung sowie der Pflege in rechtlich selbständigen Vertragsmodulen geregelt werden, um nicht das gesamte Vertragsverhältnis dem Werkvertragsrecht unterstellen zu müssen.

# Anwendungskompass
# Agenturverträge

**1.** Vor Aufsetzen eines Internet-Agenturvertrags sollten Sie alle Leistungen und Projektabläufe genau analysiert haben!

**2.** Um die Leistungen rechtlich systematisieren zu können, müssen Sie die Leistungen in Schwerpunktphasen einteilen!

**3.** Beachten Sie, dass die bloße Bezeichnung als Dienst- oder Werkvertrag nicht die Vertragsform bestimmt!

**4.** Kriterium für einen Werkvertrag ist die Erfolgsbestimmtheit und die Abnahme, aber z.B. nicht der Festpreis!

**5.** Integrieren Sie in Ihr Vertragswerk die Praxiserfahrung Ihrer Projektmanager bzgl. Zuständigkeit und Dokumentation!

**6.** Beachten Sie, dass keine Regelung im Sinne der Nutzungsrechte für eine Agentur nicht die schlechteste Lösung ist!

**7.** Integrieren Sie in Ihr Vertragswerk ein Standardverfahren für die Änderung von Leistungen (Change Request)!

**8.** Setzen Sie bei Haftungsbeschränkungen nicht auf AGB, sondern verhandeln Sie diese mit dem Kunden!

# 7 Rechtliche Fragestellungen in der Start-up-Phase

RA Dr. Pär Johansson, Heuking, Köln

## 7.1 Einleitung

Bei der Gründung eines Unternehmens sind eine Reihe rechtlicher Aspekte zu beachten, die für den Erfolg der Unternehmung mitentscheidend sind. Der Zeitraum der Gründung eines Unternehmens und kurz danach wird auch als „Start-up-Phase" bezeichnet. Falsche oder nicht optimale rechtliche Entscheidungen in dieser Phase führen zu Mehrkosten, zeitlichen Verzögerungen und erheblichem vermeidbaren Ärger. Dieser Beitrag stellt zunächst Überlegungen im Rahmen der Gründung einer Gesellschaft dar, geht dann auf die Finanzierung der Unternehmung durch Venture Capital ein und behandelt schließlich einige Einzelfragen.

*Entscheidungen in der „Start-Up-Phase"*

## 7.2 Gründung der Gesellschaft

Das deutsche Recht stellt eine Reihe von Rechtsformen für angehende Unternehmer zur Verfügung. Start-ups organisieren sich häufig in der Form einer Kapitalgesellschaft, insbesondere als Gesellschaft mit beschränkter Haftung (GmbH) oder als Aktiengesellschaft (AG). Beiden Gesellschaftsformen ist gemein, dass die Gesellschafter grundsätzlich nicht persönlich für Schulden der Gesellschafter haften. Das Risiko des Gesellschafters beschränkt sich auf seine Verpflichtung zur Leistung einer Einlage. Die Gläubiger der Kapitalgesellschaft können ihre Ansprüche nur gegen die Gesellschaft selbst verfolgen, nicht jedoch gegen die Gesellschafter. Das Gesetz schützt die Gläubiger hauptsächlich dadurch, dass es eine gewisse

*Gesellschaftsformen*

Mindestausstattung der Gesellschaft mit Kapital verlangt und die Aufbringung und Erhaltung des eingetragenen Grund- bzw. Stammkapitals strengen Vorschriften unterwirft. Ermöglicht durch Änderungen des Aktienrechts und im Hinblick auf den von Start-ups häufig als Ziel oder Zwischenziel angesehenen Börsengang, wählt eine zunehmende Anzahl von Gründern die AG, obwohl sie einen im Verhältnis zu anderen Rechtsformen höheren Aufwand an Kosten und zu beachtenden Formalien mit sich bringt. Da hier nicht alle Rechtsformen behandelt werden können, beschränkt sich die folgende Darstellung auf die Aktiengesellschaft.

| Grobübersicht Gesellschaftsformen | | | |
|---|---|---|---|
| Kapitalgesellschaften | | Personengesellschaften | |
| keine persönliche Haftung | | persönliche Haftung | |
| AG | GmbH | OHG/KG | GbR |

## 7.2.1
## Bar- und Sachgründung

*Gründung*

Das deutsche Recht eröffnet mehrere Möglichkeiten, eine Aktiengesellschaft entstehen zu lassen. Die gesetzliche Normalform der Entstehung ist die Bargründung, bei der die Gründer für die von ihnen übernommenen Aktien Geld in die Gesellschaft einzulegen haben. Bei einer Sachgründung leisten die Gründer anstelle einer Bareinlage einen einlagefähigen Vermögensgegenstand an die Gesellschaft, beispielsweise ein Grundstück. Die Sachgründung unterliegt besonderen Vorschriften, durch die sichergestellt werden soll, dass tatsächlich werthaltige Gegenstände in die Gesellschaft eingelegt werden.

*Bar- oder Sachgründung*

Die Gründung der Aktiengesellschaft im Wege der Bar- oder Sachgründung erfolgt in einem notariell beurkundeten Protokoll, in dem der oder die Gründer insbesondere die Satzung der Gesellschaft feststellen und die Übernahme der Aktien erklären. Die Gründer bestellen den ersten Aufsichtsrat der Gesellschaft (§ 30 Abs. 1 Aktiengesetz (AktG)), der wiederum den ersten Vorstand bestellt (§ 30 Abs. 4 AktG). Die Gründer haben einen schriftlichen Bericht über den Hergang der Gründung zu erstatten (§ 32 Abs. 1 AktG). Vorstand und Aufsichtsrat, in bestimmten Fällen auch ein gerichtlich bestellter Gründungsprüfer, prüfen den Hergang der Gründung und erstatten hierüber einen schriftlichen Bericht. Die Aktiengesellschaft entsteht erst mit ihrer Eintragung in das Handelsregister.



Das Grundkapital der Aktiengesellschaft muss mindestens 50.000,- Euro betragen (§ 7 AktG). Dieses Mindestkapital erscheint den Gründern häufig nicht ausreichend, weswegen ein höherer Betrag gewählt wird. Es empfiehlt sich, bereits bei der Gründung ein genehmigtes Kapital im Sinne des § 202 AktG zu schaffen. Durch dieses genehmigte Kapital wird der Vorstand ermächtigt, mit Zustimmung des Aufsichtsrats das Grundkapital durch Ausgabe neuer Aktien gegen Einlagen zu erhöhen. Hierdurch kann der Vorstand schnell neues Eigenkapital beschaffen, wodurch beispielsweise der Einstieg eines Investors vereinfacht wird. Das genehmigte Kapital darf die Hälfte des Grundkapitals der gegründeten AG nicht übersteigen.

Hinsichtlich der Art der Aktien haben die Gründer zwischen Inhaber- und Namensaktien zu wählen. Für Gründer ist dabei von Bedeutung, dass die Übertragung von Namensaktien gemäß § 68 Abs. 2 AktG an die Zustimmung der Gesellschaft gebunden werden kann. Bei Inhaberaktien ist eine solche Einschränkung der Verkehrsfähigkeit, die Vinkulierung genannt wird, unzulässig. Die Vinkulierung von Namensaktien hat den Vorteil, dass Veräußerungen von Aktien durch Gründer oder spätere Erwerber besser kontrolliert werden können. Häufig wird ein später einsteigender Investor ohnehin die Einführung von vinkulierten Namensaktien fordern.

## 7.2.2
## Erwerb einer Vorratsgesellschaft



Da der oben beschriebene Vorgang einige Zeit beansprucht, gründen etwa Rechtsanwaltskanzleien, Wirtschaftsprüfungsgesellschaften oder hierauf spezialisierte Unternehmen sogenannte Vorratsgesellschaften, die als Aktiengesellschaften in das Handelsregister eingetragen werden. Diese Vorratsgesellschaften entfalten keine Geschäftstätigkeit, sondern werden „auf Vorrat" gegründet zu dem Zweck, sie später zu veräußern, wenn ein kurzfristiger Bedarf an einer eingetragenen Aktiengesellschaft besteht. Der Vorteil des Zeitgewinns beim Erwerb einer Vorratsgesellschaft darf allerdings nicht überbewertet werden. Denn auch der Erwerb von Aktien einer Vorratsgesellschaft zieht Maßnahmen nach sich, die der Eintragung in das Handelsregister bedürfen und den Zeitvorteil relativieren [1]: Neben der Neubesetzung von Aufsichtsrat und Vorstand erfordert die Neuausrichtung der Aktiengesellschaft auch eine Satzungsänderung, zumindest in bezug auf den Unternehmensgegenstand sowie die Firma. Insbesondere in dem Fall, dass zusätzlich noch eine Verlegung des Sitzes oder eine Kapitalerhöhung beschlossen werden, kann eine erhebliche Zeitverzögerung bis zur Eintragung aller gewünschten Maßnahmen eintreten.



Motiv für den Erwerb einer Vorratsgesellschaft kann es auch sein, Haftungsrisiken im Zusammenhang mit dem Gründungsvorgang zu vermeiden. Eine vollständige Sicherheit erlangt der Erwerber einer Vorratsgesellschaft allerdings nicht. Denn die Rechtsprechung hat die Gründung einer Vorratsgesellschaft zwar als zulässig angesehen, verweist aber in diesem Zusammenhang darauf, dass die Aufbringung der gesetzlich vorgeschriebenen Mindestkapitalausstattung der Gesellschaft durch eine entsprechende Anwendung der Gründungsvorschriften beim Erwerb einer Vorratsgesellschaft geschehen könne [2]. Die Reichweite der entsprechenden Anwendung der Gründungsvorschriften ist im einzelnen in vielfacher Hinsicht ungeklärt [3].

Die Vor- und Nachteile des Erwerbs einer Vorratsgesellschaft gegenüber der Bar- oder Sachgründung sind im Einzelfall sorgfältig gegeneinander abzuwägen.

## 7.2.3
## Umwandlung



Neben den oben beschriebenen Formen der Gründung kann eine Aktiengesellschaft auch durch eine Umwandlung entstehen. In der Praxis spielt dabei insbesondere der Formwechsel einer bereits bestehenden GmbH in eine Aktiengesellschaft eine große Rolle. Durch den Formwechsel entsteht keine neue juristische Person; die alte Gesellschaft ändert lediglich ihre Rechtsform und besteht als Aktiengesellschaft mit den Rechten und Verbindlichkeiten der GmbH fort.

# 7.3
# Finanzierung der Gesellschaft über Venture Capital



Im Rahmen der Gründung haben die Gesellschafter zu klären, wie das Unternehmen finanziert werden soll. Das neugegründete Unternehmen ist regelmäßig nicht dazu in der Lage, sich in der Gründungs- oder Wachstumsphase ausschließlich aus dem Cash Flow, das sind die erwirtschafteten flüssigen Mittel des Unternehmens, zu finanzieren. Sofern die Gründer selbst nicht über ausreichende Mittel verfügen, benötigt die Gesellschaft andere Personen oder Gesellschaften, die Eigen- oder Fremdkapital an die Gesellschaft vergeben.

## 7.3.1
## Eigenkapital oder Fremdkapital



Ein Fremdkapitalgeber stellt der Gesellschaft finanzielle Mittel zur Verfügung, etwa ein Darlehen, und erwirbt gegenüber der Gesellschaft ein Gläubigerrecht auf Rückzahlung des Darlehens sowie auf Zinszahlungen, hingegen keine Beteiligungsrechte an der Gesellschaft. Der klassische Fall der Finanzierung über Fremdkapital ist die Finanzierung einer Gesellschaft über Bankdarlehen. Bei einer Finanzierung über Eigenkapital erlangt der Kapitalgeber eine Beteiligung an der Gesellschaft. Seine Rendite erzielt er nicht über Zinszahlungen, sondern aus Dividenden (Gewinnausschüttungen) beziehungsweise der späteren Veräußerung seiner Beteiligung.

## 7.3.2
## Venture Capital



*Venture-Capital-*
*Gesellschaften*

Da Banken bei der Vergabe von Krediten Sicherheiten verlangen, die das junge Unternehmen und ihre Gesellschafter häufig nicht stellen können, hat sich auch in der Bundesrepublik Deutschland ein stark wachsender Markt für die Finanzierung junger Unternehmen über Venture Capital etabliert. Venture-Capital-Gesellschaften finanzieren Start-ups durch die Vergabe von Eigenkapital. Sie erwerben dabei - in aller Regel über eine Kapitalerhöhung - eine Beteiligung an dem Unternehmen mit dem Ziel, diese später mit Gewinn zu veräußern. Die Auswahl der Beteiligungsgesellschaft hat mit Sorgfalt zu erfolgen, da diese in der Aufbauphase ein gewichtiger Partner des jungen Unternehmens sein muss, der durch seine Kontakte und gegebenenfalls auch durch Beratung zum Erfolg des Unternehmens beiträgt. Im folgenden werden einige Punkte dargestellt, die bei der Verhandlung eines Vertrages mit einer Venture-Capital-Gesellschaft zu beachten sind.

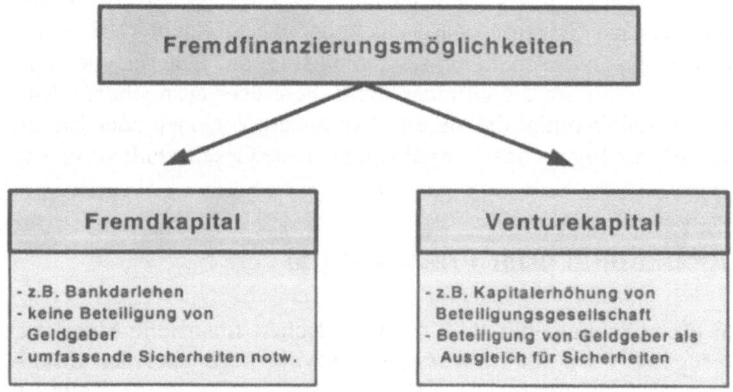



## 7.3.3
## Vertrag über die Beteiligung eines Investors

*Absichtserklärung*

Hat die Beteiligungsgesellschaft ihr Interesse an einem Engagement nach Durchsicht des Business Plans des jungen Unternehmens signalisiert und eventuell weitere Untersuchungen im Rahmen einer sogenannten Due-Diligence-Prüfung angestellt, so unterzeichnen die Parteien meist eine Absichtserklärung (Letter of Intent), in der die wesentlichen Eckdaten für die Beteiligung festgehalten werden. Diese Absichtserklärung ist noch kein verbindlicher Vertrag über die geplante Beteiligung.

Die verbindliche Vereinbarung über die Beteiligung enthält der sodann zwischen den Aktionären und der Venture-Capital-Gesellschaft abzuschließende Beteiligungsvertrag. Je nach Situation des gegründeten Unternehmens kann dieser unterschiedliche Inhalte haben, typischerweise regelt der Beteiligungsvertrag unter anderem die folgenden Aspekte:



- Beteiligung der Venture-Capital-Gesellschaft im Wege der Kapitalerhöhung gegen Bareinlage. Zusätzlich zu dem Nominalbetrag für die Aktien zahlt die Beteiligungsgesellschaft ein Aufgeld (Agio), dessen Höhe von dem zwischen den Parteien verhandelten Preis für die Beteiligung abhängt;

- Zusicherungen und Gewährleistungen der Aktionäre über die rechtlichen und wirtschaftlichen Verhältnisse ihres Unternehmens;

- Verabredung der Parteien über Informationsrechte der Beteiligungsgesellschaft einschließlich ihres Rechts, ein Aufsichtsratsmitglied zu benennen;

- Vereinbarungen der Parteien über das spätere Ausscheiden der Venture-Capital-Gesellschaft als Aktionärin (der sogenannte Exit). Die Beteiligungsunternehmen veräußern ihre Beteiligung bei erfolgreicher Entwicklung des Unternehmens beispielsweise bei und/oder nach einem Börsengang des Unternehmens (Initial Public Offering oder kurz: IPO) oder durch Verkauf an einen strategischen Investor (Trade Sale).



Die hier beschriebene einfache Form der Finanzierung kann mit weiteren Formen (Darlehen, stille Beteiligung) kombiniert werden. Öffentliche Förderprogramme können das Ausfallrisiko der Beteiligungsgesellschaft reduzieren. Es ist nicht möglich, im Rahmen dieses Beitrags alle denkbaren Fragestellungen zu erwähnen.

## 7.3.4
## Kapitalerhöhung

Im Anschluß an die Unterzeichnung des Beteiligungsvertrags wird die Kapitalerhöhung durchgeführt. Sofern bei der Gründung oder zu einem späteren Zeitpunkt genehmigtes Kapital in ausreichendem Umfang geschaffen worden ist, kann der Vorstand dieses zum Zwecke der Beteiligung des Investors mit der Zustimmung des Aufsichtsrats ausnutzen. Anderenfalls beschließt die Hauptversammlung mit einer Mehrheit von mindestens ¾ des bei der Beschlussfassung vertretenen Grundkapitals eine Kapitalerhöhung. Die Hauptversammlung wird möglichst als Vollversammlung abgehalten, d.h., dass die Vorschriften über die Einberufung der Hauptversammlung, insbesondere die Einhaltung der Einberufungsfrist von einem Monat, nicht beachtet werden müssen. Eine Vollversammlung setzt voraus, dass sämtliche Aktionäre erschienen oder vertreten sind und kein Aktionär der Beschlussfassung widerspricht (§ 121 Abs. 6 AktG). Nach Zeichnung der Aktien durch die Venture-Capital-Gesellschaft sowie Leistung der Einlage für die neuen Aktien wird die Kapitalerhöhung zur Eintragung in das Handelsregister angemeldet. Mit der Eintragung wird die Kapitalerhöhung wirksam.

Gesetzliches Bezugsrecht der Aktionäre

Bei der Kapitalerhöhung haben die bisherigen Aktionäre einer Aktiengesellschaft ein gesetzliches Bezugsrecht. Dies bedeutet, dass jedem Aktionär auf sein Verlangen bei einer Kapitalerhöhung ein seinem Anteil an dem bisherigen Grundkapital entsprechender Teil der neuen Aktien zugeteilt werden muss (§ 186 Abs. 1 AktG). Da dieses Ergebnis bei der Beteiligung eine Venture-Capital-Gesellschaft nicht gewollt ist - denn diese soll sämtliche Aktien aus der Kapitalerhöhung zeichnen -, müssen die bisherigen Aktien auf ihr gesetzliches Bezugsrecht verzichten. Alternativ ist eine Kapitalerhöhung unter Ausschluß des Bezugsrechts möglich. Diese bedarf einer sachlichen Rechtfertigung, da sie einen Eingriff in die Mitgliedschaft des Aktionärs darstellt. Die Beteiligung eines Investors kann eine solche sachliche Rechtfertigung darstellen.

Die Venture-Capital-Gesellschaft wird anstreben, nach Durchführung der Kapitalerhöhung mit mehr als 25% am Grundkapital der Gesellschaft beteiligt zu sein, da weitere Kapitalerhöhungen bzw. andere Satzungsänderungen einer Mehrheit von mindestens ¾ des bei der Beschlussfassung vertretenen Grundkapitals und somit bei dieser Beteiligungshöhe der Zustimmung der Venture-Capital-Gesellschaft bedürfen.

## 7.4
## Einzelfragen

Formale Vorschriften der AG

Die zunehmend gebräuchliche Rechtsform der Aktiengesellschaft erfordert – wie oben bereits erwähnt - einen im Vergleich zu anderen Gesellschaftsformen höheren Aufwand im Hinblick auf formale Vorschriften. Zusätzliche Erfordernisse bestehen für börsennotierte Aktiengesellschaften, auf die hier nicht eingegangen wird. Die Beachtung der formalen Vorschriften ist zum einen deshalb wichtig, weil ihre Nichtbeachtung zur Nichtigkeit oder Anfechtbarkeit der gewollten Maßnahmen führt. Zum anderen dient die korrekte Handhabung der Formalien dem Unternehmen im Hinblick auf eine zukünftige Veräußerung beziehungsweise einen Börsengang. Denn für potentielle Investoren und die den Börsengang begleitenden Banken spielt die korrekte Handhabung rechtlicher Vorgaben eine erhebliche Rolle. Im folgenden werden einige Punkte angesprochen, die in der Praxis relevant sind:

## 7.4.1
## Verfügung über Bareinlagen

Investoren beteiligen sich häufig an dem Start-up in der Form der oben beschriebenen Barkapitalerhöhung. Der als Bareinlage eingeforderte und von dem Investor an die Gesellschaft auf ein hierfür eröffnetes Konto gezahlte Betrag muss bis zum Zeitpunkt der Anmeldung der Kapitalerhöhung zur Eintragung in das Handelsregister vorhanden sein und zur freien Verfügung des Vorstands stehen. Nach herrschender Meinung reicht in diesem Zusammenhang eine wertgleiche Deckung aus [4]. Dies bedeutet, dass der Vorstand vor der Anmeldung über Bareinlagen verfügen darf, sofern er entsprechende Gegenmittel erwirbt. Um spätere Diskussionen über Wertfragen zu vermeiden, sollte der Vorstand dennoch über Bareinlagen erst nach der Anmeldung der Kapitalerhöhung zum Handelsregister zu verfügen.

*Investoren und Bareinlage*

## 7.4.2
## Nachgründungsvorschriften

Zu beachten hat ein Start-up des weiteren die in § 52 AktG geregelte Nachgründung. Unter einer Nachgründung versteht das Gesetz Verträge, durch die die Gesellschaft in den ersten zwei Jahren nach ihrer Eintragung Vermögensgegenstände zu einer zehn Prozent ihres Grundkapitals übersteigenden Vergütung erwerben soll. Für solche Verträge verlangt § 52 Abs. 2 AktG besondere Wirksamkeitsvoraussetzungen: Die Verträge bedürfen der Schriftform, der Zustimmung der Hauptversammlung sowie der Eintragung in das Handelsregister. § 52 Abs. 3 und 4 AktG sehen zudem eine Prüfung und Berichterstattung vor, die den Vorschriften bei der Gründung einer Aktiengesellschaft vergleichbar sind. Nachgründungsverträge sind somit Verträge, die aufgrund ihrer zeitlichen Nähe zur Errichtung der Gesellschaft gründungsrechtlichen Vorschriften unterworfen werden.

*Besondere Wirksamkeitsvoraussetzungen*

Da diese Vorschrift in der Praxis immer wieder zu Problemen führte, ist ihr Anwendungsbereich durch das Gesetz zur Namensaktie und zur Erleichterung der Stimmrechtsausübung (Namensaktiengesetz – NaStraG) vom 18.01.2001 eingeschränkt worden. Den Nachgründungsvorschriften unterliegen nunmehr lediglich die Verträge der Gesellschaft mit Gründern oder mit mehr als 10% des Grundkapitals an der Gesellschaft beteiligten Aktionären. Werden von diesen Personen Vermögensgegenstände für eine den zehnten Teil des Grundkapitals übersteigende Vergütung erworben, so unterliegen diese Verträge den oben beschriebenen besonderen Vorschriften. Eine Ausnahme besteht gemäß § 52 Abs. 9 AktG für den Erwerb von Vermögensgegenständen im Rahmen der laufenden Geschäfte der Gesellschaft, in der Zwangsvollstreckung oder an der Börse.

Die Neufassung des § 52 AktG hat die Anwendung der Nachgründungsvorschriften eingeschränkt. Alle Verträge der Gesellschaft mit Gründern oder mit mehr als 10% des Grundkapitals an der Gesellschaft beteiligten Aktionären sind weiterhin sorgfältig darauf zu überprüfen, ob sie den Nachgründungsvorschriften unterliegen.

### 7.4.3
### Mitteilungspflichten



Das Aktiengesetz sieht für bestimmte Erwerber Mitteilungspflichten vor, deren Nichteinhaltung schwerwiegende Folgen haben. Weitergehende Mitteilungspflichten bestehen für börsennotierte Gesellschaften nach dem Wertpapierhandelsgesetz. Für Start-ups in der Form der AG sind insbesondere die Mitteilungspflichten nach §§ 20 ff. AktG von Bedeutung.



Gemäß § 20 Abs. 1 AktG hat ein Unternehmen, sobald ihm mehr als 25% der Aktien einer Aktiengesellschaft gehört, dies der Gesellschaft unverzüglich schriftlich mitzuteilen. § 20 Abs. 4 AktG legt eine Mitteilungspflicht auch für den Fall des Erwerbs einer Mehrheitsbeteiligung fest. Mitteilungspflichtig ist nur der Aktienerwerb in der genannten Höhe durch ein Unternehmen, nicht also der Erwerb durch einen Privataktionär. Relevant wird die Vorschrift also beispielsweise bei der Übernahme von mehr als 25% am Kapital der neuen Gesellschaft im Rahmen der Gründung oder im Fall des späteren Erwerbs einer mitteilungspflichtigen Beteiligung durch eine Venture-Capital-Gesellschaft. Das Bestehen der Beteiligung ist der Gesellschaft schriftlich mitzuteilen, anderweitig erlangte Kenntnis der Aktiengesellschaft genügt nicht. Die Gesellschaft hat das Bestehen der mitteilungspflichtigen Beteiligung unverzüglich in den Gesellschaftsblättern bekannt zu machen.

Wichtig ist die Mitteilungspflicht für den Aktionär insbesondere wegen der Rechtsfolgen, die eine unterlassene Mitteilung hat. Gemäß § 20 Abs. 7 AktG bestehen die Rechte aus mitteilungspflichtigen Aktien für die Zeit nicht, für die das Unternehmen die Mitteilungspflicht nicht erfüllt hat (Ausübungssperre). Ausgenommen vom zeitweiligen Rechtsverlust sind lediglich das Recht auf Dividende und den Abwicklungsüberschuss, sofern dem Unternehmen nicht Vorsatz zur Last fällt und die Mitteilung nachgeholt worden ist. Rechtsverlust bedeutet beispielsweise, dass das Recht des Unternehmens auf Teilnahme an der Hauptversammlung, die Ausübung des Stimmrechts und das Auskunftsrecht erlöschen, wenn die erforderliche Mitteilung zum Zeitpunkt der Hauptversammlung nicht vorliegt.

§ 21 AktG sieht eine ähnlich ausgestaltete Mitteilungspflicht für den Fall vor, dass einer Aktiengesellschaft mehr als 25% an einer anderen Kapitalgesellschaft bzw. mehr als 50% an einem anderen Unternehmen gehört. Beteiligt sich zum Beispiel eine Aktiengesellschaft in Höhe von mehr als 25 % am Grundkapital an einer anderen Aktiengesellschaft, so liegen sowohl die Voraussetzungen des § 20 als auch die des § 21 AktG vor. Aus Gründen der Vorsicht sollte dann eine Mitteilung sowohl nach § 20 als auch gemäß § 21 AktG gemacht werden.

Bei jeder Veränderung im Aktionärskreis sowie bei jedem Erwerb einer Beteiligung an einem anderen Unternehmen ist zu prüfen, ob Mitteilungspflichten ausgelöst werden, deren Nichteinhaltung zu Rechtsverlusten führen kann.

# 7.5
# Zusammenfassung

Die Gründung eines Start-up-Unternehmens geschieht zunehmend in der Form der Aktiengesellschaft. Die Gründung kann entweder durch eine Bar- oder Sachgründung, durch den Erwerb einer Vorratsgesellschaft oder durch eine Umwandlung, etwa den Formwechsel einer GmbH in eine AG, erfolgen. Bei der Gründung sollte möglichst ein genehmigtes Kapital geschaffen werden; häufig ist es empfehlenswert, vinkulierte Namensaktien einzuführen.

Benötigt die Gesellschaft eine Finanzierung durch Dritte, so ist die Beteiligung einer Venture-Capital-Gesellschaft an dem Start-up eine zu erwägende Möglichkeit. In dem Vertrag über die Beteiligung wird sich die Venture-Capital-Gesellschaft Zusicherungen und Gewährleistungen über die rechtlichen und wirtschaftlichen Verhältnisse des Unternehmens geben sowie Informationsrechte einschließlich eines Sitzes in dem Aufsichtsrat einräumen lassen. Die Beteiligung erfordert eine Kapitalerhöhung. Über die Einlage des Investors sollte der Vorstand des Start-ups erst nach der Anmeldung der Kapitalerhöhung zur Eintragung in das Handelsregister verfügen.

Die neugegründete Gesellschaft hat bei bestimmten Verträgen der Gesellschaft mit Gründern oder mit mehr als 10 % des Grundkapitals beteiligten Aktionären die Nachgründungsvorschriften zu beachten. Für Nachgründungsverträge sieht das Gesetz besondere Wirksamkeitsvoraussetzungen vor. Praktische Probleme werfen auch die aktienrechtlichen Mitteilungspflichten auf, nach denen insbesondere der Erwerb einer Beteiligung von mehr als 25% bzw. 50% durch ein Unternehmen an einer Aktiengesellschaft mitteilungspflichtig ist. Das Unterlassen der Mitteilung zieht eine Ausübungssperre für die Rechte aus den betroffenen Aktien nach sich.

# Anwendungskompass
# Startup-Phase

**1.** Beachten Sie, dass Kapitalgesellschaften für Startups z.B. wegen der eingeschränkten Haftung von Vorteil sind!

**2.** Bei der Gründung einer Aktiengesellschaft müssen jedoch viele Formalien beachtet werden (z.B. Notarielles Protokoll)!

**3.** Kurzfristigen Bedarf einer AG können Sie durch eine sogenannte Vorratsgesellschaft decken!

**4.** Fehlen Ihnen zur Mobilisierung von Fremdkapital die Sicherheiten, bleibt Ihnen der Weg des Venturekapitals!

**5.** Beachten Sie, dass der Letter of Intent noch kein verbindlicher Vertrag über eine Beteiligung darstellt!

**6.** Ziehen Sie im Falle einer AG-Gründung einen versierten Rechts-Experten hinzu!

**7.** Selbst ohne Börsengang bestehen bei einer AG diverse Mitteilungspflichten. Achten Sie nach Gründung darauf!

Literaturverzeichnis:

[1]     siehe hierzu: Grooterhorst, NZG 2001, 146

[2]     BGH vom 16.03.1992, BGHZ 117, 323, 331 ff.

[3]     vgl. hierzu: Hüffer, AktG, 4. Aufl. (1999), § 23 Rn. 27 ff.

[4]     BGH vom 13.07.1992, in: BGHZ 119, 177, 187 f.

# 8 Organisation von Multimedia-Agenturen aus rechtlicher Sicht

Oliver Merx, Modem Media, München

## 8.1
## Einleitung

Kleinere und mittlere Internet-Agenturen erfahren durch die Krise börsennotierter Dickschiffe neue Aufschwungs- und Wachstumschancen. Wenngleich nicht in jedem Fall, so können kleinere und mittlere Unternehmen jedenfalls aus den Erfahrungen der Großen bei der Expansion der Organisation lernen – auch und gerade in rechtlicher Hinsicht.

*Wachstum und Organisation*

Nachfolgend sollen tatsächliche und rechtliche Zusammenhänge dargestellt und erläutert werden, die es bei skalierungsfähigen Unternehmensorganisationen im Agenturumfeld zu beachten gilt.

*Rechtliche Aspekte*

Schwerpunkte sind dabei:

- Fragen der Grundorganisation einer Agentur
- Gestaltung von Arbeitsverträgen und Stellenbeschreibungen
- Nutzung eines Mitarbeiter-Handbuchs

## 8.2
## Grundorganisation einer Agentur

Eigentlich kaum zu glauben: Trotz der vielbeschriebenen Annäherung von Old und New Economy haben viele Mitarbeiter in Internet-Agenturen weder eine Stellenbeschreibung, noch einen komfortablen Arbeitsvertrag, der außer über das Gehalt auch über Rechte und Pflichten Auskunft gibt. Das gilt für Grafiker genauso wie für Projektmanager, Key Accounter, Consultants und Konzepter, die in

*Häufig kaum verbindliche Regelungen*

zentralen, strategisch wichtigen Bereichen eines Unternehmens arbeiten. Einzig und allein der Geschäftsführer verfügt in vielen Agenturen über eine rechtlich eindeutige Position im Unternehmen – ohne diese Klarheit würden jedenfalls in der Chefetage auch nur wenige die Arbeit aufnehmen, denn das Unternehmen wäre eigentlich rechtlich handlungsunfähig.



Solange ein Unternehmen in übersichtlicher Größe mit nur einer Führungsschicht arbeitet (universale Geschäftsführung), ist es auch nicht wirklich problematisch, wenn sich alle Befugnisse auf die Geschäftsführung konzentrieren: Mitarbeiterführung, Einstellen und Entlassen von Mitarbeitern, Verhandlung und Schließen von Verträgen usw.

Wird indessen bei einer kritischen Größe ab ca. 40-50 festen Mitarbeitern eine zweite Führungsebene eingezogen, so ist dies rechtlich schon nicht mehr ganz so einfach: Hier müssen Befugnisse und Schnittstellen so definiert werden, dass die Arbeit einerseits flexibel bleibt, andererseits jede Regelung rechtlich Hand und Fuß hat. Das Recht ist hierbei vor allem ein Mittel, übertragenen Aufgaben, Pflichten und Befugnissen verbindliches Gewicht zu verleihen.



Die Konsequenzen unklarer, unverbindlicher Aufgabenregelung dürften vielfach auf der Hand liegen:

- z.B. sind Angebote, die von Mitarbeitern ohne Vollmacht unterschrieben werden, wenigstens schwebend unwirksam

- vor allem nachteilige Verträge können aus Rechtsschein-Gesichtspunkten ohne Vollmacht trotzdem gültig sein

- sind Schnittstellen, Rechte und Pflichten in der Unternehmensorganisation unklar, sind  Chaos und Ineffizienz die Folge

- komplizierter wird die Angelegenheit, wenn eine Agentur unselbständige Filialen eröffnet, bei der zusätzlich Zentral- und Vorort-Zuständigkeiten geregelt sein müssen.



Es gibt rechtliche Hilfsmittel, um solcherlei Chaos zu vermeiden. Dies sind durchdachte Arbeitsverträge, praxisgerechte Stellenbeschreibungen und letztendlich kann auch ein Mitarbeiter-Handbuch viel Flexibilität in organisatorische Herausforderungen von Multimedia-Agenturen bringen. All jene Instrumente sind jedoch von Beginn an zum Scheitern verurteilt, wenn die grundlegende Tätigkeit zuvor nicht erfolgt ist: Die an der Unternehmensstrategie ausgerichtete Definition von Aufgaben, Zuständigkeiten und Hierarchien im Unternehmen – mit Organigramm und Prozessverantwortlichkeiten.

Bevor im folgenden eine detailliertere Stellungnahme zu Arbeitsverträgen, Stellenbeschreibungen und Mitarbeiter-Handbüchern erfolgt, wird deshalb zunächst das Thema „Prozesse" beleuchtet.

## 8.2.1
## Typische Prozesse in Internetagenturen

Vielen Agenturen liegen die gleichen, jedenfalls sehr ähnliche Prozesse zugrunde. Insoweit ist es vertretbar, über die generellen Zusammenhänge hinaus konkrete Organisationsaussagen zu treffen.

Zunächst zu den generellen Zusammenhängen zwischen Aufbauorganisation, Ablauforganisation, Arbeitsvertrag, Stellenbeschreibung und Mitarbeiterhandbuch.



### 8.2.1.1
### Aufbau- und Ablauforganisation

Anfang der meisten Überlegungen ist die Analyse der typischen Abläufe einer Agentur, der Prozesse. Diese münden unter hierarchischer Sicht in die Aufbauorganisation des Unternehmens.

Typische Prozesse bzw. Rollen einer Agentur sind neben der Geschäftsführung die Bereiche New Business, Beratung, Projektabwicklung, Produktionsleitung, Konzeption, Creation, Scripting, IT
und Text.



**Abbildung: Typische Rollen und Berufsbilder**

| Rolle | Organisation 1 | Organisation 2 | Organisation 3 |
| --- | --- | --- | --- |
| Neukundengewinnung | NB- Abteilung / Key Acounter | Geschäftsfürung /Unitleiter | Geschäftsführung/PM |
| Strategieberatung | Consulting Abteilung | Unitleiter/PM | Geschäftsführung/PM |
| Projektabwicklung | Key Accounter | Projektmanager | Projektmanager |
| Produktionsleitung | Producer | Projektmanager | Projektmanager |
| Konzeption | Konzepter | Konzepter | Art Director/Texter |
| Creation | Art Director/Design | Art Director | Art Director |
| Scripting/HTML | Web Developer | Web Developer | Web Developer |
| IT | IT Developer | IT Developer | IT Developer |
| Text | Texter | Texter | Texter |

Je nachdem, welche dieser drei Organisationsformen man wählt, fällt eine Stellenbeschreibung zumindest für die Rollen „Neukundengewinnung", „Strategieberatung",
„Projektabwicklung" und „Produktionsleitung" anders aus. Konsequenzen hat dies

für die Frage der Vertragsgestaltung mit den Mitarbeitern: Welche Aufgaben und Befugnisse haben sie, welche Ziele werden definiert, an denen die Leistung des Mitarbeiters gemessen werden kann? Zu beachten ist dabei z.B., dass man einen als Projektmanager eingestellten Mitarbeiter nicht ohne weiteres zu einem New Business-Profi machen kann – um ihn dann entweder flexible Gehaltsanteile zuzuweisen oder wegen vertraglich nicht geregelter Zielerfüllung (= Neuaufträge) zu entlassen.



Prozesse/Rollen in Agenturen lassen sich also – je nach Größe des Unternehmens – mehreren unterschiedlichen Berufsbildern zuordnen, so dass für die Aufbau und Ablauf-Organisation sowie für Arbeitsverträge und Stellenbeschreibungen recht unterschiedliche Möglichkeiten ergeben. Im Ergebnis bedeutet dies, dass vor Ausarbeitung von Vorlagen für Arbeitsverträge und Stellenbeschreibungen ein Qualitätsmanagementsystem vorhanden sein sollte, in dem Aufbau- und Ablauforganisation längerfristig verbindlich abgebildet sind.

Betreut eine Agentur sowohl kleine als auch große Aufträge mit vielen hunderttausend oder gar Millionen Mark gleichzeitig, so ist zu fragen, ob in beiden Fällen die gleichen Regeln gelten: Wer darf Kleinaufträge unterschreiben? Ab wann gelten bei Großaufträgen welche Sonderregeln? Gleiches in der Abwicklung: Kleinaufträge erfordern regelmäßig kein separates Key Accounting. Welche Aufgaben hat dann ein Key Accounter, wenn Großaufträge ausbleiben? Wer übernimmt seine Rolle in Kleinaufträgen? Für viele solcher durchaus vorhersehbaren Fälle sollte rechtlich Vorsorge getragen werden.

**Abbildung 2: Wechselwirkungen von Organisation und Recht**

Arbeitsvertrag, Stellenbeschreibungen und Mitarbeiter-Handbuch sind normalerweise keine tauglichen Instrumente, um Aufbau- und Ablauforganisation zu entwickeln! Die Reihenfolge ist umgekehrt: Praxistaugliche Arbeitsverträge, Stellenbeschreibungen und Mitarbeiterhandbücher setzen voraus, dass eine existierende Aufbau- und

Ablauforganisation umgesetzt und eingehalten werden kann. Unternehmer müssen sich also zuerst über die tatsächliche Aufgabenstellung im Klaren sein, bevor mit viel Aufwand die Ausarbeitung dazu passender rechtlicher Hilfsmittel betrieben wird.

Üblicherweise gibt das Organigramm eines Unternehmens bereits einen ersten Einblick über die hierarchische Struktur des Unternehmens, damit also auch eine Idee von den typischen Führungskompetenzen von Mitarbeitern. Ändert – wie so häufig – in einer Agentur die Aufbau- und Ablauforganisation, müssten Verträge und Stellenbeschreibungen eigentlich so angepasst werden, dass die Verträge die jeweilige Unternehmenswirklichkeit abbilden und regeln. Bei allgemeinen Prozessen im Unternehmen hilft das Mitarbeiterhandbuch dabei, flexible und verbindliche Regelungen zu treffen.



## Abbildung 3: Typische Matrixorganisation

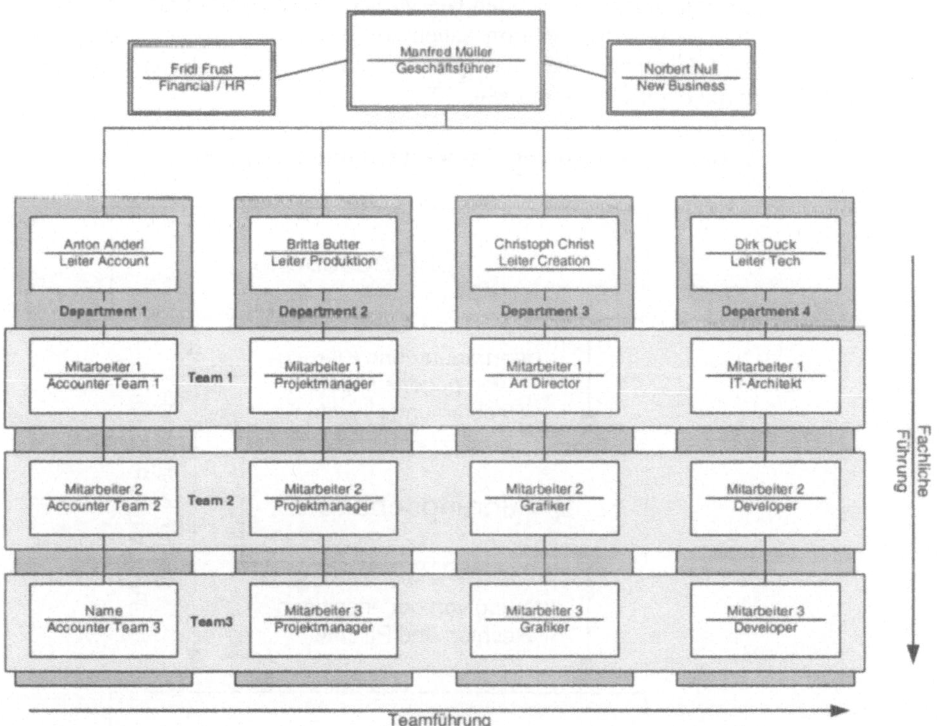


Die meisten Multimedia-Agenturen mit zweiter Führungsebene haben eine Matrixorganisation. Daraus ergeben sich rechtlich relevante Funktionsaufteilungen sowie Führungsaufgaben. In Arbeitsverträgen allein wird aber nicht jede Schnittstelle sowie horizontale und vertikale Führungskompetenz oder sonstige Aufgabe abzubilden sein. Hilfsmittel der Flexibilisierung ist deshalb die Stellenbeschreibung als Konkretisierung des Arbeitsvertrags. Erfolgt eine wesentliche Organisationsänderung, ist die Auswirkung auf Arbeitsverträge und Stellenbeschreibung offensichtlich.

### 8.2.1.2
### Zweite Führungsebene

Abgabe verbriefter Kompetenzen

Eine große Herausforderung für Internet-Agenturen ist Wachstum. Die wesentlichste Klippe ist dabei der Wechsel vom System einer Führungsebene zur Integration einer zweiten Führungsebene. Hierbei werden die für einen Arbeitsvertrag wesentlichen Führungsaufgaben unter der ersten und zweiten Ebene aufgeteilt. Das heißt, dass die oberste Führungsebene unzweideutig verbriefte Kompetenzen an die zweite Ebene abgeben muss.

Führung verändert kaum fachliche Aufgaben

Nicht so problematisch erweist sich dagegen die Veränderung von den bereits beschriebenen Rollen: Auch bei Einführung einer zusätzlichen Führungsebene wird ein Grafiker im wesentlichen die gleichen Aufgaben erfüllen wie vorher, selbst wenn er als Art Director eine Leitungsfunktion haben sollte. Schließlich wird man auch nicht davon ausgehen, dass plötzlich ein geschulter Designer den IT-Bereich wird leiten müssen.

**Abbildung 4: Klärung von Rechten und Pflichten**

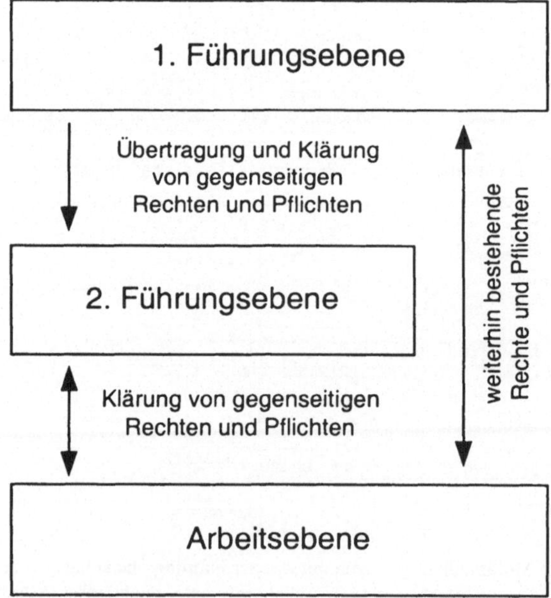

Bei den zu übertragenen Rechten ist zu trennen zwischen jenen, die ausschließlich auf die 2. Führungsebene übertragen werden (z.B. fachliche Führung innerhalb des Departments), jenen, die bei 1. und 2. Ebene kumulativ ausgeübt werden können (z.B. kombinierte Zielvereinbarungen, Kündigungen aus fachlichem Grund) und solchen, die nach wie vor ausschließlich der 1. Ebene vorbehalten bleiben (z.B. Gehaltsfragen, Kündigung aus wirtschaftlichen Gründen, Versetzungen in andere Niederlassungen). Hierbei gilt es einen Weg zu finden, so dass alle Beteiligen bestmöglich wissen, wem gegenüber sie welche Pflichten und Rechte besitzen.

Die Einführung einer zweiten Führungsebene hat danach zum einen die Relevanz, dass die Verträge neuer Mitarbeiter aus der Führungsebene durch Arbeitsvertrag und Stellenbeschreibungen erfahren, welche Rechten und Pflichten sie haben. Zugleich erkennt man die Notwendigkeit, neue Mitarbeiter der Arbeitsebene rechtlich verbindlich zu informieren, sowie nicht zuletzt mit den bereits existierenden Mitarbeitern auf Arbeitsebene Vertragsergänzungen durchzuführen.

Rechte und Pflichten bei 2. Führungsebene

> Achtung: Vor allem länger gediente Mitarbeiter werden ein hohes Interesse daran haben, allgemeinverbindlich geklärt zu wissen, was die neue und bislang unbekannte Führungsebene für Rechte gegenüber der „Alten Garde" hat! Umgekehrt wollen viele der „Neuen" genau wissen, welche Befugnisse die „Alten" (noch) besitzen. Die Regelung klarer Kompetenzen und Rechte der Mitarbeiter untereinander ist deshalb auch ein wichtiges Instrument der Motivation und Mitarbeiterbindung. Das Recht hilft hier dabei, glaubwürdige Kompetenzverteilung von Lippenbekenntnissen zu unterscheiden.

## 8.2.2
## Schlussfolgerungen aus der Organisation

Wie festgestellt, machen Stellenbeschreibungen und detaillierte Zuweisung von Rechten und Pflichten im Arbeitsvertrag in erster Linie dann Sinn, wenn eine Grundorganisation besteht, deren wichtigste Regeln rechtlich fixiert werden.

Unterstellt, dass eine solche Organisation gegeben und über längeren Zeitraum von Bestand ist, kommt es nun darauf an, sich zu überlegen:

Erst Organisation, dann Abbildung in Verträgen

- Welche Rechte und Pflichten sollten für Mitarbeiter direkt im Arbeitsvertrag geregelt werden?

- Welche Rechte und Pflichten sollten ergänzend in eine Stellenbeschreibung einfließen?

- Wie kombiniert man diese beiden Möglichkeiten verbindlich miteinander?

- Welche Rechte werden am besten mit separaten Vollmachten oder Zusatzverträgen geregelt?

- Wie ist bei diesen Fragen zwischen Mitarbeitern der 2. Führungsebene und der Arbeitsebene zu unterscheiden?

- Welche Rechte und Pflichten werden übergreifend in einem Mitarbeiter-Handbuch geregelt?

- Wie wird das Mitarbeiter-Handbuch Bestandteil des Arbeitsvertrags?

In den folgenden Abschnitten soll ein Vorschlag erfolgen, wie diese Fragen beantwortet werden können.

## 8.3
## Arbeitsvertrag und Stellenbeschreibung

*Arbeitsvertrag ist grds. formfrei*

Der Arbeitsvertrag (§§ 611 ff. BGB) begründet das Arbeitsverhältnis zwischen Agentur und Mitarbeiter. Grundsätzlich ist der Arbeitsvertrag formfrei, so dass sogar ein mündlicher oder stillschweigender Vertrag Gültigkeit besitzt. Ausnahme sind Tarifregelungen, die im Agenturumfeld indessen kaum Relevanz haben dürften.

Die Schriftform ist also nicht notwendig, aber zumindest zur Beweiserleichterung zu empfehlen. Die Schriftform sollte im Vertrag auch für Änderungen verbindlich festgelegt werden.

Stellenbeschreibungen sind grundsätzlich nicht gesetzlich geregelt oder gar als Teil von Arbeitsverträgen vorgeschrieben. Sie entstammen vielmehr aus dem Bereich des Qualitätsmanagements. Um Widersprüche zwischen entsprechenden Aufgabenregelungen im Arbeitsvertrag zu verhindern, wird die Stellenbeschreibung jedoch sinnvoller Weise in den Arbeitsvertrag einbezogen.

## 8.3.1
## Spezifische Inhalte des Arbeitsvertrags

*Allgemeine Inhalte*

Neben den für alle Branchen und Positionen gleichermaßen wichtigen Fragen wie

- Parteien
- Beginn



*8 Organisation von Multimedia-Agenturen aus rechtlicher Sicht*

- Probezeit

- Dauer

- Arbeitszeit

- Vergütung

- Urlaub

- Kündigungsregelung

- Nebentätigkeiten

- Verschwiegenheitsverpflichtung

- Erfüllungsort

- Schriftform für Änderungen

- Salvatorische Klausel



gibt es für Agenturen einige spezielle Aspekte, die als Inhalt eines Arbeitsvertrags genauer untersucht werden sollten. Dies sind:

- Wettbewerbsverbot

- Überstunden

- Urheberrechte

- Angaben zur Person

- Zielvereinbarungen

- Tätigkeitsbereich

Allgemeine Formulierungshilfen für Arbeitsverträge und die oben benannten allgemeinen Teilbereiche findet man umfassend im Internet. Im folgenden werden jene genannten Bereiche dargestellt, bei denen Agenturen typische Problemkonstellationen vorfinden.



### 8.3.1.1
### Wettbewerbsverbot

Durch ein Wettbewerbsverbot verpflichtet sich der Arbeitnehmer für einen bestimmten Zeitraum nach Beendigung des Arbeitsverhältnisses nicht für ein anderes Unternehmen tätig zu sein, das mit dem bisherigen in Wettbewerb steht.

Abgesehen davon, dass eine solche Klausel nur dann wirksam ist, wenn hierfür eine angemessene Entschädigung gewährt wird, ist eine solche Klausel im sich äußerst schnell wandelnden Agenturumfeld kaum wirtschaftlich vertretbar. Auf sie sollte in der Regel verzichtet werden, wenn nicht eine absolute Ausnahmesituationen vorliegt.

### 8.3.1.2
### Überstundenregelung



Gerade in Agenturen sind Überstunden weniger die Ausnahme als vielmehr die Regel. Deshalb sollte zunächst ein Passus enthalten sein, wonach der Mitarbeiter bei betrieblichen Erfordernis zur Ableistung von Überstunden verpflichtet ist. Generell sollte dabei auf eine transparente Überstunden-Entschädigungsregelung Bezug genommen werden, die für alle Mitarbeiter gleichermaßen gilt. Bei leitenden Angestellten (ggf. bereits schon ab der 2. Führungsebene) kann durch eine entsprechend erhöhte Pauschalvergütung auf eine Ausgleichsregelung verzichtet werden.

### 8.3.1.3
### Urheberrechte



Der Arbeitgeber kann und sollte sich das Verwertungsrecht an zukünftig entwickelten Urheberrechten einräumen lassen, die unter seinem Weisungsrecht entstehen (Bilder, Quellcode, Präsentationen etc.). Selbst wenn eine solche Regelung fehlt, kann von einer stillschweigenden Rechtsübertragung auf den Arbeitgeber ausgegangen werden, sobald das Werk beim Arbeitgeber abgeliefert wird, doch vereinfacht eine entsprechende Klausel wesentliche Streitereien, die insbesondere im Kreativbereich und bei der Programmierung vorhersehbar sind. Das Recht auf namentliche Erwähnung im geschaffenen Werk, das grundsätzlich dem Urheberpersönlichkeitsrecht entspringt, sollte ebenfalls im Voraus abbedungen werden. Wenngleich eine Erwähnung der Erschaffer bei CD-ROMs noch üblich war (geschaffen von Mitarbeiter A-Z im Abspann), so erscheint bei vielen Webauftritten nicht einmal mehr der Dienstleister als solches, geschweige denn der einzelne Mitarbeiter. Beachten sollte man aber stets, dass das Urheberpersönlichkeitsrecht dennoch verhindert, dass Personen, die das Werk tatsächlich nicht erschaffen haben, vom Arbeitgeber als solche nach außen dargestellt werden.

### 8.3.1.4
### Angaben zur Person



Die Neuen Medien hatten eine Zeitlang den Ruf, überwiegend aus Quereinsteigern zu bestehen. In der Gegenwart unter dem Zeichen der Annäherung von New und Old Economy achten Agenturen wieder verstärkt auf geregelte Lebensläufe und abgeschlossene Ausbildungen. Dies und der angespannte Arbeitsmarkt verleitet manchen dazu, die eigene Vergangenheit im Falle von Bewerbungen etwas „aufzuwerten". Referenzen können aber nicht immer umfassend überprüft werden – gerade dann, wenn der Druck des Projektgeschäfts ein schnelles Einstellen erfordert. Dann ist der Arbeitgeber darauf angewiesen, dass er den wesentlichen Angaben des Mitarbeiters vertrauen kann. Um sich hier alle Rechte vorzubehalten, sollte der Arbeitsvertrag einen Passus enthalten, der den Arbeitnehmer an die Richtigkeit einstellungsrelevanter Angaben zur Person erinnert – und im Falle von wesentlichen Unrichtigkeiten zur fristlosen Kündigung ermächtigt.

### 8.3.1.5
### Zielvereinbarungen

Nicht immer sinnvoll

Gerade bei den börsennotierten Agenturen ist die Einführung von Zielvereinbarungen wegen des großen finanziellen Drucks Mode geworden. Dies nicht nur mehr bei leitenden Angestellten, sondern auch bei allen anderen Mitarbeitern der operativen Arbeitsebene. Zum Teil wurde einigen Führungsebenen nicht zu Unrecht vorgeworfen, Zielvereinbarungen zu missbrauchen, um durch kaum erreichbare Zieldefinitionen bei unerfahrenen Mitarbeitern Gehalt zu sparen.

Gekoppelt sind solche (meist separat zum Arbeitsvertrag geschlossenen) Zielvereinbarungen jedenfalls mit zusätzlichen finanziellen Zuwendungen bei Erreichung messbar gesteckter Ziele. Die Frage, ob in Agenturen Zielvereinbarungen wirklich Sinn machen, ist nach wie konkreten Position abhängig.

Messbarkeit von<br>Zielen notwendig

Das Erstellen eines „Awards-gekrönten Projekts im Jahr" zum Ziel für einen Kreativen zu machen erscheint bei genauerer Betrachtung jedenfalls als unsinnig. Auch für einen Projektmanager ist es nicht sinnvoll, die Anzahl der berechneten Stunden auf einen Kunden zum Gegenstand einer Zielvereinbarung zu machen, wenn das Heranholen von Kunden nicht von ihm beeinflusst werden kann. Allenfalls messbare persönliche Entwicklungsschritte oder die Durchführung von internen Schulungen könnten Grundlage einer allgemein sinnvollen Zielvereinbarung sein.

Die Koppelung des Gehalts an die generelle finanzielle Lage des Unternehmens erscheint auch nicht als geeignetes „Ziel" einer Zielvereinbarung, vielmehr ist es Grundlage einer freiwilligen Erbringung von einem Bonus (Gratifikation) an alle Mitarbeiter, die nicht separat geregelter Bestandteil des Arbeitsvertrags sein muss. Gleiches gilt für die positive Entwicklung der Persönlichkeit, die nicht Gegenstand einer Zielvereinbarung, sondern Bestandteil einer vergleichsweise lockeren Bonusregelung sein kann.

Wirklich sinnvoll erscheinen variable Gehaltsanteile in Verbindung mit Zielvereinbarung nur dort, wo klar definierbare Deliverables existieren, deren Erfüllung objektiv gemessen werden kann. Dies kann im Vertrieb die Erzielung von Umsatz sein, in begründeten Einzelfällen auch die Rendite von Projekten. Im Bereich des Marketing aber z.B. die Erstellung von Fachartikeln oder die Erstellung einer definierten Anzahl von Unterlagen. Es ist also stets darauf zu achten, dass die gesteckten Ziele realisierbar und im überwiegenden Einflussbereich des betroffenen Mitarbeiters liegen und nicht umfänglich von anderen Mitarbeitern abhängen.

Jede Zielvereinbarung steht aber im unmittelbaren Zusammenhang mit der Genauigkeit bei der Definition des Tätigkeitsbereichs im Unternehmen und ist insoweit auch davon abhängig zu machen, wie in diesem Punkt verfahren wird.

### 8.3.1.6
### Tätigkeitsbereich



Generell muss die Art einer Arbeitstätigkeit nicht genau bezeichnet sein. Allenfalls soweit, dass beide Seiten in einem gegenseitigen Vertrag erfahren, wer wem was schuldet. In der Regel schuldet der Mitarbeiter dem Arbeitgeber in erster Linie seine Arbeitszeit, durch deren Ableistung der Arbeitgeber zur Zahlung des vereinbarten Lohns verpflichtet wird. Die Frage zu beantworten, was genau in dieser Zeit zu leisten ist, wann z.B. eine Schlechtleistung erfolgt, geht dem Grunde nach zunächst zu Lasten des Arbeitgebers.



Aufgefangen wird eine allgemein gehaltene Formulierung der Tätigkeit durch ein anerkannt weitreichenderes Direktions- und Weisungsrecht des Arbeitgebers. Je konkreter der Arbeitsvertrag die Tätigkeit begrenzt, desto mehr schränkt er Arbeitgeber allerdings seine Befugnis dahingehend ein, dass ein Arbeitnehmer eine für ihn zumutbare andere Tätigkeit im Rahmen der vereinbarten Tätigkeit annimmt.

Die Formulierung: A wird als „Projektmanager" eingestellt ist weitreichend genug, um damit Tätigkeiten von der Kundenbetreuung bis hin zur Produktionssteuerung abzudecken. Die genaue Definition, was Projektmanagement ist, kann im Rahmen des Direktionsrechts erfolgen. Selbst die Formulierung „IT-Projektmanager" erlaubt noch viel Gestaltungsspielraum, nicht ohne weiteres hingegen die Formulierung als „Kundenberater", weil der für eine interne Produktionssteuerung bezogene Part eigentlich nicht erfasst ist.

Der Arbeitgeber kann auch einen Passus einfügen, bei dem „sich der Angestellte bereit erklärt, im Bedarfsfall eine andere zumutbare Tätigkeit im Unternehmen zu übernehmen, die seinen Vorkenntnissen entspricht". Eine Gehaltsminderung darf damit jedoch im Regelfall nicht verbunden sein. Eine Änderung des Arbeitsvertrags braucht in diesem Fall nicht vollzogen zu werden, wenn der Arbeitnehmer trotz einer bestimmten Stellenbezeichnung anderweitig eingesetzt wird.

Fraglich ist, ob der Arbeitgeber sich eher einen Gefallen tut oder nicht, wenn er die Tätigkeit nicht bereits im Arbeitsvertrag näher bezeichnet. Macht er durch einen Verweis eine entsprechende Stellenbeschreibung zum ergänzenden Vertragsbestandteil, ist fraglich wieweit hier noch eine entsprechende Flexibilität der Aufgabenbeschreibung durch den Arbeitgeber erhalten bleibt.



Generell ist zwar bei den Ansprüchen an die Genauigkeit zwischen generalistischen und spezialisierten Tätigkeiten zu differenzieren. Das bereits formulierte Beispiel mit „Projektmanager" und „Kundebetreuer" zeigt allerdings, dass der Arbeitgeber allgemein ganz gut beraten ist, wenn er Begriffe zu vermeidet, die bereits in anderen, etwas weiter gefassten Bezeichnungen enthalten sein können: Diese umfassenderen Begriffe sollten dann Vorzug genießen.



Als Anregung für die Wahl von Berufsbezeichnungen sei hier die grobe Anlehnung die Unterteilung in die vom DMMV vorgeschlagenen Tätigkeitsbereiche der Neuen Medien empfohlen:



- Management (Projektmanager, Consultant, Medienfachmann)
- Content (Redakteur, Konzepter, CBT-Autor, Info-Broker)
- Design (Screen-, Webdesigner, Animator, 3D-Designer)
- Programming (Programmer, Webmaster, Sys-Admin)

Die groben Gruppen und Unterteilungen dieser Berufsbezeichnungen sind so konkret, dass man genau weiß, dass 3-D-Designer kein Info-Broker ist. Allenfalls insoweit ist das Weisungsrecht für eine zumutbare Tätigkeit eingeschränkt. Die Frage jedoch, was genau einen Grafik-Designer von einem Art Director unterscheidet, ist im Rahmen einer separaten Stellenbeschreibung definierbar. Diese kann und sollte durch einen eigenen Passus Inhalt des Arbeitsvertrag werden, z.B. „Die Inhalte, Aufgaben, Rechte und Pflichten der Position ergeben sich aus der Stellenbeschreibung für Projektmanager der Firma X. Diese Stellenbeschreibung ist ergänzender Bestandteil des Arbeitsvertrags".



Die Regel der Tätigkeits-Formulierung im eigentlichen Arbeitsvertrag sollte also lauten: Im Rahmen der vier Haupttätigkeitsgruppen so allgemein wie möglich und so konkret wie nötig. Einer von vielen Gründen: Der Arbeitsvertrag muss unverändert auch noch dann Bestand behalten können, wenn organisatorische Veränderungen im Unternehmen durchgeführt werden müssen, also Projektmanagement je nach Organisation etwas anders ausgestaltet ist wie zuvor. Zudem werden bei Vertragsverhandlungen die Details der Position nur selten vertieft diskutiert werden können.



Auch Beförderungen von „Junior" zu „Senior" Positionen müssen nicht unbedingt orginärer Inhalt und Gegenstand des Vertrags sein. Auch sie können sich ausschließlich aus der Stellenbeschreibung ergeben. Selbst die Differenzierung zwischen Designer und Art Director braucht dem Grunde nach nicht aus dem Arbeitsvertrag geregelt werden, wenn das Gehalt Auskunft über die Qualifikation gibt.

Bei vielen Agenturen ist es zu Problemen gekommen, weil die Bezeichnung als Art Director „inflationär" gebraucht wurde, also Mitarbeiter nach nur zwei Projekten vom Grafiker zum Art Director erhoben wurden und deshalb andere Art Directoren mit wesentlich mehr Projekten Anspruch auf den Titel des Creativ Directors erhoben haben, nur um ihre größere Projekterfahrung zu dokumentieren. Diese Todesspirale der Berufsbezeichnungen bei wachsenden Organisationen gilt es unbedingt zu vermeiden. Doch gerade bei Titeln sind viele Agenturen nicht wirklich wählerisch, z.B. wenn in einer einfachen Gesellschaft gleich nach der Gründung die drei einzigen Techniker vornehm als „CTO" (Chief Technical Officer) bezeichnet werden. Arbeitsvertraglich sollte man hier eher eine uneitle konservative Politik fahren und nicht zu viele und eher allgemeine Bezeichnungen wählen.

Genau in diesem Bereich sollten die kleineren Agenturen von den Fehlern der Großen Agenturen lernen: Viele größere Unternehmen haben im Laufe weniger Monate immer wieder neue Berufsbezeichnungen eingeführt und andere abgeschafft. Beispielsweise wurde zwischendurch mit „Junior/Senior Consultants" oder „Unitleitern" experimentiert; zwei Monate nach der Einführung wurde diese Berufsbilder wieder komplett abgeschafft. Die Mitarbeiter hatten folglich Arbeitsverträge für Positionen, die es gar nicht mehr gibt. Verunsicherung bei der Frage der Integration im Unternehmen als auch bei Kompetenzen und Aufgaben führten mitunter zu chaotischen Abläufen.

Aus all diesen Gründen empfiehlt es sich, Berufsbezeichnungen in Arbeitsverträgen allgemeiner zu halten und das Direktionsrecht des Arbeitgebers durch Stellenbeschreibungen, die flexibler zu handhaben sind, zu konkretisieren. Gegenüber alten und neuen Mitarbeitern sollte diese Politik selbstbewusst vertreten werden.

## 8.3.2
## Stellenbeschreibungen



Generell gilt, dass Stellenbeschreibungen, ihr Inhalt, ihre Funktion und deren Gestaltung nirgendwo verbindlich geregelt ist. Insoweit besteht ein gewisser Spielraum, der je nach Unternehmen unterschiedlich genutzt werden kann. Im Prinzip wird durch die Stellenbeschreibung das Direktionsrecht des Arbeitgebers verbal präzisiert und dokumentiert.

### 8.3.2.1
### Begriff, Zweck und Inhalt



Ziel einer Stellenbeschreibung ist in fast allen Fällen, die mit einer Position verbundenen Aufgaben, Zuständigkeiten, Rechte und Pflichten so zu beschreiben, so dass der Mitarbeiter dem Grunde nach weiß, wie er ins Unternehmen integriert ist, was er zu tun und zu lassen hat und mit welchen Mitteln er die an ihn gestellten Anforderungen erfüllen kann. Umgekehrt verschafft sich der Arbeitgeber durch die Stellenbeschreibung einen Überblick, ob und wie die von ihm im Unternehmen existierenden Tätigkeiten zusammenpassen.

*Erkennen von Rechten und Pflichten*

Wie bereits ausgeführt, kann eine Stellenbeschreibung ergänzender Bestandteil des Arbeitsvertrags sein, wenn dies im Vertrag entsprechend geregelt ist. Auch ohne entsprechenden Verweis im Arbeitsvertrag kann und wird die Stellenbeschreibung regelmäßig wenigstens stillschweigend Bestandteil des Vertrags, insbesondere dann, wenn sie durch Arbeitgeber und –nehmer nach Vertragsschluss separat unterschrieben wurde. Eine Unterschrift unter die Stellenbeschreibung ist aber nicht unbedingt notwendig.

Grundsätzlich sollte sich eine Stellenbeschreibung nur auf ein Berufsbild beschränken und dieses entsprechend darstellen. Eine Stellenbeschreibung kann aber durchaus eine Reihe von Schattierungen der gleichen Grundtätigkeiten erfassen. Dies ist insbesondere dann zu empfehlen, wenn die letztendliche Struktur des Unternehmens noch nicht wirklich gefestigt ist. Dann ist die Stellenbeschreibung eine ungefähre Orientierungsrichtlinie – zwar nicht vollkommen, aber besser wie gar nichts.

*Je Berufsbild eine eigene Stellenbeschreibung*

Differenzierungen zwischen Junior und Senior Art Director, selbst die Abgrenzung zum Screendesigner kann also durchaus innerhalb ein und der gleichen Stellenbeschreibung abgefasst werden. Dies hat den Vorteil, dass mehrere, sich überschneidende Tätigkeiten für beide Seiten verständlich abgegrenzt werden.

---

Die Besonderheit bei vielen Agenturen besteht eben darin, dass Unternehmensprozesse, Unternehmensaufbau, Arbeitsverträge und Stellenbeschreibungen parallel entwickelt werden müssen. Deshalb sind gerade am Anfang dieser Entwicklung keine allzu speziellen Stellenbeschreibungen möglich und sinnvoll, weil sie immer wieder geändert werden müssten. Je länger ein Unternehmen stabilisierte Prozesse und Tätigkeiten definieren kann, desto präziser sollten natürlich auch die Stellenausschreibungen ausfallen.

---

Die hier vertretene Auffassung hat unabhängig davon mehrere Konsequenzen:

- Zielgruppe einer Stellenbeschreibung ist jeder betroffene Mitarbeiter, der sich über die Inhalte einer Tätigkeit informieren muss

- Eine Stellenbeschreibung kann also auch für solche Arbeitnehmer von Wichtigkeit sein, die lediglich Schnittstellen zur beschriebenen Tätigkeit haben, selbst aber nicht diese Stelle besetzen

- Eine Stellenbeschreibung ist keine bloße Checkliste für Einstellungsgespräche

- Gehalts-Spannbreiten und andere Interna aus dem Personal-Bereich gehören nicht hinein

- Wichtig ist, dass ein Mitarbeiter erkennt, welche konkreten Aufgaben er hat und welche Instrumente ihm zur Verfügung stehen, um diese Aufgaben tatsächlich zu erfüllen



Die in einigen Agenturen durchaus verbreitete Unsitte, den neu eingestellten Mitarbeiter selbst seine eigene Stellenbeschreibung verfassen zu lassen, lässt nur einen Schluss zu: Der Reifegrad der internen Organisation des Arbeitgebers ist eher niedrig. Dies sollte Arbeitgeber wie Arbeitnehmer gleichermaßen zu denken geben. Klar muss also sein, dass der Arbeitgeber dieses Dokument verfasst.

Inhalte einer „fortgeschrittenen" Stellenbeschreibung sollten sein:

- Einbindung der Stelle in die Organisation des Unternehmens

- Wirtschaftliche und fachliche Ziele der Stelle

- Aufgaben der Stelle in fachlicher und führungstechnischer Hinsicht

- Kompetenzen und Verantwortung inkl. benötigter Vollmachten

- Schnittstellen und Vertretungsregelungen



Sie sollte stichwortartig formuliert sein und abschließend am besten von allen Parteien unterschrieben werden, die von der Stellenbeschreibung betroffen sind:

- Eingestellter Mitarbeiter
- Vorgesetzter
- Personalbereich
- Ggf. Geschäftsführung

Da sich die Stellenbeschreibung damit quasi zum „Vertrag neben dem Vertrag" entwickeln kann, empfiehlt es sich durchaus, manche Bereiche zwar in der Stellenbeschreibung anzudeuten, jedoch separat auszufertigen. Dies gilt insbesondere für Vollmachten.

### 8.3.2.2
### Separate Vereinbarungen

Eine Stellenbeschreibung kann z.B. vorsehen, dass ein Mitarbeiter die Vollmacht besitzt, Mitarbeiter einzustellen und Verträge mit Kunden zu schließen. Mit der Unterschrift durch Arbeitgeber und Arbeitnehmer unter eine Stellenbeschreibung, die solches vorsieht, kommt es damit pro forma zur gleichzeitigen Erteilung einer entsprechenden Vollmacht. Andererseits ist die Unterschrift unter eine Stellenbeschreibung per se gar nicht notwendig. Zudem kann insbesondere der Arbeitgeber insgeheim davon ausgehen, dass die eigentliche Vollmacht erst nach Ablauf einer Bewährungszeit in Kraft treten soll (z.B. nach Ablauf der Probezeit). Schließlich können Vollmachten davon abhängig gemacht werden, dass sie gemeinschaftlich mit anderen ausgeübt wird (Bsp.: Einstellen von Mitarbeitern gemeinsam durch Personal- und Fachbereich). *Vollmachten separat regeln*

Vollmachten insbesondere zum Einstellen und Kündigen von Mitarbeitern sowie zum Vertragsschluss mit Kunden sollten deshalb zusätzlich zur generellen Stellenbeschreibung separat und unter Angabe entsprechender Handlungsrahmen erfolgen. Für diese beiden Fälle empfiehlt sich in der Stellenbeschreibung die Integration eines Hinweises, dass zumindest die diesbezüglichen Vollmachten separat erteilt werden. Dann ist die Stellenbeschreibung bzgl. dieser Vollmachten lediglich deklaratorisch und nicht konstitutiv. *Hinweis in Stellenbeschreibung*

### 8.3.2.3
### Fazit

Im Arbeitsvertrag sollte die Formulierung der zu erfüllenden Tätigkeit eher allgemein ausfallen. Konkretisiert werden sollten die generellen Rechte und Pflichten des Mitarbeiters im Rahmen einer Stellenbeschreibung. Wesentliche Vollmachten wie das Einstellen und Entlassen von Mitarbeitern sowie das Schließen von Verträgen sollten separat davon erfolgen. Die generellen Verhaltenspflichten des

Mitarbeiters können darüber hinaus in einem Mitarbeiterhandbuch geregelt werden.

Durch dieses „Baukastenprinzip" bleibt der eigentliche Arbeitsvertrag schlank und weitgehend resistent gegenüber organisatorischen Veränderungen, die speziell bei Multimedia-Agenturen durchaus häufig sind.

**Abbildung 5: Baukastensystem Arbeitsvertrag**

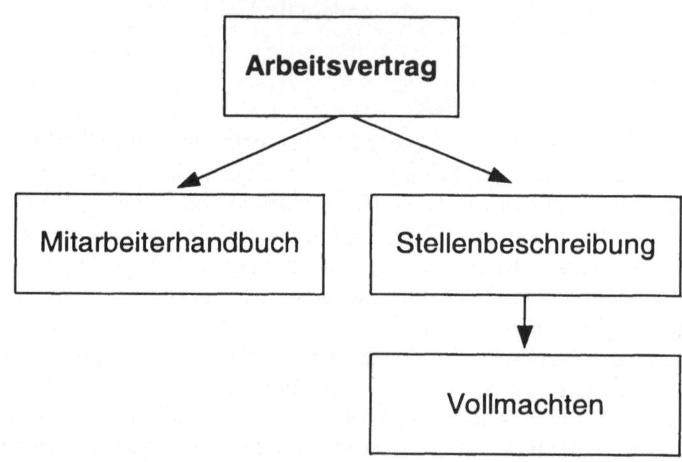


# 8.4
# Arbeitsvertrag und Mitarbeiterhandbuch



Ähnlich wie die Stellenbeschreibung ist das Mitarbeiterhandbuch eine Präzisierung des Direktionsrechts des Arbeitgebers. Der wesentliche Unterschied besteht darin, dass das Mitarbeiterhandbuch nicht die speziellen Aufgaben des einzelnen Mitarbeiters definiert, sondern jene Rechten und Pflichten regelt, die alle Mitarbeiter des Unternehmens gleichermaßen zu erfüllen haben.

Inhalt eines Mitarbeiterhandbuchs kann z.B. sein:

- Nutzung von Firmeneinrichtungen (z.B. private Nutzung von Internet und Email)
- Arbeitssicherheit

- Überstundenregelung (z.B. Voraussetzung, Dokumentation und Höhe)

- Urlaubsbuchung, Verfall oder Entschädigung von nicht eingereichtem Urlaub

- Aus- und Weiterbildung

- Allgemeine Sorgfaltspflichten (z.B. Raucherzonen, Trinken von Alkohol während der Arbeitszeit)

- Bekanntmachungen im Unternehmen

Das Mitarbeiterhandbuch kann bereits durch den Arbeitsvertrag durch entsprechenden Verweis zum ergänzenden Bestandteil des solchen gemacht werden. Dies insbesondere bei der Präzisierung der Überstundenregelung (s.o.) oder der Nutzung von Firmeneinrichtungen.



Zusätzlich sollte der Mitarbeiter aus Beweisgründen in einem separaten Dokument unterschreiben, dass er das Mitarbeiterhandbuch tatsächlich auch gelesen hat. Ein ausdrückliches Einverständnis mit den Inhalten ist hingegen nicht notwendig, da es sich nur um Regelungen handelt, die nicht im Einfluss- bzw. Verhandlungsbereich des Arbeitnehmers liegen.

Da das Mitarbeiterhandbuch durchaus Änderungen unterliegt, sollte dabei genau dokumentiert werden, welche Version des Buches gelesen wurde. Die separate Unterschrift gewinnt besonders bei Verstößen gegen die Inhalte des Mitarbeiterhandbuchs Relevanz, da solche Verstöße durchaus zu fristlosen Kündigungen führen können.

# 8.5
# Zusammenfassung



Das Recht ist eines der wichtigsten Instrumente, um einer existierende Unternehmensorganisation intern und extern Verbindlichkeit zu verleihen. Bei dynamischen sollte darauf geachtet werden, dass durch die gezielte Verwendung eines Baukasten-Systems rechtlich relevanter Dokumente eine möglichst hohe Flexibilität bei gleichzeitig hoher Verbindlichkeit erzielt wird.

Die Organisation in Form von Aufbau- und Ablauforganisation muss im wesentlichen bestehen, bevor Arbeitsverträge mit spezifischen Stellenbeschreibungen kombiniert werden können. Weniger von der Existenz eines solchen Systems abhängig ist hingegen die Einführung eines Mitarbeiter-Handbuchs, in dem die allgemeinen Rechte und Pflichten von Mitarbeitern im Unternehmen einheitlich geregelt werden.

# Anwendungskompass
# Recht/Organisation

**1.** Beachten Sie: Das Rad muss auch im Bereich des Internet nicht immer wieder neu erfunden werden!

**2.** Die Konzentration aller Aufgaben auf die Geschäftsführung ist nur bei sehr kleinen Agenturen praktikabel!

**3.** Die verbindliche Übertragung von Aufgaben setzt das Bestehen einer Aufbau- und Ablauforganisation voraus!

**4.** Lassen Sie sich vertraglich die Urheberrechte von Ihren Mitarbeitern abtreten!

**5.** Zielvereinbarungen sollten nur dort eingesetzt werden, wo meßbare Ziele vereinbart werden können!

**6.** Formulieren Sie eine Tätigkeit im Arbeitsvertrag eher allgemeiner. Verwenden Sie eine Stellenbeschreibung!

**7.** Eine Stellenbeschreibung ist keine Einstellungscheckliste! Regeln Sie Vollmachten separat!

**8.** Regeln Sie allgemeine Rechte und Pflichten im Mitarbeiterhandbuch. Quittieren Sie dessen Durchsicht!

# 9 Rechtliche Begleitung von Internetprojekten

RA Martin Heiderich, Christian G. Abele, LL.M., Berlin

## 9.1
## Im Überblick

Internet wird zu einem Flaggschiff der Wirtschaft. In diesem Erfolgssektor sind Sie der Steuermann. Sie sind damit auch verantwortlich für die juristischen Stromschnellen im geschäftlichen Fahrwasser dieses neu zu erschließenden Gebiets. Wie Sie Ihre Internetprojekte *waterproof* machen, erfahren Sie in diesem Beitrag. In drei griffigen Teilen werden wir Ihnen sagen, wie Sie immer eine Hand breit Wasser unterm Kiel haben, wie Sie in schwierigem Gewässer Kurs halten und wie Sie Ihr Boot wieder flott machen, wenn es einmal auf Grund gelaufen ist.

Ein nachhaltig erfolgreiches Internetprojekt bedarf eines guten Risikomanagements, wie ein Unternehmen im Unternehmen. Hierzu gehört auch die rechtliche Begleitung durch einen Rechtsanwalt Ihres Vertrauens. Das gilt bereits für die Planungsphase. Viele Internet-Spezialisten mussten Schiffbruch erleiden. Dann erst sahen sie ein, dass es kostengünstiger ist, den Anwalt bereits während der Konzeption zu konsultieren. Während der Durchführung Ihres Projekts ist der Anwalt bereits im Bilde und kann manche Woge glätten. Im besten Fall ist Ihr Anwalt zuallerletzt zur Stelle, um Sie durch die Untiefen eines Rechtsstreits zu führen.

Im Folgenden erläutern wir Ihnen zunächst die Position des Anwalts als Risikodienstleister Ihres Internetprojekts. Darauf folgt eine Beschreibung der Beratungsleistung Ihres Anwalts. Im Anschluss daran zeigen wir Ihnen, wie Sie Ihr Risikomanagement verbessern können.

*Unternehmerische Risiken beim Internet*

*Risikomanagement beinhaltet rechtliche Planung*

*Verbesserung von Risikomanagement durch externe Beratung*

## 9.2
## Der Anwalt ist Ihr Risikodienstleister

### 9.2.1
### Kein Geschäft ohne Risiko

*Rechtliche Risiken minimieren*

Wer bereit ist, Risiken einzugehen, sollte diese kennen und so weit wie möglich, d.h. nach ökonomischen Gesichtspunkten minimieren. Ein beträchtlicher Teil der Risiken im Internet besteht auf rechtlicher Ebene. Der Anwalt ist Ihr Risikodienstleister. Er hilft, die Risiken der Projekte zu erfassen und sie kalkulierbar zu machen. Für das Internet-Recht ist er Controller. Alle Internetprojekte bewegen sich auf juristisch nur teilweise erschlossenem Gewässer. *Waterproof* ist ein wichtiger Faktor für den langfristigen Erfolg Ihrer Projekte.

### 9.2.2
### Nur die Fakten zählen

*Rechtlich relevante Tatsachen filtern*

Verstehen Sie, wie der Jurist denkt: Wirtschaftliche Verhandlungen haben eine sachliche und eine emotionale Ebene. Die Parteien wollen sich in der Sache durchsetzen, und sie wollen die persönlichen Beziehungen mit dem Verhandlungspartner für die Zukunft fördern. Juristische Verhandlungen – von der Mediation abgesehen – werden auf die Sachebene reduziert. Ihr Anwalt blendet emotionale Interessen aus seiner Bewertung aus. Als Analyst muss er aus den Daten alle rechtlich relevanten Tatsachen herausfiltern. Gesetze und höchstrichterliche Rechtsprechung legen Kriterien fest (if), denen bestimmte Rechtsfolgen zugeordnet sind (then). Die Fakten werden mit den Kriterien verglichen. Stimmen sie mit den Kriterien überein, sind die Vorschriften anzuwenden.

### 9.2.3
### Rechtsprobleme sind Abwägungsprobleme

*Auslegung und Abwägung*

Die Kriterien sind aber nicht mathematisch eindeutig. Sie sind abstrakte Vorschriften, deren Bedeutung durch Auslegung ermittelt wird. Rechtsprobleme löst Ihr Anwalt durch Abwägung. Er simuliert Ihr Projekt hinsichtlich anerkannter Rechtsansichten über Kriterien. Dann wägt er diese Rechtspositionen ab und präsentiert Ihnen mögliche Szenarien. Nach seiner Beratung entscheiden Sie die Strategie,

die Sie fahren wollen. Rechtliche Strudel werden so rechtzeitig um-
fahren.

Für Sie bedeutet das: Lassen Sie Ihren Anwalt nicht im Trüben fi-
schen. Erläutern Sie ihm kurz Ihr Projekt kinder- und richtergerecht.
Sind bereits juristische Probleme am Horizont aufgetaucht, liefern
Sie die Fakten chronologisch und vollständig. Gibt es Dinge, die Sie
lieber ausblenden würden, sprechen Sie sie aus! Ihr Anwalt sitzt in
Ihrem Boot, und er ist zur Verschwiegenheit verpflichtet. Eitelkeit
ist fehl am Platz. Betreiben Sie Risikomanagement *waterproof.*

Vertrauen

## 9.3
## Die Start-up-Beratung

### 9.3.1
### Am Anfang steht die Idee

Ideen allein lassen sich rechtlich nicht schützen. Mit der Konzeption
beginnen die technischen Fragen. Hierzu gehört auch die juristische
Begleitung Ihres Projekts. Ihr Anwalt gestaltet Seite an Seite mit Ihnen den rechtlichen Rahmen. Er räumt frühzeitig Hindernisse aus
dem Weg und übernimmt mit seinem Rat Verantwortung für Ihr
Projekt - und damit für Ihren wirtschaftlichen Erfolg. Beginnt das
Internetprojekt rechtzeitig mit der Rechtsberatung, ist ihr Produkt
*waterproof.* Ihre Kreativität kann sich dann in freien Bahnen bewegen.

Rechtlicher<br>Rahmen

### 9.3.2
### In die rechtliche Form gegossen

Wer mit einer dauernden wirtschaftlichen Tätigkeit Gewinn erzielen
will, ist Gewerbetreibender. Er hat einen Gewerbebetrieb, auch ohne
Geschäftsräume oder Gewerbeerlaubnis, einfach so. Und wer einen
solchen Gewerbebetrieb hat, ist in der Regel Kaufmann im Sinne
des Handelsgesetzbuchs (HGB). Wenn Sie sich mit mehreren Internet-Spezialisten zusammentun, bilden sie eine Gesellschaft. Das ist
auch dann der Fall, wenn zwei Unternehmen gemeinsam ein Projekt
verfolgen. Ist nichts ausdrücklich vereinbart, so bilden Sie eine Gesellschaft bürgerlichen Rechts (GbR). Sind sie Kaufleute, so sind sie
eine offene Handelsgesellschaft (OHG). In beiden Fällen haften alle
Gesellschafter persönlich. Persönlich zu haften heißt, mit ihrem gesamten geschäftlichen und privaten (!) Vermögen.

GbR, OHG und per-<br>sönliche Haftung

### 9.3.3
### Wie ich meine Haftung beschränke



Werden Sie geschäftlich tätig, haften Sie grundsätzlich persönlich
für alle Ansprüche, die andere durch Verträge oder qua Gesetz gegen Sie haben. Zum Glück gibt es Möglichkeiten, die persönliche
Haftung der Gesellschafter zu beschränken. Eine Personengesellschaft mit Haftungsbeschränkung ist die Kommanditgesellschaft
(KG). Sie ist eine OHG, in der nicht alle Gesellschafter persönlich
haften. Eine Sonderform der GbR für freie Berufe ist die Partner-
schaftsgesellschaft.



   Es gibt auch Kapitalgesellschaften. Sie sind juristische Personen,
also virtuelle Kaufleute, sog. Formkaufleute. Die Gesellschaft mit
beschränkter Haftung (GmbH) hat mindestens einen Gesellschafter.
Es sind auch Kombinationen möglich. Die GmbH & Co. KG ist eine
KG, deren einzige persönlich haftende Gesellschafterin eine GmbH
ist. *Waterproof,* wie ein doppelwandiger Tanker. Die Aktiengesellschaft (AG) kennt jeder. Hier haftet niemand mehr persönlich.



   Welche Rechtsform sich für Ihr Projekt am besten eignet, wird
Ihr Anwalt klären. Neben der Haftung spielen Steuern und staatliche
Förderungen eine wichtige Rolle. Von der Rechtsformwahl hängt also viel ab. Eine Umwandlung ist immer möglich, macht aber Arbeit.
Sie sollten bei der Rechtsformwahl berücksichtigen, wie die Gesellschaft intern strukturiert sein soll und wer die Gesellschaft nach außen vertritt. Vor allem, wenn Projekte separat als eigene Gesellschaften verwirklicht werden, kann es schnell unübersichtlich werden. Mit der Eintragung im Handelsregister sichern Sie Ihre Haftungsbeschränkung ab.

## 9.4
## Ihre guten Rechte

### 9.4.1
### Nomen est Omen



Bereits in der ersten Phase ihres Start-up sollten Sie daran denken,
Ihre Rechte zu schützen. Jeder Name genießt gesetzlichen Schutz.
Das gilt für natürliche Personen wie für Unternehmen und Projekte.
Der Name Ihres Internetprojekts ist geschützt, wenn Sie ihn benut-
zen.

   *9 Rechtliche Begleitung von Internetprojekten*

Er muss jedoch zur Kennzeichnung ihres Unternehmens oder Projekts geeignet sein, Unterscheidungskraft besitzen und darf nicht in die Irre führen. Als Kaufleute sollten Sie Ihre Firma frühzeitig beim Handelsregister am Amtsgericht eintragen lassen. Damit stellen Sie sicher, dass kein Konkurrent später diesen Namen benutzen darf.

## 9.4.2
## Zeichen setzen



Schutzfähig sind aber auch Kennzeichen. Das sind Marken und geschäftliche Bezeichnungen. Unter Marken sind solche Zeichen zu verstehen, die geeignet sind, Waren oder Dienstleistungen eines Unternehmens von denjenigen anderer Unternehmen zu unterscheiden. Geschäftliche Bezeichnungen dagegen sind Unternehmenskennzeichen und Werktitel. Unternehmenskennzeichen wiederum sind Zeichen, die im geschäftlichen Verkehr als Firma oder besondere Bezeichnung eines Geschäftsbetriebs oder eines Unternehmens benutzt werden. Werktitel schließlich umfassen Namen oder besondere Bezeichnungen von Druckschriften, Filmwerken, Tonwerken, Bühnenwerken oder sonstigen vergleichbaren Werken.

Der Schutz solcher Kennzeichen entsteht durch die Benutzung im geschäftlichen Verkehr, sobald das Zeichen innerhalb beteiligter Verkehrskreise (Lieferanten/ Kunden/ Konkurrenz) sog. Verkehrsgeltung erworben hat. Marken können auch durch den Antrag auf Eintragung in das vom Deutschen Patentamt geführte Markenregister abgesichert werden.

## 9.4.3
## Heimathafen



Besonders wichtig für Ihr Internetprojekt ist die Anmeldung einer einprägsamen Domain, die dem im geschäftlichen Verkehr benutzten Kennzeichen Ihrer Waren, Leistungen oder Ihres Unternehmens entspricht. Gerade für ein junges Projekt ist es ratsam, die Domain möglichst früh anzumelden. Die Rechtsprechung schützt Ihre Namensrechte auch im Internet. Soweit kein anderes Unternehmen denselben Namen schon länger als Domain verwendet.

Sie sollten Ihre Firma und auch Ihre Domain nach Möglichkeit so wählen, dass Unternehmen mit älteren Rechten Ihnen die Kennzeichen später nicht mehr wegnehmen können. Bei Gattungsbezeichnungen (Internet.de) ist wegen des wettbewerblichen Freihaltebe-

dürfnisses aber Zurückhaltung geboten. Es sei denn, Sie prägen
selbst die Gattung.

### 9.4.4
### Fahren Sie Ihren eigenen Kurs!



Nicht zuletzt sollten Sie prüfen, ob Ihr Projekt auch von anderen
nicht angegriffen werden kann. Dabei stellt das Strafrecht (hoffent-
lich!) die niedrigste Hürde dar. Zunächst sollten Sie sicherstellen,
dass Sie mit Ihrem Projekt nicht die Rechte Dritter verletzen. Dabei
sollten Sie insbesondere prüfen, ob Ihr Projekt Namens- oder Fir-
menrechte verletzt.

Auch mögliche patent- oder urheberrechtliche Aspekte sind zu
berücksichtigen. Persönliche und geistige Schöpfungen anderer dürfen Sie nicht ohne Erlaubnis des Urheber nutzen. Das deutsche
Recht versteht diesbezüglich keinen Spaß! Ihr Internet-Anwalt wird
Ihnen mit Rat und Tat zur Seite stehen.

### 9.4.5
### Kommen Sie nicht dem Gesetz in die Quere!



Des Weiteren sollten Sie die strengen wirtschaftsrechtlichen Spielregeln beachten. Was nutzt es Ihnen, wenn Sie Ihr Projekt verwirklichen, dann aber feststellen müssen, dass dessen Umsetzung etwa
wettbewerbsrechtliche Verbote entgegenstehen oder die Rechtsordnung Ihnen die Durchsetzung Ihrer Ansprüche versagt?



Besonderer Beachtung bedarf dabei die Generalklausel § 1 des
Gesetzes gegen den unlauteren Wettbewerb (UWG). Durch die
Rechtsprechung zum Thema "Rechtsbruch" wurde diese Norm zum
Einfallstor für vielerlei versteckte Verbotsnormen, die Ihrem Projekt
entgegenstehen könnten.

In Deutschland gelten derzeit noch Rabattgesetz und Zugabeverordnung, die den Verkäufer in seiner Preisgestaltung einschränken.
Allerdings beabsichtigt die Bundesregierung, die beiden Vorschriften noch in diesem Jahr abzuschaffen.



Die Rechtsverhältnisse zwischen Anbietern von Waren und Leistungen im Internet und ihren Kunden regelt das Fernabsatzgesetz.
Danach dürfen die Kunden einen im Internet geschlossenen Vertrag
zwei Wochen lang rückgängig machen.

# 9.5
# Logbuch führen

## 9.5.1
## Was man schwarz auf weiß besitzt

Zur rechtlichen Prüfung eigener und zur Kontrolle fremder Tätigkeiten ist Dokumentation unentbehrlich. Stellen Sie deshalb ihr Unternehmen auf eine routinemäßige Dokumentation um. Die Fluktuation der Mitarbeiter und flache Hierarchien fordern Sie geradezu heraus, in allen Geschäftsbereichen Dokumentation als Selbstverständlichkeit zu betrachten.

*Dokumentation*

Installieren Sie Mechanismen, die auch Jahre später Fakten nachvollziehbar machen. Das hilft neuen Mitarbeitern, sich zurechtzufinden. Und sofern Probleme auftreten, ist Ihr Anwalt sofort informiert. Dokumentation spart Zeit und Geld durch schnellen Zugriff auf Daten. Machen Sie relevante Informationen abrufbar.

Es ist Ihr Vorteil, rechtlich relevante Unterlagen im Original gesondert aufzubewahren. Termine und Gesprächsinhalte handschriftlich festzuhalten und mit Datum abzeichnen zu lassen. Ein unterzeichneter Schmierzettel ist – juristisch gesehen – mehr wert als jede Behauptung über mündliche Absprachen. Sind zwei Personen erst einmal entzweit, sind sie kaum noch kooperativ.

## 9.5.2
## Wasserzeichen statt Kaffeesatz

Beweismittel sind Urkunden, Zeugenaussagen, Augenschein, Sachverständigengutachten, evtl. Parteiaussagen und Amtsauskünfte. Was die Beweismittel wertvoll macht, wird Beweiskraft genannt. Urkunden sind beweiskräftig. Sie werden definiert als körperliche Gedankenäußerungen über Tatsachen. Niederschriften sind es also, nicht aber E-Mails, denn sie sind nicht körperlich, ihr PC-Ausdruck nur Kopie. Ähnlich ist das beim Telefax. Schreiben Sie also Wichtiges, das sie telefonisch erledigen könnten, besser in einem Brief. Oder bestätigen Sie den Inhalt ihrer Gespräche schriftlich:

*Beweiskraft der Urkunde*

*"Wie gestern, 02.04.01, zum zweiten Mal Rudi Rohling gegenüber telefonisch erklärt, fordere ich Sie hiermit letztmals zur vereinbarten Lieferung von 500 CD-ROM auf. Sollte die Lieferung nicht bis zum 30.04.01 erfolgen, werde ich die Lieferung ablehnen und mir meine Rechte vorbehalten. MfG Irmgard Netzer."*

*Briefe*

    Machen Sie eine Kopie der Geschäftsbriefe, die rechtlich relevant werden könnten. Notizen von wichtigen Ereignissen sind zwar hilfreich zur Tatsachenaufklärung, sie sind aber kein Beweismittel:
"2. April: Telephonat mit Rudi Rohling: Soll bis 30.04.01 die 500 CD-ROM liefern, sonst evtl. keine Abnahme, sondern alternative Beschaffung, gez. Netzer."

Eine handschriftliche Gesprächsdokumentation ist zwar eine Urkunde. Das Gespräch lässt sich damit aber nicht beweisen, denn zum Telephonat gehören immer zwei Personen. Nicht die einseitige Beschreibung zählt. Anders ist das bei einem schriftlichen Vertrag:

*Verträge*    "Die Unterzeichner vereinbaren zum 30.03.01 die Lieferung von 500 CD-ROM für insgesamt _ 200,00. Unterschriften: R. Rohling, I. Netzer"

Sei der Vertrag auch auf einer Serviette oder einem Bierdeckel geschlossen, er ist verkörpert in einer Urkunde. Das beweist den Willen beider Seiten und hat damit eine hohe Beweiskraft.

## 9.6
## Von Sehleuten und Hörmuscheln

*Zeugen*    Auch Zeugenaussagen sind im Konfliktfall wichtige Dokumentations- und Beweismittel. Zeuge kann nur sein, wer nicht selbst klagt oder verklagt wird. Im Konfliktfall steht Wort gegen Wort. Deswegen ist der Zeugenbeweis wichtig. Wenn nämlich eine glaubwürdige Person Augen- oder Ohrenzeuge ist, kann ihre glaubhafte Aussage die Beweislage verbessern und den Prozess zu Ihren Gunsten entscheiden.

| Beweismittel im Rechtsverfahren: |
| --- |
| Zeugen |
| Sachverständige |
| Urkunden |
| Augenschein |
| Parteivernehmung |

Mit dem *Einverständnis* (!) des Verhandlungspartners können Sie einen neutralen Zeugen bei einem Telefongespräch zuhören lassen, das Ergebnis notieren und abzeichnen lassen. Ohne Zustimmung ihrer Gesprächspartner sind „Mithören lassen" und Tonaufzeichnungen strafbar.

Vor Gericht sind Augenschein, d.h. die Besichtigung eines Sachverhalts, und Sachverständigengutachten ebenfalls übliche Beweismittel. Das Gutachten muss vom Gericht angeordnet werden. Privatgutachten haben nur eine eingeschränkte Beweiskraft.

# 9.7
# Wir sehen uns vor Gericht

## 9.7.1
## In schwerer See

Entwickeln Sie Ihre eigene Streitkultur. Nicht selten wird es vorkommen, dass Sie von Wettbewerbern nicht nur mit wirtschaftlichen Mitteln angegriffen werden. Auch auf rechtlichem Wege lassen sich Projekte lahmlegen. Nicht erst eine Klage kann Probleme schaffen und Ressourcen binden. Ein Mitbewerber kann Sie abmahnen und bereits im Wege des vorläufigen Rechtsschutzes gegen Sie vorgehen. Zum Gerichtsverfahren noch einige Anmerkungen.

*Rechtliche Hindernisse*

## 9.7.2
## In fremdem Gewässer gefischt?

### 9.7.2.1
### Die Abmahnung

Dritte können Sie wegen angeblicher Rechtsverletzungen abmahnen. Ein solcher Brief enthält meistens eine vorgefertigte Unterlassungs- oder Verpflichtungserklärung, die mit einer hohen Vertragsstrafe verbunden ist. Hier ist Vorsicht geboten! Sie können die Abmahnung ignorieren und es auf einen Prozess ankommen lassen. Das kann teuer werden.

*Unterlassungs- oder Verpflichtungserklärung*

Unterzeichnen Sie die Abmahnung aber nicht vorschnell, auch wenn die Abmahnung gerechtfertigt scheint. Denn damit binden Sie sich 30 Jahre lang vertraglich, und der Abmahner wird Sie so lange nicht aus den Augen lassen. Denn bei jedem einzelnen Verstoß kassiert er die Vertragsstrafe. Das kann noch teurer werden. Diese Entscheidung sollten Sie auf jeden Fall mit Ihrem Anwalt besprechen.

### 9.7.2.2
### Der vorläufige Rechtsschutz



Wenn Sie sich nicht unterwerfen, wird der Gegner bei Gericht vorläufigen Rechtsschutz erwirken. Dieses Verfahren bietet schnellen Schutz, wenn der Antragsteller glaubhaft macht, dass Sie seine Rechte verletzt haben. Glaubhaft machen bedeutet nicht beweisen, sondern weniger. Meistens wird Ihnen dann irgend etwas verboten, z.B. eine Marke zu benutzen, ein Produkt in den Verkehr zu bringen oder in einer bestimmten Weise zu werben.



Kommt es nach der mündlichen Verhandlung nicht zu einem endgültigen Ergebnis, d.h. Unterwerfung, Vergleich oder Zurückweisung des Antrags des Gegners, wird Klage erhoben. Dann steht die Prozessvorbereitung bevor: Erhebt der Abmahner keine Klage oder berühmt sich jemand eines Rechts, das er nicht hat, so können Sie gerichtlich feststellen lassen, dass der Gegner dieses Recht nicht hat (negative Feststellungsklage).

### 9.7.2.3
### Die Schutzschrift



In der Regel hört der Richter Ihre Argumente erst an, nachdem er entschieden hat. Erst dann haben Sie das Recht, sich mit einem Widerspruch zur Wehr zu setzen. Sie können aber auch dafür sorgen, dass der Richter vor Erlass einer einstweiligen Verfügung Ihre Argumente berücksichtigt, indem sie vorsorglich eine Schutzschrift hinsichtlich Ihres Projekts erstellen oder gleich bei Gericht hinterlegen.

Die Schutzschrift ist ein vorbeugendes Verteidigungsmittel. Denn Sie begegnen damit einer zu erwartenden einstweiligen Verfügung, noch bevor sie beantragt ist. Damit sind Sie Ihrem möglichen Prozessgegner einen Schritt voraus - *waterproof.*

# 9.8
# Ins Netz gegangen?

## 9.8.1
## Die Marktbeobachtung

Sicher wollen Sie es vermeiden, dass sich andere an Ihren Erfolg anhängen und Trittbrett fahren. Deswegen dürfen Sie nicht zögern, Ihr Recht auch durchzusetzen. Ihr Recht können Sie selbstverständlich nur dann durchsetzen, wenn Ihnen Verletzungen auffallen.



Deshalb sollten Sie den relevanten Markt regelmäßig beobachten (lassen). Relevant ist regelmäßig nur der Markt, auf dem Sie selbst tätig sind. Denn bei Wettbewerbern, die Ihre Rechte verletzen, haben Sie nach den Spielregeln immer die besten Karten.

Aber unter Umständen können Sie auch gegen andere Verletzer einen Unterlassungsanspruch haben. Wie Sie den Markt beobachten, hängt von der Art Ihrer Ware oder Dienstleistung ab. Suchmaschinen, gewerbliche Ausschnittsdienste, gegebenenfalls auch Testkäufer bieten sich hierfür an.

## 9.8.2
## Die Abmahnung

Was tun, wenn Sie einen Verletzer Ihrer Rechte entdecken? Nun müssen Sie nur noch die notwendigen Schritte einleiten. Zunächst müssen Sie ihm mitteilen, dass er Ihre Rechte verletzt hat. Dabei können Sie den Rechtsverletzer abmahnen und ihn auffordern, eine strafbewehrte Unterlassungserklärung zu unterzeichnen. Auch ein Verletzer muss die Möglichkeit erhalten, Ihre Rechte anzuerkennen, ohne sich mit Ihnen gerichtlich auseinandersetzen zu müssen. Unterzeichnet er die Abmahnung nicht, so sollten Sie mit Ihrem Anwalt weitere Schritte überlegen.



## 9.8.3
## Der Prozess

Ganz gleich, ob Sie vorläufigen Rechtsschutz oder eine Klage erheben, Ihre Unterlagen werden zur Akte. Die Akte ist die Grundlage der gerichtlichen Entscheidung. Deshalb müssen die Unterlagen übersichtlich und vollständig sein. Der Richter erhält von den Parteien unterschiedliche Versionen des Vorgangs geschildert. Er macht sich also ein Bild von den Tatsachen. Gelegentlich erhält der Richter aufgrund unvollständiger oder unklarer Informationen ein falsches Bild des Sachverhalts.

Deswegen muss der Richter technische Details verstehen können, sie müssen sozusagen kinder- und richtergerecht sein. Vergessen Sie nicht, dass der Richter, der entscheiden muss, bei keiner Begebenheit dabei war und auch die Hintergründe nicht kennt.

## 9.9
## Zusammenfassung

Suchen Sie sich Ihren Anwalt und vertrauen Sie seinem Sachverstand. Bauen Sie durch die rechtliche Begleitung ein effektives juristisches Risikomanagement auf als Teil Ihrer gesamten Risikostrategie. Strukturieren Sie Ihren Verantwortungsbereich sinnvoll, zum Beispiel indem Sie Erfassungsbögen für geschäftlich relevante Vorfälle verwalten.

Halten Sie darüber Rücksprache mit Ihrem Anwalt. Machen Sie sich klar, dass eine Rechtsberatung im Vorfeld eines Projekts ökonomisch häufig günstiger ist. Denn wenn es zum Streit kommt, brauchen Sie den Anwalt ohnehin. Nur erleidet Ihr Projekt im Rechtsstreit möglicherweise Schiffbruch.

# Anwendungskompass
# Rechtsbegleitung

**1.** Beachten Sie, dass Internet-Projekte ein hohes Risiko darstellen können. Nutzen Sie hier ein Risikomanagement!

**2.** Rechtliche Risiken können häufig nicht autonom bewältigt werden! Ziehen Sie rechtzeitig einen Experten zu Rate!

**3.** Spielen Sie dabei stets "mit offenen Karten" und informieren Sie Ihren Anwalt rechtzeitig über alle wichtigen Details!

**4.** Beachten Sie, dass die meisten Agenturen vertrags- und gesellschaftsrechtlich dem Recht des HGB unterfallen!

**5.** Erläutern und dokumentieren Sie alle wichtigen Vorgänge "kinder- und richtergerecht"!

**6.** Achten Sie darauf, dass nicht jeder Zuhörer eines Telefonats auch vor Gericht als Zeuge auftreten kann!

**7.** Beachten Sie, dass nicht alle "Beweismittel" den gleichen Wert besitzen! Dokumentieren Sie also "schwarz auf weiß"!

**8.** Haben Sie grds. keine Scheu, sich im Bereich des Internet gegen Dritte rechtlich zur Wehr zu setzen!

# 10 Wirtschaftsmediation und New Economy

RA Dieter W. Lüer, PriceWaterhouseCoopers, München

## 10.1 Einleitung

Die sogenannten New Economy steht in vielen Fällen vor dem Problem, dass rechtliche Auseinandersetzung schnell und zuverlässig gelöst werden müssen. Andererseits dauern Prozesse vor Gerichten häufig sehr lange, insbesondere dann, wenn sie durch alle Instanzen gehen.

Nachfolgend soll die sog. Wirtschaftsmediation als eine interessante und pragmatische Variante der rechtlichen Konfliktlösung vorgestellt werden. Die ist insbesondere für die New Economy geeignet.

*Schnelle und zuverlässige Problemlösungen notwendig*

## 10.2 Was ist Mediation ?

Nach einer gängigen Definition ist Mediation die Vermittlung im Konflikt durch einen Dritten, der keine Entscheidungskompetenz besitzt [1].

Diese einfache und knappe Definition gibt jedoch nicht zu erkennen, was Mediation idealerweise erreichen will: Ziel der Mediation ist es im Erfolgsfalle die Gegner in einem Konflikt dazu zu bewegen, selbstverantwortet, also ohne einen Richter, eine Konfliktlösung zu erarbeiten. Diese Lösung soll die Interessen der Konfliktbeteiligten integrieren, und die Ergebnisse einer Kooperation aller Involvierten kann vorteilhafter sein, als die Resultate im Falle einer Konfrontation vor Gericht.

*Ziel und Zweck*

*Selbstverantwortete Konfliktlösung*

Daraus ergibt sich eine Reihe von Folgerungen:



- die Konfliktparteien verhandeln miteinander - und dies aus freiem Willen; konsequenterweise kann jeder Verhandelnde seine Mitwirkung jederzeit beenden



- der Vermittler hat die Aufgabe, die Parteien aus der Konfrontation herauszuführen und die Voraussetzungen für Verhandlungen d.h. Kooperation zu schaffen und zu erhalten



- der Vermittler unterstützt die Parteien, dabei ihre Positionen realistisch einzuschätzen, ihre (oft nicht erkannten und undeutlichen) Motive und Interessen zu klären und einen Kreativitätsprozess in Gang zu bringen, der die wechselseitigen Interessen zur Konfliktlösung nutzt.



- die Konfliktparteien und ihre Berater sollen während des gesamten Verhandlungsprozesses nicht nur die eigenen Interessen und Rechte im Blickfeld behalten, sondern zugleich prüfen, ob statt eines erreichbaren Verhandlungsergebnisses für die Partei auf eine andere Weise ein vorteilhafteres Ergebnis erzielt werden kann.



Da Mediation und andere sog. Alternative Konfliktbeilegungsverfahren (Alternative Dispute Resolution, im folgendenden ADR) auf freiwilliger, vertraglicher Basis beruhen, sind derartige Verhandlungsprozesse sehr flexibel in ihrer Ausgestaltung. Sie lassen sich ohne grosse Schwierigkeiten an die Eigenarten und Bedürfnisse der Beteiligten ebenso anpassen, wie an die jeweiligen Ausgangslagen individueller Konflikte.

So lassen sich Mediationsmethoden auch dort erfolgreich einsetzen, wo eine „Kooperationsdividende" (eine win-sin-Situation) nicht erreichbar ist. Beispielsweise dann, wenn sich eine für beide Seiten vorteilhafte Nutzung der wechselseitigen Interessen nicht verwirklichen lässt.



Mediation stellt keine Methode dar, Konflikte durch „Kompromisse" aufzulösen oder einem Streit aus dem Wege zu gehen, weil man die „schwächere" Position hat. Vielmehr ist es ein rationales, effizientes, weil schnelles, und kosteneffektives Verfahren, mit dem der in einen Konflikt Verwickelte seine Interessen anders wahrnimmt, als durch die Anrufung von Gerichten.

Was ist alternativ an der Alternative Dispute Resolution ?

Vielfach wird ADR als Alternative zu Verfahren vor staatlichen oder privaten Gerichten verstanden. Dies ist auch insoweit zutreffend, als Streiterledigung das Ziel aller dieser Verfahren darstellt, der Weg dorthin jedoch sehr unterschiedlich ausgestaltet ist.

Bei richtiger Betrachtung besteht das Alternative in der Mediation und der gesamten ADR in dem unterschiedlichen, methodischen Ansatz der Konfliktbeilegung:

- in der Mediation handeln und entscheiden die Konfliktparteien autonom und in eigener Verantwortung unter Ausnutzung der ihnen von der Rechtsordnung angebotenen Vertragsautonomie mit dem Ziel, ihre gegenwärtigen Beziehungen für die Zukunft umzugestalten;

- im gerichtlichen Verfahren entscheidet eine staatlich eingesetzte Autorität – das Gericht – oder der von den Parteien ausgewählte Schiedsrichter über einen in der Vergangenheit liegenden Sachverhalt unter Anwendung allgemein geltender Normen. Für die Konfliktbeteiligten ist dies eine fremde, ihrem Einfluss weitgehend entzogene Entscheidung ihres Konfliktes.

Mediation und Prozess ergänzen sich. Dies nicht nur, weil sich die unterschiedlichen Methoden komplementär einsetzen lassen, etwa wenn einer gerichtlichen Entscheidung eine Mediation folgen soll. Dies gilt vielmehr notwendigerweise auch dann, wenn die Parteien in ihren Verhandlungen scheitern und Rechtsschutz vor Gerichten suchen.

Bsp.: Es kann in der Praxis sinnvoll sein und kommt häufig vor, dass im Rahmen eines Vertrages eine Klausel vereinbart wird, wonach Konflikte, die sich durch Verhandeln und Mediation nicht auflösen lassen, durch öffentliche oder Schiedsgerichte entschieden werden sollen.

Der ergänzende Charakter von ADR und justizförmigem Rechtsschutz wird auch daran deutlich, dass die in einer Mediation eingebundenen Parteien (denen in dieser Lage die Anrufung von Gerichten zumindest zeitweilig versagt sein muss, berechtigt sind) Massnahmen vorläufigen Rechtsschutzes, wie z.B. einstweilige Verfügungen oder Arreste, vor den zuständigen Gerichten zu fordern.

Mediation eine moderne Form der Konfliktbeilegung auf multidisziplinärer Grundlage (USA, Konfliktmanagement, Verhandlungstheorie, Spieltheorie, Psychologie). Mediation ist damit eine Form der Konfliktbeilegung für moderne Unternehmen

# 10.3
# Grundprinzipien von Mediation und Wirtschaftsmediation



Mediation stellt einen Verhandlungsprozess dar, der zwischen den Parteien abläuft. Im Rahmen eines „fazilitatorischen" Mediationsverfahrens ist der neutrale Dritte damit befasst, den Verhandlungsprozess in Gang zu setzen und zu halten. Bei einem „evaluativen" Mediationsstil dagegen betont der Mediator die Aufklärung von Sach- und Rechtsfragen und verhilft den Beteiligten zu einer realistischen Bewertung des Konfliktstandes. Auch bei dieser Ausgestaltung bleiben jedoch die Parteien Herr des Verfahrens.

| Mediation: | |
| --- | --- |
| **fazilitatorisch** | **evaluativ** |
| in-Gang-setzen und Halten des Verfahrens durch Mediator | Aufklärung von Sach und Rechtsfragen; neutrale Bewertung des Konfliktstandes durch Mediator |



In der Praxis ist der Übergang dieser beiden Vorgehensweisen eher fließend. Neben der Persönlichkeit des Mediators, sind es die Parteien selbst, die den Mediationsstil festlegen. In jedem Falle muss es dem Mediator darum gehen, die zahlreichen Verhandlungs- und Einigungshindernisse psychologischer, kognitiver, struktureller oder strategischer Art zu erkennen und zu überwinden zu helfen.



Den Konfliktparteien, die an der Mediation persönlich oder durch ihren zuständigen entscheidungsberechtigten Vertreter, wie im Falle einer juristischen Person, teilnehmen, bietet die Mediation die Möglichkeit, den Konfliktstoff unmittelbar, und möglicherweise erstmals, aus der Sicht des Gegners kennen zu lernen und über die ihnen wichtigen Aspekte des Konfliktes zu sprechen.

Anders als vor Gericht ist es für die Konfliktparteien und ihre Berater nicht wesentlich, dass der Neutrale von der Richtigkeit ihrer jeweiligen Positionen und der Rechtmäßigkeit ihres Verhaltens überzeugt wird.

Wichtig und Grundlage des Mediationsprozesses ist es, dass die Konfliktparteien aus freier Entscheidung an dem Verfahren teilnehmen und in der Lage sind, ihre Interessen selbständig und unabhängig wahrzunehmen.



Dies gilt für den Entschluss zur Mediation, der im Rahmen eines Vertrages für den Fall eines Konfliktes vorgesehen sein kann, oder auch für die ad hoc, nach Aufbrechen eines Streites, abgeschlossene Mediationsvereinbarung. Dies gilt ebenso für die fortdauernde Beteiligung an einer Mediation, denn es kann keinen Sinn machen, Beteiligte an einem Konflikt zu kooperativem Verhalten zwingen zu wollen, wenn sie eine Kooperation nicht wollen oder in ihr die eigenen Interessen nicht gewahrt sehen können.

Der Ablauf eines Mediationsverfahrens hat bisher und dürfte auch in der Zukunft keine gesetzliche Regelung erfahren. Es steht vollkommen im Belieben der Parteien, wie sie den Mediationsprozess gestalten wollen, soweit dabei nicht rechts- und sittenwidrig gegen Grundnormen der Rechtsordnung verstossen wird [2]. Es sollte allerdings sichergestellt werden, dass eine faire Gleichstellung der Beteiligten im Verfahren gewährleistet ist.



Vorbereitete Verfahrensordnungen und Verhaltensvorgaben für Mediatoren, wie sie von Mediations-Organisationen, wie z.B. der gwmk (s.u.) geben Muster vor, die dazu beitragen, dass Mediationsverfahren ordnungsgemäß ablaufen können.

Unbedingte Voraussetzung des Erfolgs einer Mediation ist die Integrität und eine herausragende Qualifikation des Mediators. Ganz besondere Bedeutung besitzen im Mediationsverfahren das Vertrauen der Parteien in die Integrität des Mediators und die Wahrung der Vertraulichkeit zu allen Angelegenheiten des Verfahrens durch ihn.



Dies hat einmal damit zu tun, dass ein Mediationsverfahren, ähnlich wie ein Schiedsverfahren kein öffentlicher Prozess ist, sondern nur die Parteien selbst und die von ihnen ins Vertrauen gezogenen Personen berühren soll. Die Parteien bestimmen darüber, welche Informationen über ihren Streit nach außen gelangen dürfen. Dies ist zum anderen auch deswegen bedeutungsvoll, weil implizit die Mediation den Beginn oder die Wiederaufnahme einer zukunftsgerichteten Zusammenarbeit der Konfliktparteien bedeutet.

Während das übliche, kompetitive Verhalten der Parteien im Zivilprozess oder vor einem Schiedsgericht einer künftigen Zusammenarbeit im Wege steht und i.d.R. Kundenverbindungen und Partnerschaften endgültig beendet, bietet eine erfolgreiche Medition die Chance der Bewahrung von Geschäftsbeziehungen.



Führt man sich den Aufwand vor Augen, den der Aufbau neuer Kundenbeziehungen erfordert, stellt allein dies bereits einen großen Vorzug von Mediation und verwandten Formen von ADR dar. Allerdings sind auch Fälle bekannt, bei denen Streitparteien bewusst die Öffentlichkeit einschalten, wenn sie erwarten, auf diese Weise Vorteile gegenüber der anderen Partei zu erzielen. Ob dies es rechtfertigt in Mediationsvereinbarungen und Vertraulichkeitsabsprachen eine Klausel über Vertragsstrafen aufzunehmen, sollte nur nach kritischer Prüfung aller Umstände des Einzelfalles entschieden werden.

Einzelgespräche

Zur Überwindung von Verhandlungshindernissen, aber auch ganz wesentlich für die Gewinnung von Kenntnissen über die tatsächliche Interessenlage der Parteien greifen Mediatoren in der Wirtschaftsmediation auf Einzelgespräche mit den Parteien zurück. Dieses Vorgehen ist allerdings nicht unumstritten. Einzelgespräche, sog. caucus, dienen dem Zweck, Informationen zu erhalten, die die Parteien vor dem Gegner nicht offen legen würden.

Der Mediator kann dieses Wissen - unter Beachtung der von der offenbarenden Partei gegebenen Vorgaben - bei der Suche nach einer möglichen Konfliktlösung ins Spiel bringen. Es ist offenkundig, welch hohes Mass an Vertrauen sowohl die vom Einzelgespräch ausgeschlossene Partei, als auch der sich Offenbarende, in den Mediator setzen muss, damit die angestrebten Ergebnisse tatsächlich erreicht werden können.

Geheimhaltung

Es ist hier der Mediator, der den Parteien die Geheimhaltung aller ihm im Verlaufe eines Verfahrens bekannt gewordenen Informationen gewährleistet.

Es empfiehlt sich in Mediationsvereinbarungen und Verträgen mit Mediatoren zu regeln, was mit Unterlagen, die der Mediator während eines Verfahrens erlangt oder erstellt, nach Ende des Verfahrens zu geschehen hat. Ebenfalls sollte unterbinden werden, dass ein Mediator in einem eventuellen folgenden Rechtsstreit als Zeuge eingeführt werden kann. Aus diesem Grunde empfiehlt es sich, möglichst nur solche Personen als Mediatoren einzusetzen, denen -wie z.B. Rechtsanwälten- ein Zeugnisverweigerungsrecht zusteht.

## 10.4
## Gründe für Wirtschaftsmediation

Gestaltungsräume nutzen

Grundsätzlich können alle zwischen zwei Rechtssubjekten streitigen Fragen, über die die Beteiligten berechtigt sind, zu verhandeln und zu verfügen, Gegenstand eines Mediationsverfahrens sein. Nur wo zwingendes Recht dagegen steht, können die Konfliktparteien nicht mehr „im Schatten des Rechts" handeln, wie die amerikanischen Theoretiker der ADR, Mnookin und Kornhauser das Verhältnis von Mediation zum Recht einmal charakterisierten.

Mediation ist keine Flucht aus der Rechtsordnung. Vielmehr bietet ADR die Chance, Gestaltungsräume zu nutzen, die Rechtsordnung eröffnet und deren Grenzen durch das gleichfalls durch das Recht gezogen werden [3].



Zu den Feldern auf denen alternative Konfliktbeilegung im Wirtschaftsrecht sich in vollem Umfange entfalten kann, gehört der gesamte Bereich des Vertragsrechts und zwar nicht nur Verträge des Privatrechts sondern grundsätzlich auch solche des öffentlichen Rechts, wie z.B. öffentliche Aufträge, Bauprojekte usw. Umfangreiche Anwendungsmöglichkeiten für Mediation ergeben sich bei solchen Verträgen, die auf lange Laufzeiten angelegt sind [4] oder Entwicklungen (z.B. im IT-Bereich) zum Gegenstand haben.



(Produkt-)Haftpflichtfälle und Konflikte aus Versicherungsdeckungen stellen in den USA eine Fülle von Ansatzpunkten für den Einsatz von ADR [5].



Andere Gebiete, in denen Mediation eingesetzt wird, umfassen Wettbewerbs-Patent-, Urheber- und Namens- und Markenrecht, wie z.B. auch das Domain-Recht. Es stellt beispielsweise WIPO, die UN Urheberrechtsschutz-Organisation in Genf, ebenso wie andere von ICANN autorisierte Einrichtungen, Schieds- und Mediationsangebote bei Domainstreitigkeiten bereit.



Auch für den Bereich des Gesellschaftsrechts lassen sich Konflikte mit Hilfe von Mediation auflösen. Einschränkungen ergeben sich hier, wie im Grundsatz in den übrigen Bereichen, überall dort, wo zwingende Regelungen Vereinbarungen zwischen Gesellschaftern nicht zulassen [6]. Ein weiteres Einsatzgebiet stellt das Recht der Unternehmensrestrukturierungen und das Insolvenzrecht dar [7].



Auch im Arbeitsrecht bietet sich der Mediation ein reiches Tätigkeitsfeld, soweit nicht nicht-disponible Regelungen die Vertragsautonomie der Parteien einschränken [8].



Vor allem bei Sachverhalten, die sich tatsächlich oder rechtlich als komplex erweisen und bei denen gerichtliche Entscheidungen nur unter erheblichen Unsicherheiten prognostiziert werden können oder den langwierigen und kostspieligen Einsatz von Sachverständigen erfordern, bieten sich Methoden der ADR zur Konfliktbeilegung an. In diesen Fällen bietet die Mediation die Chance, dass fachmännische Kompetenz in Lösungsmodelle für einen Konflikt, kontrolliert aber nicht gefiltert durch rechtliche Denkstrukturen, einfließen kann.



Von daher erklärt sich auch, dass in den USA gerade die dynamischsten Unternehmen und solche, die in den modernsten Wirtschaftssektoren tätig sind, am stärksten auf Methoden der ADR zurückgreifen. [9].

Für diese Entscheidung zur Mediation spielen bei Motorola oder General Electric und anderen US-amerikanischen Unternehmen nicht nur die Schwächen des US-Justizsystems und die hohen Prozesskosten eine Rolle, sondern sehr viel weiter reichende Überlegungen. ADR wird von diesen Unternehmen geradezu unter strategischen Gesichtspunkten eingesetzt; es gilt für sie abzuwägen, unter welchen Voraussetzungen unternehmerische Energie -und nicht nur die der betroffenen Anwälte oder Rechtsabteilungen - für die Bearbeitung von Konflikten freigestellt werden soll.

Konflikte in der tradierten Form vor Gerichten oder Schiedsgerichten auszutragen oder aber ihnen - was in zahlreichen Fällen auch bei Grossunternehmen geschieht - in einer oft nicht kontrollierbaren Weise über Kulanzleistungen auszuweichen, wird dort, wo ADR- Methoden bewusst von den Unternehmen eingesetzt werden, in rationaler Weise und im Sinne der vorrangigen Unternehmensziele entschieden.

Beispiel:<br>e-commerce

Methoden der ADR zur Regelung von Konflikten einzusetzen, die sich im Gefolge von Geschäften des e-commerce ergeben können, scheint sich auch deswegen anzubieten, weil etwa die Mediation zu sachgerechten Konfliktlösungen zu führen vermag, ohne dass die möglichen, zahlreichen rechtlichen Komplikationen, die vor allem der grenzüberschreitende Handel im Internet auslöst, bearbeitet werden müssten [10].

Während im b2b-Bereich diese Erwägungen in vollem Umfange greifen würden, dürfte sich jedoch im b2c-Geschäft als Nachteil erweisen, dass Mediation ebenso wie jedes gerichtliche Verfahren für geringe Streitwerte zu aufwendig wäre. Für geringe Streitwerte, wie sie für das typische b2c-Geschäft zu erwarten sind, müssten andere Wege zu einer außergerichtlichen Streitbeilegung gefunden werden, als dies das entwickelte Mediationsverfahren zu bieten vermag.

## 10.5
## Grenzen der Mediation

Mediation kein<br>Allheilmittel

Dennoch - Mediation ist kein Allheilmittel, mit dessen Hilfe sich Konflikte jeder Art aus der Welt schaffen liessen. Wie schon ausgeführt, kann ADR die bestehenden Systeme zur Konfliktbeilegung durch das Angebot bislang so nicht genutzter Verhandlungstechniken ergänzen. Es gibt jedoch über die oben dargelegten rechtlichen Begrenzungen hinaus (s.o.) wesentliche Einschränkungen für den Einsatz mediativer Methoden.

Parteien

Eine wichtige, immanente Einschränkung des Einsatzes der Mediation resultiert aus dem Grundsatz der freiwilligen Teilnahme an einem solchen Verfahren: wenn eine Partei an einem Mediationsverfahren von vornherein nicht teilnehmen will, kann eine Mediation genauso wenig gelingen, wie in dem Fall, in dem eine der Parteien während des Verfahrens auszuscheiden wünscht, was zum Beispiel dann geschieht, wenn diese Partei zu dem Ergebnis gelangt, andere

Methoden der Konfliktbearbeitung dienten den eigenen Interessen mehr als der Abschluss eines Mediationsvergleichs.

Dass eine Partei sich nicht zu einer Mediation bereit findet, kann seinen Grund auch darin haben, dass sie nicht bereit ist, unverzichtbare Grundsätze oder Werte zur Disposition zu stellen. Ähnlich gelagert sind Sachverhalte, bei denen es um den Verdacht illegitimen oder illegalen Verhaltens eines am Konflikt Beteiligten geht und dieser eine öffentliche Verhandlung, etwa in einem Strafverfahren, gebietet.



Wenig erfolgversprechend sind auch Mediationsverfahren zwischen Parteien, deren Macht und Einfluss sehr weit auseinander liegen. Allein die Befürchtung, die überlegenere Partei könnte sich durch die Nutzung ihrer Übermacht Vorteile im Verfahren sichern, belastet eine solche Mediation erheblich. Hier wird die Schutzfunktion, die die staatliche Gerichtsbarkeit den wirtschaftlich, sozial oder sonst wie Unterlegenen bieten kann, deutlich demonstriert.



Eine weitere Fallgruppe, die den Einsatz der Mediation ausschließt, ergibt sich überall dort, wo es um die Entscheidung von Grundsatzfragen geht, wie sie beispielhaft von den Obergerichten gefällt werden. Mediation ist nicht für Entscheidungen gemacht, sondern soll der Gestaltung von Problemlösungen unter Wahrung der Interessen der Konfliktparteien durch Verhandlung dienen [11].



Eine andere Einschränkung der Möglichkeiten der Mediation wird gelegentlich bei solchen Sachverhalten vermutet, die die Schaffung einer „Kooperationsdividende" (win/win Situation) nicht erlaubt.



Bei dem Kampf um die Verteilung begrenzter Ressourcen scheint nur der Rückgriff auf Gerechtigkeitskriterien den Ausgleich zwischen widerstreitenden Interessen zu gewährleisten. Dabei wird jedoch übersehen, dass auch in solchen Situationen die Mitwirkung der Konfliktbeteiligten an der Findung der Verteilungskriterien befriedigendere und dauerhaftere Resultate zu zeitigen vermag, als aus abstrakten Normen abgeleitete, richterliche Lösungen. Muster, wie neutrale Dritte zu rationalen Verteilungskriterien gelangen können existieren in der Literatur [12].
Auch in einer anderen, gelegentlich als kritisches Anwendungsfeld für Mediation angesprochenen Konstellation, führen Modifikationen des klassischen Verfahrens zu hilfreichen Ergebnissen, wie sich vor allem in den USA gezeigt hat. Gemeint sind Konflikte mit einer Mehrzahl von Beteiligten, die auch unterschiedliche Interessen verfolgen.
Hier hilft eine Konzentration auf die Einigungen über das Verfahren, mit dem die Beteiligten ihre Interessen am besten und sachgerechtesten wahrnehmen können. Erst in einer zweiten Verfahrensstufe geht es dann, um die inhaltlichen Aspekte einer Konfliktauflösung.

# 10.6
# Das Recht der Mediation



Mediation beruht auf der freiwilligen Vereinbarung der an einem Konflikt Beteiligten, den Streit einvernehmlich durch Verhandlung beizulegen.

Eine solche Vereinbarung kann vor dem Entstehen eines Konfliktes, sozusagen rein vorsorglich, getroffen werden oder aber nach dem Aufbrechen eines Streitfalles ad hoc zu dessen Lösung abgeschlossen werden. Im letzten Fall wird es oft schwieriger sein, Vereinbarungen über eine Konfliktbeilegung zu erreichen, die Erfahrung zeigt jedoch, dass in einer Reihe von Konstellationen- vor allem wenn Parteien auch in der Zukunft auf einander angewiesen sind - Mediationsvereinbarungen erfolgreich abgeschlossen werden können.



Ihrer Rechtsnatur nach haben Mediationsvereinbarungen und -klauseln sowohl einen materiellrechtlichen Inhalt, insoweit als sie die Parteien zur Aufnahme von und Mitwirkung bei Verhandlungen verpflichten und deren grundsätzlichen Ablauf festlegen, als auch einen prozessrechtlichen Regelungsgegenstand, insoweit sie nämlich die Erhebung von Klagen (zumindest vorübergehend) oder die Verwendung bestimmter Beweismittel ausschliessen. Die materiellrechtlichen Bestandteile der Vereinbarung, die den für Rechtsgeschäfte geltenden Regeln des BGB und seiner Nebengesetze, wie. z.B. dem Gesetz über Allgemeine Geschäftsbedingungen über den Auschluss unfairer Vertragsbedingungen, unterstehen, und die prozessrechtlichen Elemente sind so miteinander verknüpft, dass eine Unwirksamkeit eines Teiles der Vereinbarung die Nichtigkeit der gesamten Vereinbarung zur Folge hat (§ 139 BGB) [13].



Mediationsvereinbarungen sind grundsätzlich formfrei. Sie sind vor dem Hintergrund der Freiwilligkeit der Teilnahme an einer Mediation i.d.R. jederzeit kündbar und verpflichten allenfalls zu einer einmaligen Teilnahme an einer Mediationssitzung.

Obwohl in der Praxis häufig in ein und demselben Dokument enthalten, ist von der Mediationsvereinbarung i.e.S. der Vertrag zwischen dem Mediator und den Konfliktparteien über dessen Mitwirkung an der Konfliktbearbeitung zu unterscheiden.

Sieht eine in einem Vertragswerk integrierte Klausel oder eine selbständige, jedoch im Zusammenhang mit einer vertraglichen Beziehung stehende  Regelung für den Fall des Auftretens eines Konfliktes in der Zukunft eine Verpflichtung zur Mitwirkung an einer Mediation vor, werden die Parteien im allgemeinen keine sehr detaillierte Regelung vorziehen, sondern lediglich vereinbaren, dass in einem Streitfalle vor der Anrufung von Gerichten oder Schiedsgerichten Verhandlungen aufzunehmen und die Möglichkeiten, die Mediationsverfahren bieten, auszuschöpfen sind.

In diesen Fällen bietet die Verweisung auf Mediationsorganisationen und deren Verfahrensregelungen eine Entlastung der individuellen Vertragswerke von ausführlichen Regelungen von Einzelheiten.

## Mediationsklausel

1.  *Die Parteien werden versuchen, alle Probleme, die bei der Durchführung dieser Vereinbarung entstehen, gütlich durch Verhandlungen zu lösen.*
2.  *Gelingt es den Parteien nicht, ihre Meinungsverschiedenheiten binnen 60 Tagen nach Beginn der Verhandlungen beizulegen, werden die Parteien ein Mediationsverfahren gemäß der Verfahrensordnung der Gesellschaft für Wirtschaftsmediation und Konfliktmanagement e.V. (gwmk) für das Mediationsverfahren durchführen. Das Gleiche gilt, wenn die Verhandlungen nicht binnen 30 Tagen nach Zugang der Aufforderung einer Partei zur gütlichen Verhandlung gemäß Ziff. 1 aufgenommen worden sind.*
3.  *Durch diese Vereinbarung ist keine Partei gehindert, ein gerichtliches Eilverfahren, insbesondere ein Arrest- oder einstweiliges Verfügungsverfahren durchzuführen.*

*© gwmk*

Eine sinnvolle Ergänzung einer Mediationsklausel kann ihre Verknüpfung mit einer Vereinbarung darstellen, im Falle des Scheiterns den Streit vor die öffentlichen Gerichte bzw. vor ein Schiedsgericht zu tragen.[14]

## *Mediation und Prozess vor staatlichen Gerichten*

1.  *Die Parteien werden sich nach besten Kräften darum bemühen, jede Streitigkeit, die sich aus diesem Vertrag ergibt oder im Zusammenhang mit seiner Durchführung entsteht, in direkten Verhandlungen beizulegen.*
2.  *Gelingt es den Parteien nicht, innerhalb von 60 Tagen nach Beginn der Verhandlungen ihre Meinungsverschiedenheiten beizulegen, werden die Parteien eine Mediation nach der Verfahrensordnung der Gesellschaft für Wirtschaftsmediation und Konfliktmanagement e.V. [15] durchführen. Dasselbe gilt, wenn die Verhandlungen nicht binnen 30 Tagen nach Zugang der Aufforderung einer Partei zur gütlichen Verhandlung gemäß Ziffer 1 aufgenommen worden sind.*
3.  *Die Parteien werden aus den von der gwmk auf Antrag einer oder sämtlicher Parteien vorgeschlagenen Personen einen Mediator bestimmen. Sollte eine Einigung nicht zustande kommen, so wird die gwmk innerhalb von 30 Tagen ab Antragstellung einen Mediator ernennen. Sollte eine Ernennung nicht innerhalb dieser Frist erfolgt sein oder gelangen die Parteien nicht innerhalb von 60 Tagen seit der Ernennung eines Mediators zu einer ein-*

*vernehmlichen Lösung, so ist jede Partei dazu berechtigt, nach Ablauf dieser Frist das zuständige Gericht anzurufen.*

4. *Soweit nichts anderes vereinbart wird, tragen die Parteien die Kosten der Mediatoren je zur Hälfte.*

5. *Diese Vereinbarung hindert keine Partei daran, ein gerichtliches Eilverfahren, insbesondere ein Arrest- oder einstweiliges Verfügungsverfahren durchzuführen*

© *gwmk*

## Mediation und Schiedsverfahren

1. *Die Parteien werden sich nach besten Kräften darum bemühen, jede Streitigkeit, die sich aus diesem Vertrag ergibt oder im Zusammenhang mit seiner Durchführung entsteht, in direkten Verhandlungen unter Einbeziehung von Vertretern der Geschäftsführungsebene beizulegen.*

2. *Gelingt es den Parteien nicht, innerhalb von 60 Tagen nach Beginn der Verhandlungen ihre Meinungsverschiedenheiten beizulegen, werden die Parteien eine Mediation nach der Verfahrensordnung der Gesellschaft für Wirtschaftsmediation und Konfliktmanagement e.V. (gwmk), Brienner Straße 9, 80333 München, durchzuführen. Dasselbe gilt, wenn die Verhandlungen nicht binnen 30 Tagen nach Zugang der Aufforderung einer Partei zur gütlichen Verhandlung gemäß Ziffer 1 aufgenommen worden sind.*

3. *Die Parteien werden aus den von der gwmk auf Antrag einer oder sämtlicher Parteien vorgeschlagenen Personen einen Mediator bestimmen. Sollte eine Einigung nicht zustande kommen, so wird die gwmk innerhalb von 30 Tagen ab Antragstellung einen Mediator ernennen. Sollte eine Ernennung nicht innerhalb dieser Frist erfolgen oder gelangen die Parteien nicht innerhalb von 60 Tagen nach Bestellung eines Mediators zu einer einvernehmlichen Lösung, so ist jede Partei berechtigt, nach Ablauf von 60 Tagen ein Schiedsverfahren einzuleiten.*

4. *Falls ein Schiedsverfahren stattfindet, finden die Verfahrensvorschriften der Deutschen Institution für Schiedsgerichtsbarkeit e.V. (DIS) Anwendung.*

5. *Die Parteien tragen die Kosten der Mediation jeweils zur Hälfte.*
© *gwmk*

# 10.7
# Mediationsvereinbarungen

Zunächst ist festzustellen, ob die Beteiligten an einem Mediationsvertrag auch die „richtigen" Parteien sind. Nur wenn sich diejenigen, die ein Interesse an dem Streitgegenstand haben, und die zugleich über eine Regelung entscheidungsfähig und –berechtigt sind, am Mediationsverfahren beteiligen, lässt sich ein Verfahren mit Aussicht auf Erfolg durchführen. Die mangelnde Beteiligung von Entscheidungsbefugten und „stake-holdern" kann ein wesentliches Einigungshindernis darstellen, dessen Bewältigung in einer möglichst frühen Phase des Mediationsverfahrens vorzusehen ist.

*Richtige Parteien*

Neben einer knappen, aber zur Identifizierung ausreichenden Bezeichnung des Gegenstandes des Konfliktes empfiehlt es sich, den von Parteien mit der Mediation angestrebten Zweck der Mediation und damit auch die zwischen den Parteien bestehende Einigung auf Grundsätze des Verfahrensablaufs und die Erwartungen an den eingeschalteten Mediator festzulegen (s.a. unten zum Mediatoren-Vertrag).

*Konfliktgegenstand und Zweck*

Ferner sollte die Mediationsvereinbarung eine Regelung über Beginn und Ende des Verfahrens beinhalten. Vor allem eine klare Aussage darüber, wann ein Verfahren als endgültig gescheitert zu gelten hat, ist notwendig, um Rechte der Beteiligten zu sichern. (s.a. unten zum vorübergehenden Verzicht auf die gerichtliche oder schiedsgerichtliche Geltendmachung von Ansprüchen).

*Beginn und Ende*

Weiter ist erforderlich, dass sich die Parteien auf einen Mediator oder mehrere einigen bzw. festlegen, wie ein Mediator für die Lösung des konkreten Falles zu bestimmen ist.

*Geeigneter Mediator*

Insoweit kann die Einschaltung einer Mediations-Dienstleistungs-Organisation gute Hilfe leisten, die gegen eine Gebühr den Parteien einen Vorschlag mit den Namen mehrerer Mediatoren zur Auswahl unterbreitet oder im Falle der Nicht-Einigung einen Mediator bestimmt.

Vor allem bei Wirtschaftsstreitigkeiten ist die Gewährleistung der Vertraulichkeit über Angelegenheiten ein sehr wesentlicher Bestandteil des Mediationsvertrages.

*Vertraulichkeit*

Vertraulichkeit ist dabei zunächst zwischen den Partei geschuldet. Darüber hinaus sind auch alle Dritten, die in irgendeiner Form in das Verfahren hinein gezogen werden oder von ihm Kenntnis erlangen, soweit als möglich, von den Parteien auf Stillschweigen zu verpflichten. Dies gilt insbesondere für eventuelle Zeugen oder Gutachter, die an dem Verfahren teilnehmen

Um die Beteiligten davor zu schützen, dass nach einem Mediationsverfahren Sachverhalte, die den am Mediationsverfahren Beteiligten bekannt geworden sind, in ein späteres gerichtliches Verfahren eingeführt werden, hat eine Mediationsvereinbarung den Parteien die größtmögliche, durch Absprachen erreichbare Sicherheit zu bieten.

Dazu verzichten die Parteien darauf, den Mediator in der Zukunft zu Gegenständen des Verfahrens als Zeugen in einem Rechtsstreit zu benennen.

In diesem Zusammenhang ist es u.U. bereits bei der Auswahl bedeutsam, dass der eingeschaltete Mediator aufgrund seines Standesrechtes ein Zeugnisverweigerungsrecht besitzt.

Die von Parteien eingegangen Vertraulichkeitsverpflichtungen erstrecken sich im Zweifel auch auf spätere, gerichtliche Verfahren, soweit nicht rechtliche Regelungen entgegenstehen.

So wichtig der Schutz der Vertraulichkeit für den erfolgreichen Abschluss einer Mediation sein kann, so ist jedoch auch darauf hinzuweisen, dass es sich auch hierbei um dispositive, vertragliche Regelungen handelt.



Einer Vereinbarung, einen Streitfall durch Verhandlung zu lösen, wohnt implizit der Verzicht inne, während der Fortdauer der Gespräche zwischen den Beteiligten diesen Streit vor Gericht oder Schiedsgericht zu tragen.

Wegen der Bedeutung eines solchen vorübergehenden Verzichts auf die prozessuale Geltendmachung von Rechten, empfiehlt es sich, den Umfang einer solchen Verpflichtung präzise vertraglich zu regeln. Hierzu ist es notwendig, den Streitgegenstand, auf den sich dieses pactum de non petendo erstrecken soll, in der Mediationsvereinbarung ausreichend weit zu bestimmen. Eine zu enge Fassung des Gegenstandes, den die Mediation erfassen soll, könnte Parteien, die von einer Mediation abrücken wollen, veranlassen, Nebenkriegsschauplätze zu eröffnen.

Andererseits muss es den Beteiligten an einem Mediationsverfahren möglich sein, vorläufigen Rechtsschutz der Gerichte für sich in Anspruch zu nehmen.



Bei Mediationsverfahren mit Auslandsbezug können besondere Probleme auftreten, die die Prüfung der rechtlichen Wirkungen eines Prozessvertrages über den vorübergehenden Verzicht der gerichtlichen Geltendmachung von Ansprüchen vor ausländischen Gerichten erforderlich machen .



Der Klarstellung wegen empfiehlt es sich ferner, Regelungen über die Hemmung von Verjährungsfristen in die Mediationsvereinbarung aufzunehmen, obwohl etwa bei der Stundung von Leistungsverpflichtungen oder dem Verzicht auf deren gerichtliche Geltend-

machung der Lauf der Verjährungsfristen kraft Gesetzes gehemmt
ist. (vgl. § 202 BGB)

Dabei sollte jedoch berücksichtigt werden, dass es im Rechtsverkehr zahlreiche Ausschlussfristen gibt, deren Ablauf der Disposition
der Parteien entzogen ist, (z.B. bei gesellschaftsrechtlichen Be-
schlussstreitigkeiten die Anfechtungsfrist in § 246 Abs.1 AktG)

## 10.8
## Checkliste zur Vorbereitung auf ein Mediationsverfahren

- Eignet sich der Konflikt zur Auflösung durch Mediation ?
- Welche Rolle soll der Mediator übernehmen ? Mediationsstil ?
- (moderativ/evaluativ ?)
- Ausbildung/berufsständischer Hintergrund des Mediators ?
- (Anwalt, Psychologe, Fachwissen ?)
- Nehmen die richtigen Parteien an der Mediation teil ?
- Wie soll der Auftrag an den Mediator lauten ?
- Regelungsinhalte der Mediationsvereinbarung:
- Ende der Mediation/ wann ist das Verfahren gescheitert ?
- Hemmung der Verjährung
- Verzicht auf Klage vor/während/nach der Mediation
- Abreden über Vertraulichkeitspflichtender Beteiligten
- Verzicht auf Beweisverwertung
- Kostenregelung
- Evt. Vereinbarung einer Vertragsstrafe
- Verfahren bei der Erstellung der Abschluss-Vereinbarung

## 10.9
## Der Mediatorenvertrag

Wie oben erwähnt, wird in der Praxis des Schieds- und Mediations-
wesens die Mediationsvereinbarung und der Mediatorenvertrag nicht
immer getrennt.

Seiner Rechtsnatur nach ist der Mediatorenvertrag ein entgeltlicher Geschäftsbesorgungsvertrag, dessen Parteien in der Regel der Mediator und die Konfliktparteien sind (§§ 611, 675 Abs.1 BGB).

Die streitenden Parteien schulden, soweit nichts anderes vereinbart, dem Mediator die vertraglich festgelegte Vergütung als Gesamtschuldner.



Da die Leistungen des Mediators komplexer Naur und oft von den Erwartungen der Parteien an den Mediator mitbestimmt sind, empfiehlt es sich, im Mediatorvertrag seine Aufgaben deutlich zu umreissen. Es kann sinnvoll sein, dass die Parteien mit dem Mediator auch den von ihm erwarteten Mediationsstil vertraglich bestimmen (z.B. wenn die Parteien auch eine Bewertung von Fakten und Rechtslage von dem neutralen Dritten einholen wollen).



Dabei ist auch festzulegen, wie weit das Ermessen des Mediators reichen soll, die Organisation des Verfahrens und dessen Ablauf -in Abstimmung mit den Beteiligten- zu bestimmen.

Die Auslegung des Mediatorenvertrages ist in der Praxis, nicht zuletzt wegen der oft sehr unterschiedlichen Vorstellungen und Erwartungen der Konfliktparteien von der Aufgabe des Mediators, nicht immer frei von Problemen (vgl. zur Auslegungshilfe von Mediatorenverträgen: Eidenmüller, Vertragsrecht, S. 34 ff.)



Soweit ein Mediator einem Beruf angehört, der einer rechtlichen Regelung unterworfen ist, gelten die berufsrechtlichen Vorschriften auch für die Tätigkeit als Mediator. Für den Rechtsanwalt gehört die Verschwiegenheit über alle Sachverhalte, die ihm in Ausübung seines Berufes bekannt werden zu seinen Grundpflichten, wie sich aus § 43a Abs. 2, § 59b Abs. 2 Nr. 5a BRAO sowie § 18 BORA ergibt. (zu Verschwiegenheitspflicht und Zeugnisverweigerungsrecht von Anwälten, Psychologen und anderen Berufsgruppen und an Mediation beteiligten Personen vgl.Groth/v.Bubnoff., NJW 2001, S. 338 ff.)

Sollte sich die in einem am 11. 8. 2000 ergangenen, noch nicht rechtskräftigen Urteil des LG Rostock (s. mediations-report 10/2000 s. 2 m. w. Nachweisen) enthaltene Auffassung durchsetzen, hätte dies für die Tätigkeit von Mediatoren, die nicht Anwälte oder Rechtsbeistände sind, erhebliche Konsequenzen. Ähnlich wie bereits das OLG Hamm in einem Urteil vom 20.10.1998 (vgl MDR 1999, 836 / Jur. Praxis 1999 S. 300 ff.) geht das LG Rostock davon aus, dass Mediation die Besorgung rechtlicher Angelegenheiten für Dritte darstelle und daher gegen das Rechtsberatungsgesetz verstosse, wenn die neutrale Person nicht als Anwalt oder Rechtsbeistand zugelassen ist. Nach Auffassung des LG Rostock hat sich ein nicht nach dem Rechtsberatungsgesetz berechtigter neutraler Dritter bei einer Mediation auf den rein psycho-sozialen Aspekt des zu lösenden Konflikts zu beschränken und sich jeder rechtsbesorgenden Tätigkeit zu enthalten. Nach der hier vertretenen Auffassung von Mediation als einer im wesentlichen der Verhandlungsunterstützung dienenden Tätigkeit erscheint die Rechtsauffassung beider Gerichte als zu eng. Es empfiehlt sich jedoch, bei der Auswahl von Mediatoren und ganz besonders bei der Abfassung des Inhalts eines Mediatorenvertrages ,nicht nur wegen der in der Rechtsprechung vertretenen Meinungen, die Aufgabe des Mediators und die Art und Weise seines Vorgehens zu klären und vertraglich zu fassen.



Zu den Pflichten des Mediators gehört die Förderung der Ziele des Mediationsverfahrens. Hierzu zählt auch die Prüfung der Eignung des Streitgegenstandes für eine Regelung durch Mediation und die Klärung der Frage,ob die Beteiligten am Verfahren faktisch und rechtlich in der Lage sind, die Mediation zu dem angestrebten Ergebnis zu führen. Es obliegt dem Mediator während des gesamten Verfahrens, darauf zu achten, „dass die richtigen Parteien am Verhandlungstisch sitzen".

Die Einhaltung unbedingter Neutralität im Verhältnis zu den Beteiligten muss als eine der Kernpflichten des Mediators gelten. Umstände die den Anschein der Befangenheit bei einer Partei begründen könnten, hat der Mediator den Parteien offen zu legen.

Für einen Anwalt als Mediator gelten i.ü. seine berufsrechtlichen Pflichten, die es ihm z.B. verwehren, in der gleichen Sache eine Partei zu beraten und als Mediator aufzutreten.



Verletzt ein Mediator die ihm obliegenden berufsrechtlichen oder vertraglichen Pflichten, haftet er auf Schadensersatz. Ein Richterprivileg kann er - anders als ein Mitglied eines Schiedsgerichts – nicht für sich in Anspruch nehmen. (vgl. zur haftungsrechtlichen Lage des Mediators Eidenmüller, Vertragsrecht, S. 40 ff.)



Grundsätzlich sind Verträge mit Mediatoren jederzeit aus wichtigem Grunde kündbar. Ihrem Sinn nach ist ihre Kündigung jedoch auch ohne ausdrückliche Regelung und ohne besonderen Grund zulässig, wenn die Parteien, die freiwillig an einem Mediationsverfahren teilnehmen, sich dazu entschliessen, an einer Fortsetzung des weiteren Verfahrens nicht teilnehmen zu wollen.

## *Mediationsvereinbarung*

### *§ 1 Streitigkeit, Ziel, Verfahren*

*Zwischen den Parteien besteht Streit über ...*

*Die Parteien beabsichtigen, in einer Mediation gemeinsam eine Lösung des vorgenannten Konflikts zu finden.*

*Für diese Mediation erkennen die Parteien die Regelungen der Verfahrens-
ordnung der gwmk - Gesellschaft für Wirtschaftsmediation und Konfliktmanagement e.V. als verbindlich an, soweit nicht in dieser Vereinbarung oder in anderen Vereinbarungen mit dem Mediator schriftlich abweichende Regelungen
getroffen werden.*

### § 2  Teilnehmer der Mediation

*An den Verhandlungs- und Mediationsterminen nehmen jeweils die Parteien
und deren
Bevollmächtigte teil. Die Teilnahme weiterer Personen am Mediationsverfahren
ist nur nach der vorherigen Einigung der Parteien darüber zulässig.*

### § 3  Mediator

*Die Parteien bestimmen einvernehmlich Herrn/Frau Rechtsanwältin
........................ zum/zur Mediator/in, der/die diese Bestellung annimmt.*

*Der/Die Mediator/in erkennt die Richtlinie der gwmk - Gesellschaft für Wirt-
schaftsmediation und Konfliktmanagement e.V. - für das Verhalten von Mediatoren sowie die Verfahrensordnung der gwmk für das Mediationsverfahren als
für sich verbindlich an.*

### § 4  Ort und Zeit der Verhandlungstermine

*Die einzelnen Verhandlungstermine werden an einem neutralen Ort durchge-
führt, welcher von dem/der Mediator/in in Absprache mit den Parteien unverzüglich (oder: bis spätestens ....) bestimmt wird.*

*Die Parteien und der/die Mediator/in werden sich um eine beschleunigte
Durchführung des Verfahrens bemühen. Sollte nach der ersten Mediationssitzung eine weitere Verhandlung erforderlich sein, werden die Parteien und
der/die Mediator/in den nächsten Termin unverzüglich verbindlich festlegen.*

### § 5  Vertraulichkeit der Mediation und Verwendung von Beweismitteln

*Die Parteien und der/die Mediator/in verpflichten sich, den Inhalt dieses Media-
tionsverfahrens und alle damit zusammenhängenden Informationen gegenüber
Dritten vertraulich zu behandeln. Diese Verpflichtung gilt über die Beendigung
der Mediation hinaus.*

*Alle Dokumente, Erklärungen, Unterlagen und Informationen, die während
der Mediation schriftlich oder mündlich übergeben oder erteilt werden, dürfen
von beiden Parteien und dem/der Mediator/in ausschließlich für die Zwecke der
Mediation benutzt werden. Eine Verwendung dieser Informationen außerhalb
des Mediationsverfahrens, insbesondere in einem Einigungsstellen- oder Gerichtsverfahren, ist ohne Zustimmung der anderen Partei unzulässig, es sei*

*denn, die Informationen waren der Partei, die eine Verwendung beabsichtigt, bereits außerhalb der Mediation bekannt.*

*Die Parteien verpflichten sich alle Angelegenheiten des Mediationsverfahrens, sowohl während als auch nach der Beendigung des Verfahrens vertraulich zu behandeln, soweit nicht ausdrücklich etwas anderes vereinbart wird. Insbesondere verpflichten sie sich, den/die Mediator/in und den/die sie beratende(n) Rechtskundige(n) in einem nachfolgenden Schiedsgerichts- oder Gerichtsverfahren nicht gegen den Willen der anderen Partei(en) als Zeugen für Tatsachen zu benennen, welche diesen Personen erst während des Mediationsverfahrens offenbart worden sind. Mediator/in und Anwälte werden bestehende Zeugnisverweigerungsrechte in Anspruch nehmen; die Parteien können diese Personen nur einvernehmlich von dieser Pflicht entbinden.*

### § 6 Hemmung von Verjährung und Ausschlußfristen

*Die Parteien vereinbaren, dass während des Mediationsverfahrens gesetzliche oder vertragliche Verjährungs- und /oder Ausschlußfristen in Bezug auf den Konfliktfall gehemmt sind. Die Hemmung beginnt mit der Unterzeichnung dieser Vereinbarung und endet am letzten Tag des Monats, der auf die Beendigung des Mediationsverfahrens folgt.*

### § 7 Vergütung des Mediators und der gwmk

*Der/die Mediator/in erhält für seine/ihre Tätigkeit in diesem Verfahren (inklusive Vor- und Nachbereitung der Termine) ein nach Zeitaufwand zu bemessendes Honorar zuzüglich der gesetzlichen Mehrwertsteuer, das die Höhe des Streitwerts, den Schwierigkeitsgrad der Streitsache sowie alle anderen relvanten Umstände des Streitfalls berücksichtigt. Der Bestimmung der Höhe des Honorars wird die Gebührentabelle der gwmk zugrunde gelegt. Der Ersatz der durch den/die Mediator/in nachgewiesenen Aufwendungen erfolgt im Rahmen der BRAGO.*

*Die gwmk erhält eine Gebühr, deren Höhe gemäß ihrer Gebührentabelle festgelegt wird.*

*Sofern die Parteien nichts Abweichendes vereinbart haben, tragen sie die Kosten des Mediationsverfahrens zu gleichen Teilen. Gegenüber der gwmk bzw. gegenüber dem Mediator haften sie als Gesamtschuldner.*

*© gwmk*

## 10.10
## Die Auswahl des Mediators

Die Auswahl des Mediators ist aus verschiedensten Gründen ein schwieriges praktisches Probleme, vor das streitende Parteien gestellt sind.

*Vertrauensbasis*

Der Mediator muss in der Lage sein, die Parteien davon zu überzeugen, dass er das Vertrauen beider Seiten gewinnen kann. Daher wird in aller Regel diejenige Partei scheitern, die im Vertrauen darauf, dass ein Konflikt durch Mediation lösbar sein sollte, der Gegenseite Mediation und Mediator vorschlägt.

Sinnvoll ist es dagegen, wenn sich die streitenden Parteien zunächst auf eine Mediation einigen und gemeinsam ein Verfahren festlegen, wie ein Mediator von ihnen bestimmt werden sollte.

*Mediationsdienstleister*

Es kann sich auch als hilfreich erweisen, wenn im Rahmen einer Mediationsklausel oder bei einem ad hoc einzuleitenden Verfahren auf eine Organisation zurückgegriffen werden kann, die Dienstleistungen im Zusammenhang mit Mediation anbietet. Dies kann die Vorbereitung eines Mediationsverfahrens und die Wahl eines Mediators sehr erleichtern.

*Bestellung und Auswahl*

Die Auswahl und Bestellung eines zur Lösung des konkreten Konfliktes geeigneten Mediators ist vor allem deswegen schwierig, weil die Tätigkeit des Mediators ebenso wenig reguliert, wie der Begriff gesetzlich geschützt ist. Jeder, der sich dazu berufen fühlt, kann seine Dienste als Mediator öffentlich anbieten. Nicht nur dass die Ausbildungsangebote von derzeit rd. 36 Anbietern von Mediationsausbildung in Deutschland in ihrer Qualität sehr unterschiedlich sind, macht die Auswahl von Mediatoren sehr problematisch, sondern es erfordert eine gute und erfolgreiche Arbeit des Mediators so schwer zu bemessende Qualitäten wie persönliche Reife und Erfahrung im Umgang mit zwischenmenschlichen Konflikten. Dem gegenüber wird von den Beteiligten sehr oft die Kenntnis des beruflichen und wirtschaftlichen Umfelds aus dem ein Konflikt entstanden ist, überschätzt. Wichtiger als beispielsweise die - sicher nicht abträgliche und zuweilen sogar notwendige - genaue Kenntnis multimedialer Märkte oder von technischen und juristischen Details ist die Fähigkeit des Mediators Verhandlungshindernisse zu überwinden und Kreativität bei den Konfliktbeteiligten freisetzen zu helfen.

Auf das Urteil des LG Rostock, das eine Einschränkung bei der Auswahl und dem Umfang der Tätigkeit für Mediatoren, die nicht Anwälte oder zur Besorgung fremder Rechtsangelegenheiten berechtigt sind, zur Folge haben kann, wurde bereits hingewiesen.

Unterstützung bei der Suche geeigneter Mediatoren können Rechtsanwälte bieten, die Erfahrung mit dem Einsatz von Mediation zur Konfliktbeilegung haben. Vor allem, aber nicht ausschließlich, verfügen große, international ausgerichtete Kanzleien heute über Abteilungen für (alternative) Dispute Resolution, die in der Lage sind, das Angebot von qualifizierten Mediatoren zu überschauen und verlässlich zu bewerten. Es sollten sich die Parteien jedoch vergewissern, welche grundsätzliche Haltung ein angesprochener Anwalt der Mediation gegenüber einnimmt. Auch in der Anwaltschaft ist Mediation auch heute noch nicht unumstritten.

Darüber hinaus können folgende Einrichtungen Hilfe bei der Suche nach Mediatoren bieten:

*Auswahl von deutschen und ausländischen Mediationsorganisationen*

*Deutschland:*

*Bundesverband für Mediation in Wirtschaft und Arbeitswelt*
*Severinstrasse 4*
*18209 Bad Doberan*

*Centrale für Mediation GmbH & Co. KG*
*Unter den Ulmen 96-98*
*50968 Köln*

*Centrum für Verhandlung und Mediation*
*Universitätsstrasse 14-16*
*48143 Münster*

*Deutsche Gesellschaft für Mediation in der Wirtschaft*
*Charlottenstr. 29/31*
*70182 Stuttgart*

*DGM  Deutsche Gesellschaft für Mediation*
*Heinitzstrasse 77*
*58097 Hagen*

*gwmk Gesellschaft für Wirtschaftsmediation und Konfliktmanagement e.V.*
*Brienner Strasse 9*
*80333 München*

*Hamburger Institut für Mediation e.V.*
*Desenißstr. 54 II*
*22083 Hamburg*

*Ausland:*

*AVM Anwaltliche Vereinigung für Mediation und kooperatives Verhandeln*
*Reisnerstrasse 5/3/2/5*
*1030 Wien*

*Brussels Business Mediation Center*
*Louizalaan 500*
*B-1050 Brussel*

*CEDR Centre for Dispute Resolution*
*Princes House*
*95 Gresham Street*
*GB- London EC2V 7NA*

*Centre de Médiation et d'Arbitrage de Paris*
*7,rue Balzac*
*F- 75008 Paris*

*CPR Institute for Dispute Resolution*
*366 Madison Avenue*
*New York  NY 10017  USA*

*WIPO World Intellectual Property Organization*
*Arbitration and Mediation Center*
*34 chemin des Colombettes*
*P.O. Box 18*
*CH- 1211 Geneva 20*

Ferner können einige Anwaltskammern und Industrie- und Handelskammern, die Schlichtungsstellen für Konflikte im Wirtschaftsverkehr unterhalten, Hinweise auf Schlichter mit Mediationserfahrung geben.

Ebenso dürften Güte- bzw. Schlichtungsstellen, die in den Bundesländern eingerichtet wurden, die von der Öffnungsklausel des § 15a EGZPO Gebrauch gemacht haben, wie z.B. Bayern und Nordrhein-Westfalen, in der Lage sein, Hinweise auf erfahrene Mediatoren zu geben.

Wer sich allerdings ohne ausreichende Beratung aus der Fülle der im Internet oder in anderen Medien vorgelegten Angebote von Mediatoren eine Person als neutralen Dritten zur Betreuung eines solchen Verfahrens auswählt, läuft ein beträchtliches Risiko.

## 10.10.1
## Checkliste für die Mediatorenauswahl

- Der berufliche Werdegang des neutralen Dritten
- Unterliegt der Mediator berufsrechtlichen Pflichten (Anwalt, Arzt, Psycho-Analytiker etc.) ? Ist er vor Gericht zur Zeugniserweigerung berechtigt ?
- Aus- und Fortbildung in Mediationstechniken des neutralen Dritte
- Gehört der neutrale Dritte Berufsorganisationen an ?
- Welchen besonderen Regelungen und Verpflichtungen (ethic rules, Verhaltensregelungen o.ä.) hat sich der neutrale Dritte unterworfen ? Wie verbindlich sind diese Vorgaben ?
- Welche Mediationserfahrung hat der neutrale Dritte ?
- Wieviele Verfahren hat er bisher durchgeführt ? Ergebnisse und Referenzen?
- Gibt es Bewertungen seiner performance durch Parteien oder Mediationsdienstleistungsorganisationen ?
- Welche sonstigen Umstände sprechen für die Eignung als Mediator in dem besonderen Konfliktfall ?

# 10.11
# Der Ablauf der Mediation

## 10.11.1
## Eröffnung

In der ersten Verfahrensphase erläutert der Mediator die Grundsätze des Verfahrensablaufs und stimmt mit den Parteien organisatorische Vorfragen ab.

*Vorfragen*

Insbesondere werden jetzt die von den Parteien gewünschten Regelungen zum Verfahren oder Abweichungen von evt. vorgegebenen Verfahrensordnungen vereinbart.

Bereits im Rahmen der Verfahrenseröffnung hat der Mediator auch zu prüfen, ob der Konfliktstoff sich für die Mediation eignet und ob die rechtliche und faktische Stellung der Parteien es ihnen erlaubt, ihre Interessen selbständig in die Verhandlung einzubringen

*Konfliktstoff geeignet*

und zu gestalten - mit anderen Worten, ob die Beteiligten, die „richtigen" Parteien des Mediationsverfahrens sind.



Falls die Parteien nicht von Anwälten beraten werden oder über ausreichende Rechtskenntnisse verfügen, sollte der Mediator auch darauf hinweisen, dass er ohne Auftrag von beiden Seiten keine Rechtsberatung vornehmen werde und dass es ihm seine Rolle als neutraler Dritter nicht gestattet, Interessen einer Partei zu wahren.

## 10.11.2
## Konfliktdarstellung



In diesem Abschnitt sollte der Mediator die Parteien und ihre Rechtsvertreter veranlassen, den Streitstand und die jeweilige Sicht der Beteiligten auf den Konflikt darzulegen. Soweit notwendig soll in diesem Zusammenhang auch für eine sachliche Aufklärung mit Bezug zu dem Streitstoff gesorgt werden.

Dabei geht es sehr wesentlich darum, dass die gegnerischen Parteien sich mit dem Konflikt aus dem Blickwinkel der jeweils anderen Seite bekannt machen können.

Am Ende dieser Phase kann ggf. auch die gezielte Bearbeitung von Einigungshindernissen, etwa in Einzelgesprächen mit den Betroffenen, stehen und ein „Realitätstest" der von den Parteien angenommenen Haltungen und Positionen eingeleitet werden.

## 10.11.3
## Klärung der Interessen



In diesem Abschnitt wird der Mediator versuchen herauszuarbeiten, welche Interessen die Beteiligten mit dem Streit verbinden. Auch hierbei liegt es für den Mediator nahe, in vertraulichen Gesprächen solche Informationen zu erlangen, die zunächst nicht für die andere Seite bestimmt sind, die aber Hintergründe und Dimension des Konflikts und erste Hinweise auf Lösungsmöglichkeiten erkennen lassen.

In dieser Phase muss der Mediator damit rechnen, dass die Parteien Einzelgespräche wechselseitig höchst misstrauisch verfolgen. Er hat gerade in dieser kritischen Situation streng die Weisungen der Parteien in Bezug auf vertrauliche Informationen einzuhalten.

## 10.11.4
## Kreativitätsphase

Auf der Grundlage der nunmehr –zu mindest für den Mediator- offengelegten Interessen der Parteien muss dieser damit beginnen, einen Kreativitätsprozess in Gang zu setzen, in dem die größt mögliche Zahl von Lösungsmöglichkeiten gefunden und am Ende bewertet wird.

Dieser Verfahrensabschnitt ist dann besonders schwierig, wenn es trotz aller Suche nach kreativen und zukunftsorientierten Lösungen dabei bleiben muss, lediglich vorgegebene Mittel zwischen den Beteiligten zu verteilen. In diesem Falle bietet es sich an, dass die am Konflikt Beteiligten gemeinsam Verfahren entwickeln, wie sie die ihren Interessen gemäße Lösungen verwirklichen können.



## 10.11.5
## Einigungsprozess

Am Ende des Mediationsverfahrens steht eine Einigung, die zunächst nur skizziert werden sollte, und später auch in eine rechtlich einwandfreie Form, ggf. unter Mitwirkung der Rechtsberater der Parteien, umzusetzen ist.

Am Ende einer erfolgreich abgeschlossenen Mediation kann ein Vergleich d.h. ein Vertrag stehen, durch den ein Streit oder eine Ungewissheit über ein Rechtsverhältnis im Wege gegenseitigen Nachgebens beseitigt wird (vgl. § 779 BGB). Die von den Beteiligten getroffenen Vereinbarungen zum Abschluss einer Mediation können allerdings - und bei einem zukunftsgerichteten Ergebnis der Mediation wird sich dies auch regelmäßig so ergeben - sehr viel weiter reichen. Die Beendigung des Streites kann mit einer völligen, u.U. auch rückwirkenden Umgestaltung von Verträgen, dem Abschluss neuer Verträge, der Abgabe von mehr oder weniger konkreten Absichtserklärungen und Planungen verbunden sein. Hier sind der Phantasie der bisherigen Gegner keine Grenzen gesetzt.

Damit wird auch deutlich, dass ein solcher Vergleich nicht mit dem häufig mit diesem Begriff verknüpften „faulen" Kompromiss gleich gesetzt werden darf. Im Idealfalle spiegelt der Ausgang einer Mediation in der von den Beteiligten selbst erarbeiteten Lösung die Interessen der Beteiligten wider. Darüber hinaus sollte der so gefundene Interessenausgleich den Test bestanden haben, besser und Interessen gerechter zu sein, als ein vor Gerichten zu erstreitendes Urteil.

Die Umsetzung eines solchen Abkommens und die Erfüllung eines von den Konfliktparteien in eigener Verantwortung zustande gebrachten Vergleichs sollte weniger Probleme aufwerfen als ein gerichtliches Urteil, das zu akzeptieren nur zu oft für Kläger und Beklagte schwer zu sein scheint und noch in der Vollstreckung Widerstand auszulösen vermag.



Nicht unumstritten ist die Aufgabe, die ein Mediator bei der Erarbeitung einer Abschlussvereinbarung zu übernehmen hat. Einerseits gehört es zu seinen Pflichten, den Abschluss einer wirksamen Vereinbarung zwischen Konfliktparteien sicher zu stellen. Dies kann für ihn zu Problemen führen, wenn er nicht zur Rechtsberatung berechtigt sein sollte. Soweit nicht die Parteianwälte Gewähr für einen juristisch einwandfreien Vertragsabschluss bieten können, sollte sich der Mediator der Hilfe Dritter als Berater versichern. Andererseits ist er nicht gehalten, die Parteien dahingehend zu beeinflussen, eine von ihm als besser angesehene Lösung zu vereinbaren.

***Muster für die Erarbeitung eines Vergleichsvertrages***
*(nach RA Dr. J. Risse, Baker & McKenzie, Frankfurt/Main)*

- Status der Vereinbarung (Vergleichsvertrag, Absichtserklärung, Teileinigung)

- Bezeichnung der Parteien (bei Unternehmen: Rechtsform gesetzlicher Vertreter, Teilnehmer an der Mediation); sind Parteianwälte anwesend, werden auch diese genannt.

- Mediationsverfahrens Einleitung, Definitionen, kurzer Abriss des Konflikts, Erwähnung des (Dauer, Mediator)

- Festschreiben des Verhandlungsergebnisses unter folgenden Kriterien

- welche Leistung wann, wie und wo; woran erkennt man die ordnungsgemäße Leistungserfüllung; keine Absichtserklärungen

- Nachprüfbarkeit , ob die Leistung ordnungsgemäß erfüllt ist

- grundsätzliche Ausgewogenheit der Leistungen

- Prüfung, ob die versprochenen Leistungen auch tatsächlich (realistischerweise) erbracht werden können

- Fristsetzung für Vornahme der Leistungen

- Feststellungen und Erklärungen ohne unmittelbare Rechtsfolgen (Anerkennung, Entschuldigung, Richtigstellung, Absicht weiterer Zusammenarbeit, Zukunftspläne).

- Solche Klauseln sind für Juristen unüblich, in Abschlussverträgen eines Mediationsverfahrens aber unbedingt sinnvoll, befriedigen doch auch sie zuvor geäusserte Interessen der Parteien

- Sicherstellung der Vertragsdurchführung (Vollstreckbarkeit/ Vertragsstrafen)

- Offen gebliebene Fragen, weiteres Vorgehen

- Erledigungsklausel

- Evt. abweichende Kostenregelung

- Konfliktklausel (Streitigkeiten aus dem Vertrag)

- Schriftformklausel

- Salvatorische Klausel

- Abschlussklausel (Bezug zur Mediation, Anerkennung der geleisteten Arbeit

- Datum, Unterschrift

Während bei einfach gelagerten Abschlussvereinbarungen nach Erreichen einer grundsätzlichen Einigung alle regelungsbedürftigen Punkte von den Parteien abgearbeitet und in einen Vertrag umgesetzt werden, empfiehlt es sich, bei komplexen Streitfällen zunächst ein unverbindliches Statement über eine Grundsatzeinigung durch die Parteien abgeben zu lassen oder auch einen Vorvertrag zu schließen. Anschließend können dann im „One Text" - Verfahren, wobei der Mediator den ersten Entwurf erstellt, alle Einzelregelungen bis zur Fertigstellung des endgültigen Vertragswerkes abgearbeitet werden.

Aber auch dann, wenn eine Mediation scheitert und nicht zu einer Einigung führt, bietet das Verfahren oft einen Ansatz zu einer Konfliktlösung. Die aus der Mediation gewonnenen Informationen erlauben es den Konfliktparteien, wie die Erfahrung zeigt, ihre Auseinandersetzung realistischer einzuordnen und den Fokus auf die für sie wesentlichen Bestandteile des Streites zu richten.

# 10.12
# Vollstreckbarkeit von
# Mediationsvergleichen



*Nichterfüllung des Vertrages*

Aus den angeführten Gründen - und Erfahrungen im Ausland stützen diese Ansicht - ist die praktische Bedeutung einer offenkundigen Schwäche der Mediation wesentlich weniger bedeutsam als gelegentlich vermutet: Es ist richtig, dass das Mediationsergebnis per se keinen Vollstreckungstitel bereitstellt .Im Falle der Nichterfüllung des Vergleichs steht dem Anspruchsberechtigten lediglich der Klageweg offen - oder die Einschaltung der Strafverfolgungsbehörden, wenn die andere Seite während der Mediation ihre Bereitschaft zum Vertragsabschluss nur vorgetäuscht haben sollte.

Als weitere Maßnahme zur Unterstützung der Durchführung einer Abschlussvereinbarung einer Mediation ist an den Abschluss einer Vertragsstrafe für den Fall der Nichteinhaltung vertraglicher Verpflichtungen zu denken.

Das heißt jedoch nicht, dass die Parteien vollkommen darauf verzichten müssten, den vollstreckungsfähigen Inhalt des Mediationsergebnisses zu einem Vollstreckungstitel auszugestalten.

*Mittel zur Durchsetzung des Anspruchs*

Die deutsche Rechtsordnung bietet dazu verschiedene Möglichkeiten:

- den Anwaltsvergleich

- die Unterwerfung unter die sofortige Zwangsvollstreckung in einer öffentlichen Urkunde

- den Abschluss eines Vergleichs im Rahmen eines Prozesses, eines Schiedsverfahrens oder vor einer von Landesjustizverwaltungen eingerichteten Gütestelle.

*Anwaltsvergleich*

Im Rahmen eines zwischen den Anwälten im Namen und in Vollmacht der Parteien abgeschlossenen Vergleichs können sich die Schuldner aus diesem Vertrag der sofortigen Zwangsvollstreckung unterwerfen, mit der Folge, dass auf Antrag ein Vollstreckungstitel bei dem zuständigen Gericht oder dem berufenen Notar, bei dem die entsprechende Urkunde verwahrt wird, erwirkt werden kann. Materiell ist allerdings Voraussetzung für einen wirksamen Anwaltsvergleich i.S. der §§ 796a ff. ZPO, dass sich das konkrete Mediationsergebnis auch als ein Vergleich i.S. der Definition in 779 BGB verstehen lässt. Nachteilig ist bei diesem Verfahren die notwendige, aufwändige gerichtliche Vollstreckbarkeitserklärung.

Die Parteien können sich weiter in einer vor einem deutschen Gericht oder Notar errichteten Urkunde wegen der Ansprüche aus dem Mediationsvergleich der sofortigen Zwangsvollstreckung unterwerfen. Aus dieser Urkunde können die Parteien ohne weiteres vollstrecken.



Einen vollstreckbaren Titel erlangen die Parteien auch, wenn sie den Vergleich, der die Mediation beendet, vor einem Prozessgericht oder einer von den Landesjustizverwaltungen eingerichteten Gütestellen abschliessen.



Die erste Möglichkeit bietet sich dann an, wenn z.B. die Mediation in gerichtlichen Verfahren eingebettet ist. Dagegen ist das Verfahren vor einer Gütestelle einfach und kostengünstig. Gütestellen haben die Landesjustizverwaltungen in einer Reihe von Ländern etwa bei Industrie- und Handelskammern, aber auch in Verbindung mit Schlichtungsgesetzen gem. § 15a EGZPO geschaffen. Allerdings kann nicht davon gesprochen werden, dass ein flächendeckendes Netz von Gütestellen bestünde.

Schliesslich lassen sich Vollstreckungstitel auch dadurch schaffen, dass die Parteien das Mediationsverfahren in ein Schiedsverfahren so einbetten, dass ein Schiedsvergleich mit dem Inhalt des Mediationsergebnisses abgeschlossen werden kann oder ein Schiedsspruch mit vereinbartem Inhalt, der dem Mediationsvergleich entspricht, das Schiedsverfahren beendet.

Sehr viel kritischer ist die Rechtslage dann, wenn die Mediation Sachverhalte erfasst, die über den deutschen Rechtskreis hinausreichen, weil z.B. ein in Deutschland vollstreckbar gewordenes Mediationsergebnis im Ausland durchzusetzen oder umgekehrt eine ausländische Vereinbarung über eine Konfliktbeilegung vollstreckt werden soll.



Hier empfiehlt es sich, schon bei Abschluss der Mediationsvereinbarung zu prüfen, welcher Rechtsordnung das Mediationsverfahren und vor allem das Mediationsergebnis unterfallen wird und ggf. Vereinbarungen zu treffen, die sicher stellen, welche materiell- und verfahrensrechtliche Rechtsregeln sinnvollerweise Anwendung finden sollen.

Es sollten die Beteiligten bei Abschluss eines die Mediation beendenden Vergleichs den Gerichtsstand, soweit zulässig und möglich, so auswählen, dass Probleme aus einer evt. notwendigen Vollstreckung denkbar gering gehalten werden. Hierzu bedarf es jedoch einer eingehenden Prüfung der Rechtslage der jeweiligen in Betracht kommenden nationalen und internationalen Vorschriften.

# 10.13
# Die Verfahrenskosten der Mediation



Soweit nicht von den Parteien abweichend vereinbart, trägt jede der Konfliktparteien die Kosten des eigenen Anwaltes sowie - im Verhältnis der Parteien untereinander- die Hälfte der Kosten des Mediators. Üblicherweise wird der Mediator nach seinem Zeitaufwand honoriert, wobei der Stundensatz erfahrungsgemäss zwischen 300.-- und 600.--liegt bzw. ein Tagessatz zwischen 4.000. – und 6.000. --. Der Mediator wird sowohl den Zeitaufwand für die Mediationssitzungen als auch seine Vorbereitungszeit den Parteien in Rechnung stellen.



Darüber hinaus gebührt dem Anwalts-Mediator, wenn er den Vergleichsvertrag, der das Mediationsergebnis in eine rechtlich verbindliche Form überführt, erstellt, eine Abschlussvergütung, die einer Vergleichsgebühr gem. BRAGO entsprechen kann [16].

Die Grafik gibt einen Hinweis auf die erheblichen Unterschiede der Verfahrenskosten bei Mediation, Schiedsverfahren und Zivilprozess.

| | Mediation | Schiedsgericht | Ordentliches Gericht* |
|---|---|---|---|
| **Rechtsanwälte** | 60/10<br>Annahme<br>Geschäfts-, Bespre-<br>chungs u. Vergleichs<br>gebühr | 60/10 (2 Anwälte)<br>Annahme<br>Prozeß, Verhandlungs<br>- u. Beweisgebühr | 60/10 in 1.Instanz<br>Annahme<br>Prozeß, Verhandlungs<br>u. Beweisgebühr<br><br>52/10 in 2.Instanz<br>Annahme<br>Prozeß u. Verhandlungs<br>gebühr |
| **Richter** | | Schiedsgerichts<br>ordnung DIS<br>(Anlage) | 3 Gebühren Verfahren im allgemeinen<br>(in 1.Instanz)<br><br>4,5 Gebühren Verfahren im allgemeinen<br>+ Urteil mit Begründung (in 2.Instanz) |
| **Mediator** | 20 - 100 Stunden<br>à DM 450.- | | |

* 2 Instanzen mit Urteil in beiden Instanzen

| Gegenstandswert | Mediation | Schiedsgericht *<br>Vorsitzender u. zwei Beisitzer | Ordentliches Gericht | | |
| --- | --- | --- | --- | --- | --- |
| | | | 1. Instanz | 2. Instanz | Gesamt |
| 100.000,00 | 1) 21 750,00<br>2) 9 000,00<br>(20 Std Mediator) | 20 702,00 | 15 615,00 | 15 347,50 | 30.926,50 |
| 500.000,00 | 1) 38 850,00<br>2) 13 500,00<br>(30 Std Mediator) | 48 461,10 | 35 985,00 | 37 922,50 | 73.907,50 |
| 1.000.000,00 | 1) 50 850,00<br>2) 13 500,00<br>(30 Std Mediator) | 83 161,10 | 55 065,00 | 58 942,50 | 92.987,50 |
| 5.000.000,00 | 1) 131 850,00<br>2) 22 500,00<br>(50 Std Mediator) | 220 361,10 | 163 065,00 | 175 342,50 | 338.407,50 |
| 10.000.000,00 | 1) 226 350,00<br>2) 27 000,00<br>(60 Std Mediator) | 300 361,10 | 298 065,00 | 320 842,50 | 618.907,50 |

1) mit Anwälten als Parteiberater

2) ohne Anwälte als Parteiberater

* Plus DIS Bearbeitungsgebühren

**Alle Zahlenangaben in DM**

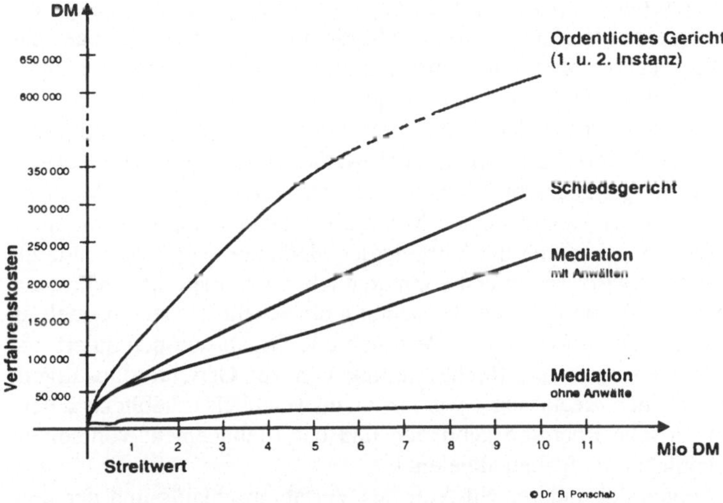


Das Schaubild macht vor allem dreierlei deutlich:

- Die Kostenvorteile der Mediation erhöhen sich mit wachsendem Streitwert, da die Leistung des Mediators nicht von der Höhe des Streitwertes abhängig ist: diese Feststellung legt die Schlussfolgerung nahe, dass die Parteien einer Mediation, insbesondere bei niederen Streitwerten, Vorteile aus einer guten Vorbereitung des Verfahrens und einem effizienten Zeitmanagement ziehen können.

- Im Vergleich mit dem Schiedsverfahren sind es die Honorare der (drei) Schiedsrichter, die das Schiedsverfahren teurer als die Mediation werden lassen;

- Ein Trendvergleich der Kosten von Mediation und Zivilprozess zeigt, dass die erheblichen Unterschiede ihre Ursache in der Progression der Gebührensätze und in der Möglichkeit der Ausschöpfung von mindestens zwei Instanzen bis zur endgültigen Streiterledigung haben.



Bei der Bewertung der Kostenrisiken ist korrekterweise auch zu berücksichtigen, dass im Falle des Scheiterns der Mediation und einer Fortsetzung des Konfliktes zusätzlich zu den bis dahin angefallenen Aufwendungen die Kosten eines Schiedsverfahrens oder des Prozesses vor den ordentlichen Gerichten anfallen. Bei der Abwägung ist zunächst einmal festzuhalten, dass erfahrungsgemäss nur etwa 1/3 aller Streitfälle in der Mediation scheitern. Zu Recht weist Eidenmüller (Vertragsrecht, S. 68) darauf hin, dass bei einer Überleitung eines Verfahrens von der Mediation in ein Schieds- oder gerichtliches Verfahren eine Anrechnung von unter der Mediation entstandenen Anwaltsgebühren erfolgt, so dass keine oder nur eine begrenzte Steigerung der Anwaltskosten entstehen kann. Auch wenn man das Risiko des Scheiterns der Mediation in eine solche Kostenbetrachtung einbezieht, erscheint die Entscheidung für eine Mediation angesichts überschaubarer Mehraufwendungen durchaus rational.



Der volle Umfang der Vorteile der Mediation gegenüber anderen Verfahren wird jedoch erst dann deutlich, wenn man die „indirekten Verfahrenskosten" in die Betrachtung einbezieht. Hierbei handelt es sich um den Aufwand, den Personen und Organisationen zu erbringen haben, wenn sie Rechtsstreitigkeiten vor Gerichten austragen. Durch einen Rechtsstreit werden unausweichlich erhebliche unternehmerische Energien gebunden und das Management von seinen eigentlichen Aufgaben abgelenkt.

Wegen der anderen Struktur des Verfahrensablaufs und der sehr viel geringeren Dauer der Mediation - kürzlich wurde in Deutschland ein Rechtsstreit, bei dem es um 400 Mio DM ging, in nur drei Mediationssitzungen von je einem halben Tag erfolgreich beendet [17] –fallen diese indirekten Kosten deutlich niedriger aus als bei Schiedsprozessen oder vor den ordentlichen Gerichten.



Ein weiteres macht ein Kostenvergleich deutlich: bei geringen Streitwerten (bis etwa 100.000.--) bieten Mediationsverfahren, an denen die Parteien zusammen mit Anwälten teilnehmen, unter dem Gesichtspunkt des Aufwandes an Gebühren und Honoraren keine Vorteile. Dies ändert sich erst, wenn Verfahren ohne eine Beratung der Parteien durch Anwälte erfolgt. Dazu eignet sich allerdings nicht jeder Sachverhalt.

Damit sollten auch die Erwartungen relativiert werden, die insbesondere die Europäische Kommission in Methoden der Alternativen Konfliktbeilegung und die Mediation bei Reklamationen und Konsumentenstreitigkeiten im Zusammenhang mit grenzüberschreitend oder online getätigten Rechtsgeschäften zu setzen scheint. Um Probleme in diesem Bereich bewältigen zu können, wird es notwendig werden, andere Methoden kostengünstiger Konfliktauflösung zu entwickeln.



# 10.14
# Die Rolle von Mediationsdienstleistungs-Anbietern

Unter den oben aufgeführten Organisationen befinden sich nicht nur Vereinigungen und Interessenvertretungen von Mediatoren sondern auch solche Einrichtungen, deren Ziel die Förderung der Wirtschaftsmediation ist. Zu diesem Zweck haben diese Dienstleister Rahmenbedingungen, wie z.B. Verfahrensordnungen, Richtlinien für das Verhalten von Mediatoren usw. (in der Anlage finden Sie als Beispiel die Verfahrensordnung der gwmk) erarbeitet, die die ordnungsgemässe Abwicklung von Mediationsverfahren erleichtern sollen.



Diese Dienstleistungseinrichtungen bieten auch Einführungen und Schulungen in Mediation an, die sich nicht allein an künftige Mediatoren richten, sondern Kenntnisse über Mediation für Unternehmen oder beratende Berufe vermitteln.

Dem gleichen Ziel dient die Bereitstellung von Informationsmaterial oder Videos über Wirtschaftsmediationsfälle oder den Einsatz von Mediation bei innerbetrieblichen Konflikten. Der Hintergrund dieser Angebote besteht in der Erkenntnis, dass die Vorteile der Mediation im unternehmerischen Alltag und der anwaltlichen Praxis nur zum Tragen kommen, wenn die Betroffenen die Chancen realistisch einschätzen können, die der Einsatz alternativer Methoden der Konfliktbewältigung zu bieten vermag.

Aus dem gleichen Grunde bieten derartige Institutionen an, als Neutrale in einer konkreten Auseinandersetzung allen Beteiligten die Chancen des Einsatzes von Mediation darzustellen, bevor sich die Parteien auf eine Mediation einlassen oder einen Mediator bestellen. Die Erfahrung zeigt, dass der Vorschlag einer Seite, einen Konflikt mit alternativen Methoden zu lösen, der Ablehnung verfällt, weil man in Verkennung der Vorteile einer Mediation hinter der Anregung entweder Schwäche der anderen Seite vermutet oder ihr von vornherein misstraut. Da in vielen Situationen ein (von einer Seite vorgeschlagener Mediator) diese Überzeugungsarbeit nicht leisten kann oder keine Chance bekommt, dies zu tun, kann es für die Konfliktparteien hilfreich sein, sich dieser Angebote zu bedienen, um ein Mediationsverfahren überhaupt in Gang bringen zu können.

## 10.15
## Ausblick

*Interesse wächst*

Das Interesse an Mediation ist in Deutschland in den vergangenen Jahren deutlich gewachsen. Nicht nur hat sich die Zahl von Anwälten und Mitgliedern anderer Berufsgruppen, die sich intensiv mit Methoden der Alternative Dispute Resolution beschäftigen erhöht, sondern es finden sich zunehmend in Verträgen, an deren Ausarbeitung Rechtsanwälte beteiligt sind, Mediationsklauseln, welche die Beteiligten im Streitfalle vor dem Gang vor die Gerichte, zu Verhandlungen unter Hinzuziehung eines neutralen Dritten verpflichten.

*Zunehmend Erfolge*

In letzter Zeit konnten auch in Deutschland einige Streitfälle, bei denen es um Auseinandersetzungen über größere Millionenbeträge zwischen Industrieunternehmen ging, erfolgreich durch Mediationen abgeschlossen werden (neben dem oben berichteten Fall, handelte es sich um einen Rechtsstreit zwischen der AGIV, Frankfurt, und einer holländischen Gruppe über den Erwerb einer Beteiligung an dem Bauunternehmen Wayss & Freytag)

*Vorteile und Chancen*

Deutsche Unternehmen, die in USA, Großbritannien oder Australien tätig sind, erkennen zunehmend den Vorteilen, die Alternative Dispute Resolution in diesen Rechtsordnungen möglich machen.

In den USA, wie auch in Deutschland und einigen anderen Ländern, wird an verschiedenen Orten mit dem Einsatz von Mediation über das Internet experimentiert. Hierbei geht es darum, die Möglichkeiten, die neue Kommunikationswege im Falle von Konflikten eröffnen, auszutesten. Noch ist es zu früh, die Aussichten zu bewerten, die sich der Online-Mediation in Zukunft bieten könnten.

Gibt es Gründe, die Chancen zu vergeben, die auch und gerade ein Konflikt zu bieten vermag ?

# Anwendungskompass
# Mediation

**1.** Prüfen und nutzen Sie die Mediation als echte Alternative der Streitschlichtung im Bereich der Neuen Medien!

**2.** Beachten Sie, dass Mediation und Prozess einander ergänzen können und sich nicht ausschließen!

**3.** Mediation eignet sich besonders, wenn bei komplexen Sachverhalten richterliche Entscheidungen unberechenbar sind!

**4.** Achten Sie bei der Prüfung der Mediation auf die Frage, ob sich für beide Seiten eine win/win-Situation ergeben kann!

**5.** Prüfen Sie im Konfliktfall die ausführlichen beigefügte Checklisten der gwmk!

**6.** Achten Sie aber im Fall der Fälle vor allem auf die Auswahl eines erfahrenen Mediators!

**7.** Prüfen Sie anhand des Kosten-Schaubildes (am Ende), ob sich in Ihrem Fall auch Geld durch Mediation sparen läßt!

Literaturverzeichnis


[1]     Eidenmüller,Vertrags- und Verfahrensrecht der Wirtschaftsmediation,
        Köln, 2001, S.1 m.w.N. in der Folge zit. „Vertragsrecht"

[2]     zur Frage nach der Rolle des Rechts in der Mediation s.u.a.Risse, Me-
        diation & Recht, Beilage 9 zu BB 1999, S. 1 ff.

[3]     vgl. u.a. Schneider, Mediation im Wirtschaftsrecht in Breiden-
        bach/Henssler (Hrsg.) Mediation für Juristen Köln,1997,S. 171 ff.;
        Gottwald, WM 1998, 1258 ff.; Günther/Hoffer in Henssler/Koch
        (Hrsg.), Mediation, Bonn, 2000, S. 355 ff.; Mähler/Mähler in. Büch-
        ting/Heussen (Hrsg.) Beck'sches Rechtsanwalthandbuch 2001/2002
        Kapitel C 8, Rn. 81 Risse, NJW 2000, S. 1614 ff.

[4]     vgl. den Bericht über einen deutschen Mediationsfall von Neuenhahn,
        Consultant, 6,2000,S. 42 ff.) oder komplexe Anlagen- und Grossbau-
        ten (vgl. Mähler/Mähler, aaO., Rz. 82 m.w.N

[5]     vgl. Duve, Mediation und Vergleich im Prozess, Köln, 1999

[6]     vgl. hierzu Casper/Risse, ZIP, 2000, S.437 ff., Elsing, FS Sandrock,
        2000, S. 267 ff.

[7]     vgl. hierzu Eidenmüller, Mediation & Recht, Beilage 10, BB 1998, S.
        19 ff.; Kassing, Henssler/Koch aaO. S.557 ff.

[8]     vgl. zum Einsatz von Mediation im Arbeitsrecht Fachanwalt Arbeits-
        recht (FA) Spezial 9/2000 mit Beiträgen von Dendorfer, Monssen,
        Ponschab, Stückemann

[9]     vgl. Lipsky/ Seeber, The Appropriate Resolution of Corporate Dis-
        putes über eine Studie der Cornell-University und Pricewaterhouse-
        Coopers., Ithaka, 1968

[10]    vgl. Art. 17 der Richtlinie über den elektronischen Geschäftsverkehr
        2000/31 vom 8.6.2000, ABl. I 178 ff. v. 17.7.2000

[11]    zur Thematik, wann sich Mediation in wirtschaftsrechtlichen Streitig-
        keiten empfiehlt s.a.Duve/Ponschab, Zeitschrift für Mediation 1999, S.
        263 ff

[12]    Brams/Taylor, The win-Win Solution, New York ,1999, S. 19 ff.

[13]    hierzu auch Eidenmüller, aaO. S. 8 ff.

[14]     Zu den Folgerungen insbesondere vom Übergang von der Mediation
        zum Schiedsverfahren und der Rolle des Mediators bei der Fortsetzung
        des Rechtsstreites s. J.T. Peter, American Review on International Ar-
        bitration, 1998, S. 83 ff.

[15]     gwmk, Brienner Straße 9, 80333 München

[16]     vgl. zum Honorar des Mediators Brieske, in Henssler/Koch, Mediation
        in der Anwaltspraxis, 1999, S. 293 ff.

[17]     vgl. Neuenhahn, Consultant, 2000, Nr. 6, S. 42 ff

# 11 Rechtsschutz gegen Digitale Piraterie

RA Dr. Christian Oliver Dressel, BetaResearch GmbH;
RA Dr. Hauke Scheffler, KirchHolding GmbH & Co KG

## 11.1 Vorbemerkung

Der Begriff „e-commerce" muss als Modewort bezeichnet werden. Er beschreibt eine Vielzahl von Sachverhalten. Gemeinsam ist all diesen Formen elektronischer Geschäftsabwicklung, dass sie zukünftig einen wesentlichen Grundpfeiler für den Erfolg der Volkswirtschaft darstellen sollen. Es ist mittlerweile unstrittig, dass elektronischer Geschäftsverkehr eine Reihe von Chancen beinhaltet. Diesen Chancen stehen jedoch gleichermaßen auch Gefahren gegenüber. Ein Teil dieser Gefahren lässt sich mit dem Begriff „digitale Piraterie" zusammenfassen.

*Digitale Piraterie im e-commerce*

## 11.2 Einleitung

Digitale Piraterie hat sich in den letzten Jahren zu einem viel diskutierten Thema entwickelt. Dieses Interesse resultiert in erster Linie aus der Vielfalt der Verwendungs- aber auch Missbrauchsmöglichkeiten, die digitale Technologien den Nutzern eröffnen. Im Bereich dieser digitalen Sachverhalte sind vor allem Angriffe auf Netzwerkinfrastrukturen, Zugangskontrollsysteme und immaterielle Rechtsgüter in digital repräsentierter Form zu unterscheiden. Während in Fällen analoger Technologien etwa jeder Angriff auf geistiges Eigentum durch Kopiervorgänge einen erheblichen Verlust an Qualität mit sich brachte, sind digitale Angriffe bedeutend gefährlicher. Der

*Angriffsflächen der digitalen Technologien*

Vorgang des analogen Kopierens stellt immer einen Informationsverlust dar. Informationsverlust bedeutet geringere Qualität als Ergebnis einer Vervielfältigung. Bei digitalen Kopien werden dagegen binäre Daten übertragen. Dies kann ohne jeden Informationsverlust geschehen, so dass praktisch ein identischer Klon hergestellt wird, der inhaltlich vom Original in keiner Weise zu unterschieden ist. Diese hohe Qualität in Verbindung mit dem verhältnismäßig geringen Aufwand und niedrigen Kosten macht die Kopie „marktfähig". Es entstehen organisierte Strukturen, die digitale Kopien auf den Markt bringen, welche von den Originalen nicht mehr zu unterscheiden sind, oder Berechtigungsinformationen ausspähen und kommerziell verwerten. Während man früher unter kommerziellen Gesichtspunkten darüber hinwegsehen konnte, wenn z. B. VinylSchallplatten auf Tonbänder oder eine Musikkassette überspielt und auf Flohmärkten und Schulhöfen verkauft wurden, führen kommerzielle Angriffe heute zu Milliardenschäden bei betroffenen Unternehmen.



Digitale Piraterie findet sich heute nicht mehr nur in dem klassischen Bereich der Musikpiraterie, sondern überall dort, wo digitale Technologien zum Schutze und zur Vermarktung geistigen Eigentums eingeführt wurden. Erscheinungsformen sind etwa der Tausch von illegalen mp3-files über Systeme wie Napster, Angriffe auf E-Mail Verkehr, Angriffe auf Homepages oder Angriffe auf geschützte e-commerce- Anwendungen wie Pay-TV, Video on demand, Internettelefonie, e-books, sogenannte Trial-Versionen von Softwareprogrammen oder Spielen oder ähnliches.



Neben den unmittelbaren Milliardenschäden, die derartige Angriffe verursachen, führt all dies zu einem mittelbaren Folgeschaden in Form eines Vertrauensverlustes der Gesellschaft gegenüber der Funktionsfähigkeit des volkswirtschaftlichen Gutes electronic commerce aber auch zu sinkender Bereitschaft der Investoren und Produzenten, Werke in digitalem Format zu produzieren und zu vermarkten. Dieses Vertrauen aber auch die Bereitschaft der Medienschaffenden zu neuen Investitionen ist erforderlich, um derartige Systeme innerhalb einer Volkswirtschaft zu etablieren. Wenn es nicht gelingt, dieses Vertrauen zu schaffen und zu schützen, werden die heute diskutierten Vermarktungsmodelle – insbesondere für die Verwertung immaterieller Güter - über digitale Infrastrukturen kaum Zukunft haben.

Daher ist unter digitaler Piraterie in dem hier behandelten Kontext insbesondere eine Vorgehensweise/ein Handeln zu verstehen,

- womit unter Nutzung automatisierter Datenverarbeitung Delikte geplant, vorbereitet und ausgeführt werden;

- das sich gegen jede Art von Netzinfrastrukturen richtet, die dazu geeignet und bestimmt sind, textuelle oder audiovisuelle Informationen zu übertragen;

- das eine Bedrohung der Informationstechnologie in Form von ungesetzlichen Akten darstellt, die die Vertraulichkeit, Integrität, Verfügbarkeit und Authentizität von Daten beeinträchtigt, die elektronisch, magnetisch oder in einer nicht unmittelbar wahrnehmbaren Weise gespeichert oder übertragen werden.

In der folgenden Darstellung, die nicht in erster Linie für den rechtskundigen Leser geschrieben wurde, sollen praktische Hinweise gegeben werden, wie man sich mit juristischen Mitteln gegen solche Angriffe erfolgreich zur Wehr setzten kann. Je nach Sachlage, Eigenart der Angriffslage und Beweissituation, empfiehlt sich für Geschädigte eine Vorgehensweise, die verschiedenartige Instrumente des Straf- und/oder Zivilrechts heranzieht.



Ziel der Darstellung ist es, dem Betroffenen eine Einschätzung zu vermitteln, mit welchen Mitteln digitale Piraterie in der Praxis bekämpft werden kann. Naturgemäß können in einem derartigen Kontext weder die technische Beschreibung noch die juristische Wertung Vollständigkeit beanspruchen. Dies ergibt sich zum einen daraus, dass Angreifer sich immer neuer Tatwerkzeuge in Form digitaler Technik bedienen aber auch ständig neue Sicherheitslücken in Systemen veröffentlicht werden, die von Herstellern erst nach und nach geschlossen werden. Zum anderen werden juristisch komplexe und bislang unbehandelte Frage angesprochen, die in der Fachwelt zum Teil noch sehr umstritten sind. Im konkreten Fall wird es daher für den Verletzten immer geboten sein, einen Rechtsanwalt mit entsprechenden Kenntnissen aufzusuchen.



# 11.3
# Technik und Recht

Bevor auf die einzelnen Erscheinungsformen von Angriffen eingegangen wird, sind einige Worte zum Verhältnis zwischen technischer Prävention, technischer Schutzmaßnahmen und rechtlichem Schutz geboten. Grundsätzlich existieren technische Schutzvorrichtungen und -verfahren, die gegen nachfolgend dargestellte Angriffe schützen können. Technische Schutzmaßnahmen sind jedoch nur insoweit Gegenstand dieser Darstellung, als Art, Inhalt und Umfang von Angriffen zur Verdeutlichung des Rechtsschutzziels erforderlich sind. Es ist davon auszugehen, dass der Zweck technischer Schutzmaßnahmen in der Regel präventiv ist. Scheitern technische Schutzmaßnahmen allerdings, wovon spätestens nach Ablauf einer gewissen Zeit auszugehen ist, stellt sich die Frage nach repressivem Schutz.

Repressiver Schutz gegen Angriffe auf digitale Infrastrukturen und immaterielle Rechtsgüter in digitalem Format ist eine juristische Frage. Insofern kann man von einem zweistufigen Schutzmodell sprechen.

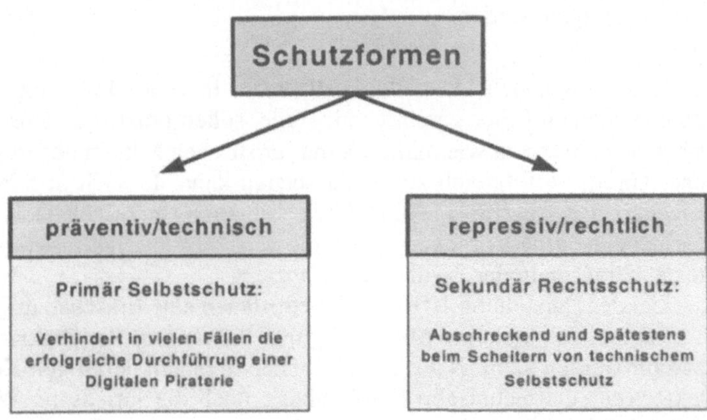




Auf der ersten Stufe findet ein technischer Schutz statt, auf der zweiten, also subsidiär, ein rechtlicher Schutz. Freilich rechtfertigt sich ein rechtlicher Schutz auch dort, wo technische Schutzmechanismen nicht ausgeschöpft wurden. Letztlich kann der Rechtsschutz durch den Gesetzgeber nicht deshalb verweigert werden, weil Betroffene sich nicht selbst ausreichend mit den Mitteln der Technik schützen. Im Strafrecht kann dieser Aspekt allerdings im Rahmen des Strafmaßes berücksichtigt werden. Im Zivilrecht wird die Frage angemessenen Selbstschutzes mittels technischer Schutzvorkehrungen z. B. im Zusammenhang mit der Frage nach der Schadensminderungspflicht des Geschädigten zu erörtern sein. Daher kann es sich für einen Täter im Ergebnis günstiger auswirken, wenn er seine Tat unter anderem auch deshalb begehen konnte, weil technische Schutzmaßnahmen nicht in dem verfügbaren Maße ergriffen wurden.

# 11.4
# Konkrete Angriffsformen

## 11.4.1
## Einsatz von „sniffern".

Mit dem Begriff *„sniffing"* werden eine Reihe von Fällen beschrieben, bei denen der Täter regelmäßig bestimmte Informationen ausspäht. Dabei dient das Ausspähen dieser Informationen in der Regel der Vorbereitung weiterer Angriffe. Diese Form der Bedrohung ist mit dem Anzapfen einer Telefonleitung vergleichbar. Dabei werden sämtliche oder einzelne Datenströme, die innerhalb eines Netzwerkes transportiert werden, mitgeschrieben. Ziel eines solchen Angriffs ist die Ermittlung von Detailinformationen über Systeme, die später für andere Angriffe genutzt werden. Das *„sniffing"* kann sich z. B. auf eine TCP/IP Datenübertragung (unautorisiert) beziehen. In diesem Fall können z. B. innerhalb von Netzwerken Passworte mitgelesen werden, sofern sie unverschlüsselt innerhalb eines Netzwerkes übertragen werden.



Eine Unterform dieses Angriffs ist z. B. das sog. *IP-sniffing.* Das sogenannte *IP-sniffing* dient zur Ermittlung der IP-Adresse des Opfers. Hat der Täter die IP-Adresse ausgespäht, kann er gezielt Inhalte, die diese IP-Adresse betreffen, abhören *(sog. packet-sniffing)*. Hierzu existieren verschiedene Softwareprogramme, mit denen die übertragenen Daten auch angezeigt werden können. Diese sind Bestandteil von Betriebssystemen, bzw. in Form von Freeware auf bestimmten Internetseiten verfügbar. Die Tools, die als *sniffer* eingesetzt werden können, sind im Prinzip nichts anderes als Programme (sog. Trojaner), die das TCP/IP Protokoll lesen können und diese Informationen an den Täter versenden. Erfolgt deren Einsatz, um Passwörter oder Benutzeridentifikationen abzugreifen, wird auch von "*password-sniffing*" gesprochen. Besonders fatal ist der Einsatz von *sniffern* innerhalb von Firmen. Angriffe auf ein Intranet können etwa von außerhalb erfolgen, indem innerhalb des Netzes ein „trojanisches Pferd" installiert wird, welches Daten nach außen schickt. Innerhalb eines Netzwerkes ist der Angriff unproblematisch, weil die Notwendigkeit, ein trojanisches Pferd zu installieren, entfällt. Ebenso unproblematisch ist der Angriff auf eine gekappte Datenleitung, weil lediglich ein Rechner mit entsprechendem Tool zwischengeschaltet sein muss.

Bevor man über rechtliche Gegenmaßnahmen gegen *sniffer* nachdenkt, stellt sich die Frage nach dem Entdecken der Tat. Rein praktisch können solche Angriffe zunächst einmal dadurch erkannt werden, dass Daten, z. B. in Form von Passwörtern, abhanden kommen. Auch das Senden von Daten im Ruhezustand des Rechners kann bereits ein Indiz für einen Angriff sein. In der Regel wird man den Angriff jedoch mittels einer *firewall* erkennen. Dabei ist allerdings zu bemerken, dass jede *firewall* nur so gut ist, wie sie eingestellt ist. Die *firewall* überwacht alle *Ports* und meldet sich, wenn an einem *Port* Aktivitäten festgestellt werden, die dort nicht stattfinden sollten. Auf diese Weise werden *sniffer*-Angriffe in der Regel erkannt.



Weiter setzen rechtlichen Gegenmaßnahme voraus, dass sich die Person des Angreifers feststellen lässt oder zumindest der Rechner, von dem aus der Angriff durchgeführt wird. Die klassische *sniffer*-Angriff erfolgt von einem externen Rechner auf ein Intranet, indem innerhalb des Intranets ein Trojaner platziert wird. Der Trojaner sammelt Daten und sendet diese über den erkannten Port nach außen. Gelingt es, dieses Datenpakte zu identifizieren, lässt sich feststellen an welche IP-Adresse die Daten versendet werden.



Die IP-Adresse ist eine 32 Bit Binärziffer, die innerhalb eines Netzwerkes einen bestimmten Rechner kennzeichnet und im sogenannten *Dotted Quad-Format* ausgedrückt wird. Die kleinste IP-Adresse lautet 0.0.0.0 und die größte 255.255.255.255. Mittels des sogenannten DNS *(Domain Name Systems)* wird jeder IP-Adresse eine bestimmte Buchstabenfolge zugewiesen. So hat etwa die Stadt München die Domain „Muenchen.de" mit den IP-Adressen von 194.113.40.0 - 194.113.41.255.



Zu bemerken bleibt allerdings, dass IP-Adressen in der Regel nicht statisch, sondern dynamisch vergeben werden. Dynamisch bedeutet, dass bei jedem Einwählen in ein Netz eine neue IP-Adresse vergeben wird, was wiederum daraus resultiert, dass nur eine begrenzte Anzahl von IP-Adresse vergeben werden können. Vergeben werden die IP-Adresse von sog. ISP's *(Internet Service Provider)*.
Hat man auf dieser Weise oder ähnlich die IP-Adresse des Angreifers ermittelt, gibt es die Möglichkeit auf die Domain zu schließen. Hier ist zum Beispiel der Diensteanbieter www.ripe.de zu nennen mit der Subdomain http://www.ripe.net/cgi-bin/whois. Nach Eingabe der IP-Adresse wird der zugehörige Rechner benannt.



Freilich kann die IP-Adresse auch zu einem, unter Umständen im Ausland sitzenden Provider führen, so dass die Identifikation des eigentlichen Angreifers schwieriger ist. Jedenfalls wird der Provider aber über Daten verfügen, die die IP-Adresse einer bestimmten Person, bzw. einem Rechner, zuordnen. Dies gilt auch bei der dynamischen Vergabe der IP-Adressen. Da der Provider diese Daten aber schon aus Gründen des Datenschutzes – zumindest wird sich darauf berufen - nicht an eine private Person herausgeben wird, benötigt man bereits an dieser Stelle die Hilfe staatlicher Stellen.

Wie noch zu zeigen sein wird, liegen in Fällen des *sniffings* konkrete Anhaltspunkte für eine Straftat oder deren Versuch vor. Es kann daher der Weg beschritten werden, bei der Staatsanwaltschaft eine Strafanzeige zu erstatten. Der Staatsanwalt hat dann die Möglichkeit bei dem zuständigen Amtsgericht einen Durchsuchungsbeschluss zu beantragen, sofern der Provider die Daten nicht freiwillig nach Aufforderung durch den Staatsanwalt herausgibt.

Hat man also festgestellt, dass der Angriff z. B. von der IP-Adresse 194.113.40.200 aus geführt wird und über www.ripe.de die Landeshauptstadt München als Angreifer identifiziert, ist der Boden geebnet, um über konkrete juristische Maßnahmen nachzudenken.



Außerhalb des rechtlichen Instrumentariums gibt es allerdings zunächst auch einmal die praktische Möglichkeit, schlicht bei dem Angreifer anzurufen. Wurde zum Beispiel ein Angriff von einem Rechner der Stadt München aus gestartet, kann der dortige Administrator sicher weiterhelfen, etwa eine bestimmte Person zu identifizieren. Dies kann bereits dazu führen, dass zukünftig Angriffe unterbleiben.

Will man sich jedoch mit dem juristischen Instrumentarium gegen „*sniffing*" wehren, hat man sich des zivil- und strafrechtlichen Instrumentariums des Geheimnisschutzes zu bedienen.

## 11.4.1.1
### Strafrechtlicher Geheimnisschutz

### §§ 201, 202 StGB (Verletzung der Vertraulichkeit des Wortes, Verletzung des Briefgeheimnisses)

§ 201 StGB regelt vier Tatbestände. Jeder dieser Tatbestände schützt jedoch nur das nicht öffentlich gesprochene Wort. Dabei ist das gesprochene Wort im Gegensatz zum geschrieben oder durch andere Zeichen dargestellte Wort zu verstehen. Sofern also Wörter durch elektromagnetische Zustände repräsentiert werden und mittels des „*sniffing*" ausgespäht werden, scheidet die Anwendung des § 201 StGB regelmäßig aus. § 202 StGB schützt das Briefgeheimnis und setzt die Existenz eines verschlossenen Briefes oder ein anderes verschlossenen Schriftstückes voraus. Da diese Voraussetzung ebenfalls regelmäßig nicht vorliegen und sich jede Analogie zum Nachteil des Täters verbietet, findet auch diese Vorschrift keine Anwendung.

§ 202a StGB: Wider-
rechtliche Beschaf-
fung von Daten

Nach § 202a StGB macht sich strafbar, wer Daten, die nicht für ihn bestimmt sind und die gegen unberechtigten Zugang besonders gesichert sind, sich oder einem anderen verschafft. Nicht für den Täter bestimmt sind Daten, die nach dem Willen des Berechtigten nicht oder noch nicht oder nicht mehr in den Herrschaftsbereich des Täters gelangen sollen. Dabei ist bei Übermittlung allerdings auch der Empfänger berechtigt. Gegen unberechtigten Zugriff besonders gesichert sind Daten, wenn Vorkehrung speziell zu dem Zweck getroffen sind, den Zugang Unbefugter zu verhindern oder zu erschweren. Dabei kommt es darauf an, ob Sicherungen geeignet erscheinen, einen wirksamen Schutz zu erreichen. Werden etwa Daten in einem Netzwerk verschlüsselt übertragen, kann man von einer solchen Sicherung sprechen. Fehlt jedoch eine Verschlüsselung oder handelt es sich schlicht um IP-Adressen, wird man einen solchen Schutz in der Regel verneinen müssen. An diesem Beispiel erkennt man, dass Verschlüsselung nicht ausschließlich ein technischer, also präventiv wirkender Schutz ist, sondern auch eine strafrechtlich repressive Wirkung entfaltet. In den klassischen Fällen des *sniffings* wird daher die Tatbestandsvoraussetzung der „besonderen Sicherung" fehlen, was jedoch im konkreten Fall jeweils gesondert untersucht werden muss.

### § 203 StGB (Verletzung von Privatgeheimnissen)

§ 203 StGB:
Sonderdelikt

§ 203 StGB ist ein sogenanntes Sonderdelikt. Täter kann daher nur sein, wer eine bestimmte Eigenschaft aufweist. Ein Tat nach § 203 Absatz 1 StGB kann nur begehen, wer zur einer der folgenden Berufsgruppen gehört:

- Arzt,
- Zahnarzt,
- Tierarzt,
- Apotheker oder Angehörigen eines anderen Heilberufs, der für die Berufsausübung oder die Führung der Berufsbezeichnung eine staatlich geregelte Ausbildung erfordert,
- Berufspsychologe mit staatlich anerkannter wissenschaftlicher Abschlussprüfung,
- Rechtsanwalt,
- Patentanwalt,
- Notar,
- Verteidiger in einem gesetzlich geordneten Verfahren,

- Wirtschaftsprüfer,

- vereidigter Buchprüfer,

- Steuerberater,

- Steuerbevollmächtigter oder Organ oder Mitglied eines Organs einer Rechtsanwalts-, Patentanwalts-, Wirtschaftsprüfungs-, Buchprüfungs- oder Steuerberatungsgesellschaft,

- Ehe-, Familien-, Erziehungs- oder Jugendberater sowie Berater für Suchtfragen in einer Beratungsstelle, die von einer Behörde oder Körperschaft, Anstalt oder Stiftung des öffentlichen Rechts anerkannt ist,

- Mitglied oder Beauftragter einer anerkannten Beratungsstelle nach den §§ 3 und 8 des Schwangerschaftskonfliktgesetzes,

- staatlich anerkannter Sozialarbeiter oder staatlich anerkannter Sozialpädagoge oder Angehöriger eines Unternehmens der privaten Kranken-, Unfall- oder Lebensversicherung oder einer privatärztlichen Verrechnungsstelle.

- Für eine Tat nach § 203 Absatz 2 StGB muss der Täter zu einer der folgenden Personengruppen gehören:

- Amtsträger,

- für den öffentlichen Dienst besonders Verpflichteter,

- Person, die Aufgaben oder Befugnisse nach dem Personalvertretungsrecht wahrnimmt,

- Mitglied eines für ein Gesetzgebungsorgan des Bundes oder eines Landes tätigen Untersuchungsausschusses, sonstigen Ausschusses oder Rates, das nicht selbst Mitglied des Gesetzgebungsorgans ist, oder als Hilfskraft eines solchen Ausschusses oder Rates,

- öffentlich bestellter Sachverständiger, der auf die gewissenhafte Erfüllung seiner Obliegenheiten auf Grund eines Gesetzes förmlich verpflichtet worden ist, anvertraut worden oder sonst bekannt geworden ist.

§ 203 Absatz 1 StGB ist dann erfüllt, wenn eine Person, die einer der genannten Berufsgruppen angehört, unbefugt ein fremdes Geheimnis offenbart. Als Beispiel für ein solches Geheimnis nennt das Gesetz ein zum persönlichen Lebensbereich gehörendes Geheimnis oder ein Betriebs- oder Geschäftsgeheimnis.

Späht der Täter demnach mittels *sniffing* eine solches Geheimnis aus und handelte er auch mindestens mit bedingten Vorsatz, kann man eine Strafbarkeit nach § 201 Absatz 1 StGB annehmen. Beim schlichten *IP-sniffing* wird eine Strafbarkeit jedoch ausscheiden.

Nach § 203 Absatz 2 StGB macht sich strafbar, wer unbefugt ein fremdes Geheimnis offenbart. Auch hier dürfte, wie in Absatz 1, die Qualität der ausgespähten Information für die Strafbarkeit maßgeblich sein.

### § 205 StGB (Strafantrag)



Zu den §§ 201 Absatz 1 und 2 und den §§ 202 bis 204 StGB ist zu beachten, dass es sich um Antragsdelikte handelt. Stellt man also fest, dass man möglicherweise Opfer einer *sniffing*-Attacke ist, werden die Strafverfolgungsbehörden nur auf Antrag tätig. Es empfiehlt sich, bei der Kriminalpolizei anzurufen und nach dem jeweiligen Fachkommissariat zu fragen und direkt dort Strafanzeige zu erstatten und Strafantrag zu stellen. Das Fachkommissariat kann Vorermittlungen durchführen, bevor es die Sache zur rechtlichen Würdigung an die Staatsanwaltschaft abgibt. Zwar kann die Strafanzeige und der Strafantrag auch bei jeder anderen Polizeidienststelle aufgenommen werden, nur zeigt die Praxis, dass man dort in der Regel für komplexe technische Sachverhalte mit komplizierten juristischen Fragen  nur wenig Verständnis aufbringt. Zu beachten ist schließlich, dass der Strafantrag nur innerhalb einer Frist von 3 Monaten gestellt werden kann.

### § 206 StGB (Verletzung des Post- / Fernmeldegeheimnisses)



Bei § 206 StGB handelt es sich, ebenso wie bei § 203 StGB, um eine Sonderdelikt. Täter kann nur sein, wer Inhaber oder Beschäftigter von Unternehmen ist, die geschäftsmäßig Post- und Telekommunikations-Dienstleistungen erbringen.



Nach § 206 Absatz 1 StGB macht sich ein solcher Täter strafbar, wenn er unbefugt einer anderen Person eine Mitteilung über Tatsachen macht, die dem Post- oder Fernmeldegeheimnis unterliegen. Dabei kann das Postgeheimnis hier unbeachtet bleiben. Nach § 206 Absatz 5 StGB unterliegt dem Fernmeldegeheimnis der Inhalt der Telekommunikation und ihre näheren Umstände, insbesondere die Tatsache, ob jemand an einem Telekommunikationsvorgang beteiligt ist oder war. Dabei erstreckt sich das Telekommunikationsgeheimnis auch auf die näheren Umstände erfolgsloser Verbindungsversuche. Es war der erklärte gesetzgeberische Wille, dass der Inhalt des Begriffs „Fernmeldegeheimnis" über § 85 des Telekommunikationsgesetztes  (TKG) und dessen weiteren Begriffsbestimmungen vorzunehmen ist.

Danach ist unter „Telekommunikation" der technische Vorgang des Aussendens, Übermittelns und Empfangens von Nachrichten jeglicher Art in der Form von Zeichen, Sprache, Bildern oder Tönen mittels Telekommunikationsanlagen zu verstehen (§ 3 Nr. 16 TKG). Telekommunikationsanlagen sind wiederum technische Einrichtungen oder Systeme, die als Nachrichten identifizierbare elektromagnetische oder optische Signale senden, übertragen, vermitteln, empfangen, steuern oder kontrollieren können (§ 3 Nr. 17 TKG). Da diese Begriffsbestimmungen insgesamt sehr weit gehen, dürfte daher jede Form der Kommunikation in diesem Sinne geschützt sein. Dies gilt für E-Mail ebenso wie für jede andere Art der Datenübertragung. Auch dürften IP-Adressen in den Schutzbereich des § 206 StGB fallen, da sie Aufschluss darüber geben, wer an der Kommunikation beteiligt war.



Sofern also der Täter zu dem beschriebenen Personenkreis gehört, die mittels *sniffing* ausgespähten Daten unter das Telekommunikationsgeheimnis fallen und der Täter diese Daten einer anderen Person mitteilt, dürfte eine Strafbarkeit nach § 206 Absatz 1 StGB zu bejahen sein. Dient das *sniffing* jedoch wie häufig nur der Vorbereitung weiterer Angriffe, wird es an der Mitteilung fehlen, womit eine Strafbarkeit zu verneinen wäre.

## §§ 303a, 303b StGB (Datenveränderung, Datensabotage)

Nach § 303a StGB macht sich strafbar, wer rechtswidrig Daten löscht, unterdrückt, unbrauchbar macht oder verändert. Die Beschreibung dieser Tathandlungen lässt bereits erkennen, dass es um die Beeinträchtigung der Brauchbarkeit der Daten geht. Da dies jedoch im Regelfall beim *sniffing* nicht der Fall ist, wird eine Strafbarkeit nach § 303a StGB zu verneinen sein.

§ 303b StGB setzt immer voraus, dass eine Datenverarbeitung gestört wird. Dabei reicht die bloße Gefährdung nicht aus, sondern der Ablauf muss nicht unerheblich beeinträchtigt werden. Auch dies wird im Regelfall des *sniffings* nicht vorliegen.



## §§ 17, 20 UWG (Verrat von Geschäfts- und Betriebsgeheimnissen)

§ 17 UWG muss als die zentrale Vorschrift zum Schutze von Geschäfts- und Betriebsgeheimnissen bezeichnet werden. Dabei stellt § 17 Abs. 1 UWG ebenso wie die §§ 203, 206 ein Sonderdelikt dar, welches nur durch einen „Angestellten, Arbeiter oder Lehrling eines Geschäftsbetriebes" begangen werden kann. Weist der Täter diese Sondereigenschaft auf, so macht er sich strafbar, wenn ein Geschäfts- oder Betriebsgeheimnis, das ihm vermöge des Dienstverhältnisses anvertraut worden oder zugänglich geworden ist, während der Geltungsdauer des Dienstverhältnisses an jemanden zu Zwecken des Wettbewerbs, aus Eigennutz, zugunsten eines Dritten oder in der Absicht, dem Inhaber eines Geschäftsbetriebes Schaden zuzufügen, mitteilt.

Neben den genannten Voraussetzungen ist daher für die Fälle des *sniffings* vor allem fraglich, ob die ausgespähten Daten ein Geschäfts- oder Betriebsgeheimnis darstellen.

Nach überwiegender Auffassung kann eine Tatsache dann als ein solches angesehen werden, wenn es in einem Zusammenhang mit einem Geschäftsbetrieb steht, nicht offenkundig ist und nach dem bekundeten Willen und den berechtigten wirtschaftlichen Interessen des Inhabers geheimgehalten werden soll.

Beim *IP-sniffing* wird man diese Voraussetzungen für die IP-Adresse verneinen müssen, da die IP-Adresse innerhalb des Netzwerkes an den Empfänger übertragen wird und somit der Geheimhaltungswille zu verneinen ist. Etwas anderes kann gelten, wenn Datenpakete mittels *sniffing* ausgespäht werden, deren Inhalt die genannten Voraussetzungen erfüllen und der Täter auch den entsprechenden Vorsatz aufwies.



Im Gegensatz § 17 Absatz 1 UWG ist § 17 Absatz 2 UWG kein Sonderdelikt, sondern kann von jedermann begangen werden.
Nach § 17 Absatz 2 Ziffer 2 UWG macht sich zunächst derjenige strafbar, wer ein Geschäfts- oder Betriebsgeheimnis, das er sich „unbefugt verschafft oder gesichert hat", unbefugt verwertet oder jemandem mitteilt.



Neben dieser Grundnorm finden sich im Gesetz zeitliche Vorverlagerungen der Strafbarkeit. Hier ist zunächst der § 17 Absatz 2 Ziffer 1 UWG zu nennen. Danach macht sich strafbar, wer zu Zwecken des Wettbewerbs, aus Eigennutz, zugunsten eines Dritten oder in der Absicht, dem Inhaber des Geschäftsbetriebes Schaden zuzufügen, sich ein Geschäfts- oder Betriebsgeheimnis durch die Anwendung technischer Mittel, Herstellung einer verkörperten Wiedergabe des Geheimnisses oder Wegnahme einer Sache, in der das Geheimnis verkörpert ist, unbefugt verschafft oder sichert.

Noch weiter in der Vorverlagerung der Strafbarkeit geht § 20 UWG. Danach macht sich bereits derjenige strafbar, wer zu Zwecken des Wettbewerbs oder aus Eigennutz jemanden zu einem Vergehen gegen den § 17 UWG zu verleiten sucht oder das Erbieten eines anderen zu einem solchen Vergehen annimmt.

Für die Fälle des *sniffings* wird sich jedoch immer die zentrale Frage stellen, ob das Tatobjekt, also die ausgespähte Information, ein Geschäfts- oder Betriebsgeheimnis ist.

- Verletzung der Vertraulichkeit des Wortes oder des Brief-
  geheimnisses, §§ 201,202 StGB;

- Ausspähen von Daten, § 202a StGB;

- Verletzung von Privatgeheimnissen, § 203 StGB;

- Verletzung des Post- oder Fernmeldegeheimnisses, § 206
  StGB;

- Datenveränderung, Datensabotage, §§ 303a,303b StGB

- Verrat von Geschäfts- und Betriebsgeheimnissen, §§ 17,20
  UWG

### 11.4.1.3  Zivilrechtlicher Geheimnisschutz

Grundsätzlich ist zunächst festzuhalten, dass strafrechtlicher und zivilrechtlicher Rechtsschutz gleichberechtigt nebeneinander stehen.
Wird man durch *sniffing* angegriffen, hat man sich immer zunächst
zu fragen, welches Ziel man mit rechtlichen Maßnahmen erreichen
möchte.

Eine wesentliche Entscheidungsgrundlage ergibt sich zunächst
daraus, wer die sogenannte „Ermittlungslast" trägt. Wählt man strafrechtlichen Schutz, gilt der sogenannte Amtsermittlungsgrundsatz.
Danach haben die Ermittlungsbehörden, also die Staatsanwaltschaft
mit Hilfe der Polizei, den Sachverhalt zu erforschen. Wählt man zivilrechtlichen Rechtsschutz, hat man alle Voraussetzungen für den
Anspruch, den man geltend macht, selbst zu behaupten und zu beweisen. Dies kann etwa dann problematisch sein, wenn zunächst Daten von einem Provider herausverlangt werden müssen.

Auch wenn die Ermittlungsbehörden naturgemäß nicht besonders
erfreut darüber sind, bietet es sich jedoch an, zunächst strafrechtlichen Rechtsschutz zu suchen und die Staatsanwaltschaft und die Polizei ermitteln zu lassen. Danach kann man dann zivilrechtlich vorgehen und die Ergebnisse des Strafverfahrens verwerten. Dies hat
insgesamt den Vorteil, dass der Täter zum einen den Belastungen
des Ermittlungsverfahrens ausgesetzt wird und zum anderen Beweise gesichert werden, die man im Zivilprozess nicht mehr selbst zu
beschaffen braucht. Zudem ist das Strafverfahren (abgesehen von
den Rechtsanwaltsgebühren) kostenlos.

Den Kern des zivilrechtlichen Geheimnisschutzes bildet das Deliktsrecht, welches in den §§ 823 ff. BGB geregelt ist. Innerhalb des
Deliktsrechts gibt es den § 823 Absatz 2 Satz 1 BGB, der praktisch
das zivilrechtliche Gegenstück zum Strafrecht darstellt. Danach ist

derjenige zum Schadensersatz verpflichtet, wer gegen ein den
Schutz eines anderen bezweckenden Gesetz verstößt. Ein solches
Schutzgesetz liegt nach ständiger Rechtsprechung dann vor, wenn
der Schutz zumindest auch auf bestimmte Rechtsgüter oder Interessen des einzelnen zielt.

Da § 202a StGB (Ausspähen von Daten) den individuellen Geheimbereich schützt, dürfte darin auch ein Schutzgesetz i. S. d. § 823
Absatz 2 BGB zu sehen sein. Ähnliches gilt die §§ 206 (Verletzung
des Post- oder Telekommunikationsgeheimnisses) und die §§ 17, 20
UWG.

Können also die Voraussetzungen dieser Strafvorschriften bejaht
werden, kann der Verletzte nach § 823 Absatz 2 BGB grundsätzlich
auch Schadensersatz verlangen, was sich ebenfalls auch aus § 826
BGB ergibt.

Neben § 823 Absatz 2 BGB können auch Ansprüche aus
§ 823 Absatz 1 BGB unter dem Gesichtspunkt der Verletzung des
eingerichteten und ausgeübten Gewerbebetriebs abgeleitet werden
oder aus § 19 UWG, sofern ein Wettbewerbsverhältnis vorliegt.

Bei der Geltendmachung dieses Anspruchs stößt man allerdings
auf praktische Probleme, die sich aus der Beweislastverteilung ergeben.

*Beweislast*  Der Verletzte hat zunächst zu beweisen, dass eine verschuldete
Schutzgesetzverletzung vorliegt. Dieser Beweis kann geführt werden, indem man zuvor ein Strafverfahren durchführen ließ und es zu
einer Verurteilung kam. Ohne ein solches Strafverfahren wird der
Beweis kaum zu führen sein.

*Schwächen des*  Praktische Probleme verursachen zudem die drei sogenannten
*Deliktsrechts*  „Schwächen des Deliktsrechts". Täter können sich exkulpieren, die
Verjährungsfrist ist verkürzt und der Anspruchsteller hat zu beweisen, dass der Täter verschuldet gehandelt hat.

All diese Klippen gilt es zu umschiffen, will man mit deliktischen
Anspruchsgrundlagen gegen *sniffing* vorgehen will.

*Anspruch auf*  Der Anspruch des Verletzten kann sich beim *sniffing* auch auf
*Unterlassung*  Unterlassung richten. Unterlassungsansprüche finden sich im allgemein bürgerlichen Recht (§§ 826, 823, 1004 BGB), können sich aber vor allem auch aus dem Wettbewerbsrecht ergeben. Wird zu
Zwecken des Wettbewerbs gehandelt, folgt der Unterlassungsanspruch aus § 1 UWG, wobei jedoch das allgemeine bürgerliche zurücktritt. Bemerkenswert ist, dass im Fall eine wettbewerbsrechtlichen Anspruchsgrundlage nach § 13 Absatz 2 UWG der Betriebsinhaber für Verletzungshandlungen seiner Angestellten haftet.

*Prozessrisiko*  In vielen Fällen mit technischen Sachverhalten stellt sich vor Erhebung der Klage die Frage nach dem Prozessrisiko. Das Prozessrisiko ist häufig deshalb besonders hoch, weil der Ausgang einer Beweisaufnahme nicht vorausgesehen werden kann. Trägt also der Kläger die Beweislast für eine Tatsache, wird er den Prozess verlieren und sämtliche Kosten tragen müssen, wenn er diese Tatsache nicht beweisen kann. In diesen Fällen bietet es sich an vor Klageerhebung entweder einen Privatgutachter zu beauftragen, die Tatsachen festzustellen oder ein selbständiges Beweisverfahren nach den §§ 485 ff. ZPO durchzuführen. In der Regel wird allerdings ein selbständiges Beweisverfahren vorzuziehen sein, da der Beweiswert des Gutachtens, das der gerichtlich bestellte Sachverständige erstellt, regelmäßig höher ist.

## 11.4.2
## *„Hacken"* von Passwörtern

Eine Fallgruppe, die in der Vergangenheit immer wieder für Aufsehen sorgte, ist der Einsatz von Passwortcrackern. Seit Jahrzehnten sind etwa die Fälle bekannt, in denen die Passwörter für den Zugang zum BTX/T-Online-System ausgespäht und eingesetzt wurden. In letzter Zeit stellen renommierte Softwarefirmen zudem Trial-Versionen zum Download in das Internet. Dabei kann man sich eine Vollversion eines Softwareprodukts auf sein System laden. Nach Zahlung eines Geldbetrages erhält man die Lizenz und ein Passwort zur Freischaltung einer – in der Regel – 30 Tages Sperre.
Hier dauerte es nicht lange, bis die entsprechenden Passwörter auf Piratenservern zur Verfügung gestellt wurden.
Derartige Angriffe basieren in der Regel nicht auf einer Entschlüsselung eines verschlüsselten Passwortes, denn Passwörter, die mit einem starken Algorithmus verschlüsselt wurden sind nur schwer zu knacken.

Angriffen in dieser Form liegt in der Regel einer von zwei Fällen zugrunde. Entweder, der Inhaber des Passwortes passt schlicht nicht auf und verliert das Passwort, der Täter hat Insiderwissen oder es wird eine sogenannte *Brute-Force-Attack* angewendet, d.h. mittels hoher Rechnerleistung und entsprechender Software werden viele Zeichenkombinationen durchprobiert, die ein Passwort- *cracking* - Programm einer entsprechenden Datei entnimmt. Dabei ist dann die Qualität des gewählten Passworts mitausschlaggebend, wie erfolgreich ein derartiger Angriff ist.

Bei der rechtlichen Bewertung ist allerdings das Ausspähen des Passwortes und dessen Einsatz zu unterscheiden.
Zum Ausspähen von Passwörtern kann auf die Ausführungen zum *sniffing* verwiesen werden. Besonders zu bemerken ist, dass es sich

Passwordcracker

Brute-Force-Attack

Rechtliche Bewertung

hier häufig um Geschäfts- oder Betriebsgeheimnisse handeln dürfte, so dass eine Anwendung der §§ 17, 20 UWG nahe liegt.

Untersucht man die rechtliche Bewertung des Einsatzes von ausgespähten Passwörtern, kommt es wiederum auf die konkrete Form des Einsatzes an.



Der Gesetzgeber hat sich entgegen anderer Vorschläge bewusst dafür entschieden, das bloße *hacking*, also das schlichte Eindringen in einen Datenspeicher oder Datenverarbeitungsvorgang straflos zu stellen. Etwas anderes gilt nur dann, wenn der Täter in dem System etwa Daten aufruft oder dem Verletzten ein Vermögensschaden entsteht. In dem ersten Fall wird nach überwiegender Meinung und unter den weiteren gesetzlichen Voraussetzungen der Tatbestand des Ausspähens von Daten nach § 202a StGB verwirklicht, in dem zweiten Fall ein Computerbetrug nach § 263a StGB. Schließlich kann in dem Einsatz des ausgespähten Passwortes auch eine Verwertungshandlung gesehen werden, so dass der Tatbestand des Verrats von Geschäfts- und Betriebsgeheimnissen nach § 17 Absatz 2 Ziffer 2 UWG erfüllt sein kann.

## 11.4.3
## "Denial of Service Angriffe"



Bei den durch verschiedene Vorfälle im Jahr 2000 im Zusammenhang mit kriminellen Maßnahmen gegen Internetangebote von Amazon, CNN oder Yahoo! einer breiteren Öffentlichkeit bekannt gewordenen Vorfällen handelt es sich um Angriffe, die vorsätzlich oder fahrlässig Rechner bzw. Rechnernetzwerke in ihrer Funktionsfähigkeit einschränken bzw. deren Funktionsfähigkeit/Verfügbarkeit für einen vorübergehenden Zeitraum völlig aufheben.



Die Kommunikation zwischen verschiedenen Rechnern auf der Basis des verbindungsorientierten TCP-Protokolls bedarf des Austausches verschiedener Datenpakete mit Kontrollfunktion, mit denen sich beide Rechner sozusagen über den Status der TCP Verbindung verständigen.



Hat ein Client nun durch das Senden eines bestimmten Befehls eine Verbindung zum Server aufgebaut, geht der Server auf einen Zustand über, in dem er auf eine Antwort des Client wartet. Die Daten für alle Verbindungen in denen der Server auf eine Antwort wartet, werden im Hauptspeicher abgelegt. Der Angriff erfolgt, indem der Täter unmittelbar aufeinanderfolgend viele Anfragen zum Aufbau einer Verbindung an den Server, meist unter unautorisierter Verwendung anderer Rechner sendet. Der Server antwortet auf jedes Datenpaket, das eine Anfrage enthält und wartet auf das Datenpaket, das ihm die Beendigung des Verbindungsaufbaus signalisiert. Dieses Datenpaket wird vom Angreifer aber nicht abgeschickt. Für den Zeitraum des Abwartens auf dieses letzte Paket gibt der Server den hierfür vorgesehenen Speicherbereich nicht frei. Wenn der Angreifer nun also so viele Anfragen zum Aufbau einer Verbindung an den Server sendet, ohne jeweils das letzte Datenpaket zur Beendigung der Verbindung zu schicken kommt es zu einem Speicherüberlauf, weitere Verbindungen können nicht mehr aufgebaut werden und der Server ist nicht mehr erreichbar.

Diese Angriffe auf Server von Yahoo!, Amazon, e-trade etc. haben nach Angaben von Versicherern zu Aktienkursverlusten von mehreren Milliarden Dollar und Umsatzverlusten in Höhe dreistelliger Millionenbeträge geführt.



Die Schwächen des Rechtsschutzes gegen derartige Angriffe sind in letzter Zeit heftig diskutiert worden. Bei einer rein nationalen Betrachtung ist die Erlangung von Rechtsschutz allerdings weitgehend unproblematisch. Probleme entstehen immer dann, wenn ein internationales Rechtsschutzgefälle im materiellen Recht besteht. Aber auch Defizite bei der Effizienz der Rechtshilfe werden bei diesen Sachverhalten besonders deutlich.



Nach § 303b StGB macht sich der Computersabotage schuldig, wer eine Datenverarbeitungsanlage, die für einen fremden Betrieb, ein fremdes Unternehmen oder eine Behörde von wesentlicher Bedeutung ist, dadurch stört, dass er eine Datenverarbeitungsanlage oder einen Datenträger zerstört, beschädigt, unbrauchbar macht, beseitigt oder verändert. Nach § 303c StGB handelt es sich um ein Antragsdelikt, weshalb auf die obigen Ausführungen verwiesen werden kann. Über § 823 Absatz 2 BGB haftet der Täter auch auf Schadensersatz, was sich ebenfalls aus dem Ausgeführten ergibt.



Das praktische Problem besteht in der Internationalität der Angriffe. Zwar ist deutsches Recht grundsätzlich anwendbar, da der Schaden in Deutschland eintritt, jedoch muss ein Angreifer erst einmal ermittelt werden. Dies kann mittels der *IP-Adressen* geschehen, wie es oben beim *sniffing* beschrieben wurde. Allerdings werden sich die Täter häufig im Ausland aufhalten, so dass der deutschen Justiz der Zugriff verwehrt ist oder über Rechtshilfeabkommen so viel Zeit in Anspruch nimmt, dass mit einem Erfolg nicht mehr zu rechnen ist.

Die Kommunikationskette innerhalb von Netzwerkinfrastrukturen bietet grundsätzlich mehrere Möglichkeiten zur Identifizierung von Tätern: Einmal bei demjenigen, der die IP - Adresse vergibt, das Auffinden der Änderung einer IP - Adresse, die durch die Verlegung der Netzadresse hervorgerufen wurde, die Datenbank zur Gewinnung von Informationen über die Benutzerauthentisierung, Verbindungsaufbaudaten des Telekommunikationsanbieters bzw. Abrechnungsdaten des jeweiligen Serviceproviders

Befindet sich der Täter in einem Bereich, wo ein Zugriff durch die deutsche Justiz erfolgen kann, ist Rechtsschutz mit dem dargestellten Instrumentarium unter Heranziehung der genannten Beweismittel in Erwägung zu ziehen. Dabei empfiehlt sich zur Beweissicherung die Einschaltung eines staatlich vereidigten EDV-Sachverständigen mit entsprechender Erfahrung, um die Gerichtsverwertbarkeit der Beweismittel sicherzustellen.

## 11.4.4
## Angriffe auf Websites

Eine praktische Relevanz weisen auch Angriffe auf Websites auf. Hier kann man im wesentlichen drei Fälle unterscheiden, wobei auf die Fälle des *domain-grabbings* an dieser Stelle nicht eingegangen werden soll.

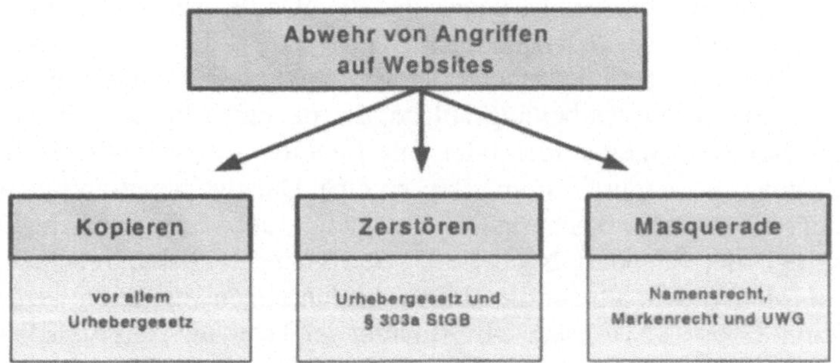


### 11.4.4.1 Kopierende Angriffe auf Inhalte

*Texte und Graphiken*

Zunächst gibt es kopierende Angriffe auf Inhalte. Dabei werden entweder direkt von der Browser-Oberfläche Texte oder Grafiken in den Speicher des Computers genommen und an anderer Stelle eingefügt oder der Täter lässt sich im Browser den html-code anzeigen, kopiert diesen und bindet ihn in die eigene html-Programmierung ein.

*Rechtsschutz durch Urheberrecht*

Rechtsschutzmöglichkeiten gegen diese Form von Angriffen finden sich in erster Linie im Urheberrecht, welches sowohl strafrechtliche Vorschriften, als auch zivilrechtliche Abwehransprüche enthält.

Zunächst macht sich nach § 106 Absatz 1 UrhG derjenige strafbar, wer in anderen als den gesetzlich zugelassenen Fällen ohne Einwilligung des Berechtigten ein Werk oder eine Bearbeitung oder

Umgestaltung eines Werkes vervielfältigt, verbreitet oder öffentlich wiedergibt.

Dabei wird zunächst ungeschrieben vorausgesetzt, dass ein urheberrechtliches Werk im Sinne der § 2 - 4 UrhG vorliegt. 
Da im Internet und insbesondere auf Internetseiten die unterschiedlichsten Werke dargestellt werden, ist entsprechend zu differenzieren.

Denkbar ist zum Beispiel, dass ein Bild durch ein *.jpg- oder *.gif-file dargestellt wird und in eine html-Syntax eingebunden ist. Ungeachtet der Tatsache dass hier neben dem Urheberrecht noch eine Reihe weiterer Vorschriften in Betracht zu ziehen sind, findet das Urheberrecht auf Bilder uneingeschränkte Anwendung. Gleiches gilt für Audio-Dateien, die z.B. als *.mp3-files in eine html-Syntax integriert werden, oder Videos.

Zu beachten bleibt aber, dass das Urheberrecht gewisse Schranken aufweist. Wenn § 106 Absatz 1 UrhG von „anderen als den gesetzlichen zugelassenen Fällen spricht", sind damit die §§ 45 ff. UrhG gemeint. Während die §§ 11 ff. UrhG zunächst definieren, welche Rechte sich konkret aus dem Urhebergesetz ergeben, finden sich die Schranken in den §§ 45 ff. UrhG. 

Das Urheberrecht unterscheidet zunächst zwischen dem Urheberpersönlichkeitsrecht, dem Verwertungsrecht und sonstigen Rechten. In den hier zur Rede stehenden Fällen wird es regelmäßig um Verwertungsrechte gehen, die in den §§ 15 ff UrhG geregelt sind. Die Verwertungsrechte umfassen insbesondere das Vervielfältigungsrecht (§ 16 UrhG) und das Verbreitungsrecht (§ 17 UrhG).

Als weitere Schranke kennt das Urheberrecht den sogenannten Erschöpfungsgrundsatz, der für das Verbreitungsrecht allgemein anerkannt ist und in § 17 Absatz 2 UrhG gesetzlich verankert wurde. Danach ist die Verbreitung eines Werks immer dann zulässig, wenn das Original oder ein Vervielfältigungsstück des Werkes mit Zustimmung des zur Verbreitung Berechtigten im Gebiet der Europäischen Union oder eines anderen Vertragsstaates des Abkommens über den Europäischen Wirtschaftsraum im Wege der Veräußerung in Verkehr gebracht worden. Sofern diese Voraussetzungen erfüllt sind, kann urherbrechtlicher Rechtsschutz gegen die Verbreitung nicht mehr erlangt werden. 

Etwas anderes gilt allerdings für das Vervielfältigungsrecht. Hier wird vielfach vertreten, bei dem Erschöpfungsgrundsatz handele es sich um ein allgemeines Prinzip, welches besagt, der Inhaber des Urheberrechts verliere sämtliche Verwertungsrechte, wenn er sein Verwertungsrecht aufgebraucht habe. Dies sei insbesondere dann der Fall, wenn geschützte Werke in das Internet gestellt werden, da dann ein technischer Schutz nicht mehr zu gewährleisten sein wird. 

Wer seine Werke in das Internet stelle, der könne kein Interesse an urheberrechtlichem Rechtsschutz haben.

Hier besteht zwar noch einiger Diskussionsbedarf, jedoch kann für den Moment festgehalten werden, dass eine solcher Erschöpfungsgrundsatz für das Verwertungsrecht insgesamt nicht anerkannt ist. Dies scheint auch die richtige Sichtweise zu sein, weil nur die fehlende Möglichkeit für technischen Schutz nicht zu einem Verlust des Rechtsschutzes führen kann.



Besondere Aufmerksamkeit ist sogenannten Linksammlungen zu widmen. Während der Bundesgerichtshof (NGH NJW 1999, 2900) zunächst in der „D-Info Entscheidung" festgestellt hat, dass nicht nur Datenbanken urheberechtlichen Schutz genießen, sondern auch die darin gesammelten Daten, sofern denn die Datensammlungen mit erheblichen Investitionen verbunden sind, hat das LG Köln (Urteil vom 25.08.1999 - 28 O 527/98Urteil) diesen Grundsatz noch erweitert. Danach reiche es aus, wenn die Datensammlung mit erheblichen Mühen verbunden sei, weshalb schließlich auch eine Linksammlung auf einer Homepage darunter falle.



Schließlich verdient eine Entscheidung des OLG Düsseldorf (ZUM-RD 1999, 492) Beachtung. Das Gericht beschäftigte sich mit der Frage, ob die Darstellung einzelner Internetseiten auf dem Computerbildschirm in Verbindung mit dem zur Formatierung und Übertragung verwendeten html-code ein urheberrechtliches geschütztes Computerprogramm darstellt und verneinte schließlich diese Frage. Unbeantwortet ist die Frage, ob die html-Programmierung als solche ein geschütztes Werk im Sinne des § 2 UrhG ist, wobei insbesondere die Anwendung der Nummer 7 in Betracht zu ziehen ist.



Ist man Verletzter einer Tat, die nach den §§ 106 oder 108 UrhG strafbar ist, ist zu beachten, dass es sich hier nach § 109 UrhG um Antragsdelikte handelt, es sei denn, dass die Strafverfolgungsbehörden ein Einschreiten von Amts wegen für geboten halten. Insofern gilt das oben Ausgeführte.



Zivilrechtliche Rechtsfolge eines Urheberrechtsverstoßes ist ein Anspruch auf Unterlassung und Schadensersatz nach § 97 UrhG, der Anspruch nach § 98 UrhG auf Vernichtung oder Überlassung der Vervielfältigungsstücke und nach § 99 UrhG der Anspruch auf Vernichtung oder Überlassung von Vorrichtungen.



Hier ist allerdings zu beachten, dass die Ansprüche nach § 102 UrhG bereits nach drei Jahren ab Zeitpunkt der Kenntnis von Verletzung und der Person des Täters verjähren.



Ein besonderes Problem im Bereich des Schadensersatzes stellt die Schadensberechnung dar. Dabei ist davon auszugehen, dass grundsätzlich der ursprüngliche Zustand wieder herzustellen ist. Hier stehen drei Berechnungsarten zur Verfügung: Ersatz der erlittenen

Vermögenseinbuße einschließlich des entgangenen Gewinns, Zahlung einer angemessenen Lizenzgebühr und Herausgabe des Verletzungsgewinns. Welche dieser Berechnungsarten anzuwenden ist, kann der Verletzte wählen. Bei Verletzungen des Urheberpersönlichkeitsrechts kommen zudem noch immaterielle Ausgleichsansprüche in Betracht.

### 11.4.4.2 Zerstörerischer Angriff auf Inhalte

Zerstörerische Angriffe auf Inhalte zeichnen sich im Gegensatz zu kopierenden Angriffen dadurch aus, dass der Inhalt unlesbar und die Webpräsenz damit vernichtet wird. In dieser Fallgruppe muss sich der Täter Zugang zu dem *webspace* verschaffen, auf dem die Daten liegen. Dieser *webspace* wird in der Regel durch Passwörter geschützt. Der Täter muss daher zunächst einmal mittels *sniffing* oder auf sonstige Art die Passwörter ausspähen. Insoweit ist auf die Ausführungen zum *sniffing* und zum Angriff auf Passwörter zu verweisen. Greift der Täter dann die Inhalte an, kann dies den Tatbestand des § 303a StGB (Datenveränderung) erfüllen, da Daten gelöscht, unterdrückt, unbrauchbar oder verändert werden. Daneben kann dieser Vorgang auch urheberrechtlich relevant sein, so dass die dazu dargestellten Grundsätze gelten.

*Vernichtung der Webpräsenz*

### 11.4.4.3 „Masquerade"

Einen häufig aufgetretenen Fall aktiver Angriffe auf Datennetze stellt die sogenannte „Masquerade" dar. Unter „Masquerade" versteht man Identitätstäuschung im weitesten Sinne.

Ein „Masquerade"-Fall liegt etwa vor, wenn der Täter Daten unter Vortäuschung einer anderen Identität sendet. Möglich ist ein solches Vorgehen etwa durch Fälschung digitaler Signaturen oder durch unbefugte Verwendung von Zugangsdaten. „Masquerade" kommt im Internet jedoch auch in der Form vor, dass sich der Täter eine Seite erstellt und in dieser eine andere Identität vortäuscht. Dies kann durch den Inhalt der Seite geschehen oder durch die Besetzung eines Links, was schließlich zum Problem des *domain-grabbing* führt.

*Vortäuschung einer anderen Identität*

Rechtsschutz ist in diesen Fällen in erster Linie aus der Verletzung eines Namens- (§ 12 BGB) oder eines Markenrechts (§§ 14, 15 MarkenG) abzuleiten. Zudem kann ein wettbewerbswidriger Verstoß nach § 1 UWG (Blockierung) oder nach § 3 UWG (Irreführung) vorliegen.

*Rechtsschutz*

Ist der Vorgang vermögensrelevant, kann schließlich auch der Tatbestand des Betruges nach § 263 StGB erfüllt sein.

## 11.4.5
## Ausspähen und Verbreiten krypto-graphischer Schlüssel, Fälschung digitaler Signaturen



Dort wo sich heute kryptographische Methoden wie Verschlüsselung und digitale Signaturen in einem Massenmarkt finden, finden sich auch die Angriffe auf diese Technologien. Daher sollen diese Fallgruppen anhand des digitalen Pay-TV-*hacking* dargestellt und rechtlich bewertet werden.

Angriffe auf digitales Pay-TV, das mittels Verschlüsselungstechnologie, also einem Zugangsberechtigungssystem, die Nutzung digitaler Fernsehprogramme nur für autorisierte Empfänger ermöglichen soll, sind in verschiedener Form denkbar.



Als Träger zur Speicherung der Berechtigungsinformationen dient in der Regel eine vom jeweiligen Inhalteanbieter an den berechtigten Abonnenten ausgegebene Chipkarte.

Diese Chipkarte enthält Informationen über Inhalt und Umfang der jeweiligen Nutzungsberechtigung, die der Inhalteanbieter dem rechtmäßigen Abonnenten vertraglich einräumt.



Hat ein Nutzer nun überhaupt keine oder nicht bzw. nicht mehr die vollumfängliche Berechtigung bestimmte oder alle ausgestrahlten Inhalte zu nutzen, wird er zum Täter, falls er sich diese Möglichkeit der Nutzung durch Manipulation der Informationen auf der Chipkarte verschafft.



Hierzu kommen verschiedene Vorgehensweisen in Betracht. Hat der Täter die für ihn erforderlichen Informationen durch einen zerstörenden (invasiven) Angriff auf die physische Integrität des Chips auf der Karte, Rekonstruktion des Halbleiterlayouts und bspw. Busleitungen sowie Funktionsmodule oder auf sonstige Weise identifiziert, kann er anschließend Speicherwerte bei intakten Karten auslesen bzw. manipulieren. Andere nicht zerstörende Angriffsmethoden setzen detaillierte Kenntnisse des in der Chipkarte verwendeten Prozessors voraus. Die weitere Ausrüstung, nämlich Chipkartenleser, mit denen auch ein Beschreiben der Karten möglich ist sowie DSP Boards mit entsprechender Software sind zu geringen Kosten von den Tätern leicht zu beschaffen.



Die einmal auf diese Weise erlangten kryptographischen Schlüssel können nun verbreitet werden. Geschieht dies im Internet, wo auch entsprechende Software zum Manipulieren einer Chipkarte, mit der die ausgelesenen oder abgehörten Schlüssel auf eine Chipkarte aufgebracht werden können, ist der Schaden für den Inhalteanbieter durch die rasche und nahezu unbegrenzte Verbreitung erheblich.

Schließlich setzen Täter auch Software ein oder manipulieren die Software innerhalb der Hardware, die den Empfang ermöglicht (sog. Interface Modul) dergestalt, dass sie die elektronische Abschaltung unberechtigt genutzter Chipkarten durch den Inhalteanbieter, die dieser via Satellitensignal aussendet, blockieren und somit weiterhin im Genuss des unberechtigten Empfangs bleiben. *Einsetzen von Software*

Bei einer anderen Art von Angriff, bei dem statt einer Chipkarte eine Platine in das Interface Modul einer Set–Top-Box eingeführt wird, ist diese Platine mit der seriellen Schnittstelle eines PC verbunden, auf dem ein Programm läuft, das die Funktionen der Chipkarte simuliert. *Einsetzen von Platinen*

Daneben gibt es noch eine Vielzahl weiterer Angriffsszenarien, die jeweils dazu führen, dass das entgeltliche Produkt Pay-TV unentgeltlich empfangen und entschlüsselt werden kann. Auf diese soll jedoch an dieser Stelle nicht näher eingegangen werden. *Weitere Angriffe*

Für die rechtliche Beurteilung sind wiederum verschiedene Sachverhaltselemente zu unterscheiden. *Rechtliche Beurteilung anhand Sachverhaltsanalyse*
Für das eigentliche Ausspähen der kryptographischen Schlüssel gelten die Ausführungen zum *sniffing* und Passwort-*hacking* entsprechend.

Der praktisch häufigste Sachverhalt besteht darin, dass der Täter eine original Chipkarte, die keine Berechtigungen enthält, derart manipuliert, dass sie mit der gewünschten Berechtigung versehen wird.

Dieser Täter benötigt zunächst den richtigen kryptographischen Schlüssel. Diesen bekommt er in der Regel aus dem Internet. Hierin ist bereits ein aus Eigennutz unbefugtes Sichverschaffen eines Geschäfts- oder Betriebsgeheimnis durch Anwendung technischer Mittel nach § 17 Absatz 2 Ziffer 1a UWG zu sehen. *Unbefugtes Sichverschaffen des „Schlüssels"*

Der Täter muss diesen Schlüssel dann auf die Chipkarte kopieren. Dies geschieht in Verbindung mit einem weiteren Befehlskontext. Die Chipkarte akzeptiert jedoch nur Daten, die mit einer bestimmten digitalen Signatur versehen sind. Die Signatur ergibt sich aus einem Algorithmus, der sich auf der Karte befindet. Bevor also der Täter den kryptographischen Schlüssel auf die Karte schreiben kann, benötigt er die digitale Signatur. Das Ausspähen der digitalen Signatur ermöglichen verschiedene Tools, die im Internet erhältlich sind, und sich je nach Karte unterschiedlicher Prinzipien bedienen. Hat der Täter diese Signatur dann ausgespäht, verwirklicht dies den Tatbestand des § 202a StGB (Ausspähen von Daten). *Ausspähen von Daten*

Mit dieser Signatur kann er den kryptographischen Schlüssel versehen und diesen signierten Datensatz zur Chipkarte schicken. Die Chipkarte wird die Signatur prüfen, feststellen, dass es sich um die des Sendezentrums handelt, und den kryptographischen Schlüssel *Fälschung und Datenveränderung* akzeptieren. Dieser Vorgang verwirklicht den Tatbestand der Fälschung beweiserheblicher Daten nach § 269 StGB, da eine elektronische Urkunde gefälscht wird. Zudem ist der Tatbestand der Datenveränderung nach § 303a StGB zu bejahen.



Zivilrechtlichen Rechtsschutz kann man über die deliktischen Anspruchsgrundlagen erlangen, die bereits dargestellt wurden.

## 11.4.6
## Brechen, Umgehen und Entfernen von Kopierschutzmechanismen



Ein Kernproblem der digitalen Piraterie sind die Angriffe auf Kopierschutzmechanismen, mit denen vor allem die Software- und Musikindustrie sich zu schützen versucht.



Zwar räumt das Urhebergesetz speziell dem Erwerber eines Softwareprogramms bzw. multimedialer Werke einen vertraglichen Anspruch auf Lieferung einer Sicherungskopie ein, ein Recht zur Selbsthilfe in Form der Beseitigung/Umgehung von Kopierschutzmechanismen für den Fall, dass de facto eine derartige Lieferung unterblieben ist, ist daraus jedoch nicht abzuleiten, dies bestätigt der Blick auf § 69 f Abs. 2 und § 87a UrhG, aus denen sich ein allgemeiner Rechtsgedanke zum Schutz digitaler Werke über den Anwendungsbereich des klassischen Software- und Datenbankschutzes hinaus entnehmen lässt.

Meist setzt der Täter ein Softwareprogramm ein, um den jeweils bei dem Datenträger (häufig CD-ROM, DVD – ROM) für die Sicherung der digitalen Daten angewendeten Kopierschutz zu identifizieren.

Bei Kopierschutzverfahren und deren Überwindung sind – ohne Anspruch auf Vollständigkeit der Darstellung - verschiedene Verfahren zu unterscheiden:

Die Dateien enthalten de facto eine andere Länge, als auf dem Datenträger ausgewiesen oder das Inhaltsverzeichnis des Datenträgers ist unrichtig, um das Softwareprogramm, mit dem die Dateien vervielfältigt werden sollen, zu täuschen.



Wird nun ein Softwareprogramm zum Kopieren dieser Dateien eingesetzt, das diese Dateien einzeln vervielfältigt, misslingt die Kopie, weil die angegebene Dateigröße nicht mit der tatsächlichen Dateigröße übereinstimmt. Zur Umgehung eines derartigen Kopierschutzes werden Programme eingesetzt, welche die komplette Datenstruktur der Quelle auslesen.

Bei Audio-Tonspuren auf Datenträgern werden vom Hersteller zwischen den einzelnen Spuren Lücken eingefügt, die nicht dem sonst auf dem Datenträger verwendeten Standard entsprechen, zusätzlich werden für die Nutzung nicht erforderliche Markierungen des Indexes vorgenommen. Die Umgehung dieses Kopierschutzes wird möglich, indem das genutzte Brennequipment das *disk- at- once-* Kopierverfahren unterstützt.

In einem anderen Verfahren sorgt eine Datei auf dem Originaldatenträger für Unlesbarkeit durch den *Laser* des Brenners im Falle der Anfertigung einer Kopie, das System stürzt meist bei diesem Kopierversuch ab. Wird nun ein Softwareprogramm eingesetzt, welches in der Lage ist, eine Fehlerkorrektur beim Abtasten vorzunehmen, kann diese Art von Kopierschutz umgangen werden.

Mittels eines Abgleichs zwischen einer digitalen ID, die während des Herstellungsprozesses des Originaldatenträgers hinzugefügt wird und einem ebenfalls für diesen Datenträger nur einmal vergebenen Wert *(one time spending)* wird die Lesbarkeit einer hiervon hergestellten Kopie verhindert. Mittels eines Softwareprogramms, das diesen Einmalwert ausliest und einen erfolgreichen Abgleich wie auf dem Original möglich simuliert, wird damit die Nutzbarkeit einer Kopie ermöglicht.

Bei Videofiles auf einem kopiergeschützten Datenträger verwendet der Angreifer entweder Hardware zur Entfernung des Kopierschutzsignals durch Ausfilterung des übersteuerten Signals (sog. Hardware-Kopierschutzdecoder) oder er erstellt eine digitale Kopie des Quellmaterials. Letzteres ist zwar noch mit einigem Kostenaufwand verbunden, da entsprechende Kopiergeräte zum Brennen einer DVD sich noch in für den Durchschnittsanwender nicht akzeptablen Preiskategorien bewegen. Jedoch ist ein Softwareprogramm für PC verfügbar, das den Verschlüsselungsalgorithmus einer DVD bricht und eine Sicherung des Datenträgerinhalts bspw. auf die Festplatte eines PC ermöglicht.

Der vom Hersteller der Abspiel-Hardware voreingestellte Regionalcode ermöglicht es dem Nutzer, nach einer bis zu fünfmaligen Änderung der Region (sechs Regionen – Deutschland gehört zu Region 2) nicht mehr, Datenträger für andere als die dann letztmalig festgelegte Region zu nutzen.

Der Manipulator deaktiviert dann in der Firmware des DVD-ROM- *Hardwareplayers* die Regionalcodeabfrage. Bei Software – DVD- *Playern* wird z. B mittels eines Softwareprogramms die Eintragung in der Registrierdatenbank des PC Betriebssystems derart verändert, dass mit einem Mausclick der Regionalcode verändert werden kann.

Spezielle Softwareprogramme verhindern die Erzeugung des Kopierschutzsignals durch Grafikkarten bevor das Videosignal den TV-Ausgang der Grafikkarte verlässt.

Registrierungshandlungen des berechtigten Nutzers lassen sich rechtlich nicht durch technische Programmsperren erzwingen soweit dies dem Erwerber zum Zeitpunkt des Erwerbs verschwiegen wurde, darin hat die Rechtsprechung wettbewerbswidriges Handeln gesehen [OLG München, Urt. V. 12.10.2000]. Inwieweit dies bei ausdrücklichem Hinweis ebenfalls der Fall ist, ist bisher nicht entschieden. In diesem Fall ist aber wohl von der Rechtmäßigkeit der Programmsperre zum Zweck der vertraglichen Nutzungsbeschränkung auszugehen.

Bei der Frage nach der Zulässigkeit der Kopierschutzbeseitigung -umgehung bzw. -entfernung ist zu unterscheiden.



Nach § 69 d Abs. 2 UrhG darf die Anfertigung einer einzigen Sicherungskopie für Software durch den Berechtigten nicht vertraglich untersagt werden, sofern dies für die Sicherung künftiger Benutzung erforderlich ist. D. h., dass der Berechtigte Nutzer, also der Lizenznehmer, nicht aber ein anderer, der vorübergehend durch den Lizenznehmer zur Nutzung des Programms autorisiert wurde eine Sicherungskopie unter Umgehung des Kopierschutzes anfertigen darf, sofern der Lizenzgeber nicht eine Sicherungskopie liefert, oder die Erstellung ermöglicht. § 69 f Abs. 2 UrhG steht dem nicht entgegen. Die Vervielfältigungsfreiheiten des § 53 Abs. 1- 3 UrhG werden beschränkt durch die §§ 53 Abs. 4 -7 UrhG sowie § 15 Abs. 2 UrhG. Danach ist jedenfalls das Anbieten von zum privaten Gebrauch gefertigten Vervielfältigungsstücken nur mit Einwilligung des Urhebers zulässig.

## 11.4.7
## Know-how Schutz gegen eigene Mitarbeiter



Erfahrungsgemäß gehen die größten Gefahren für IT-Systeme von den eigenen Mitarbeitern aus. Bekannt wurde etwa der Fall, dass der Film *„Starwars – Episode I – The Phantom Menace"* digital im Internet zum Download zur Verfügung stand, bevor noch der offizielle Kinostart in den USA war. Gerüchten zufolge, habe Mitarbeiter den Film „vorab veröffentlicht". In der Praxis stellt sich daher häufig die Frage, wie ein Unternehmen *Know-how* vor Missbrauch durch eigene Mitarbeiter schützen kann. In erster Linie wird dies durch Geheimhaltungsvereinbarungen erreicht. Hierbei ist einerseits zu unterscheiden, ob es um die Zeit vor, während oder nach dem Arbeitsverhältnis und andererseits, ob es um vertragliche oder gesetzliche Geheimhaltungspflichten geht.

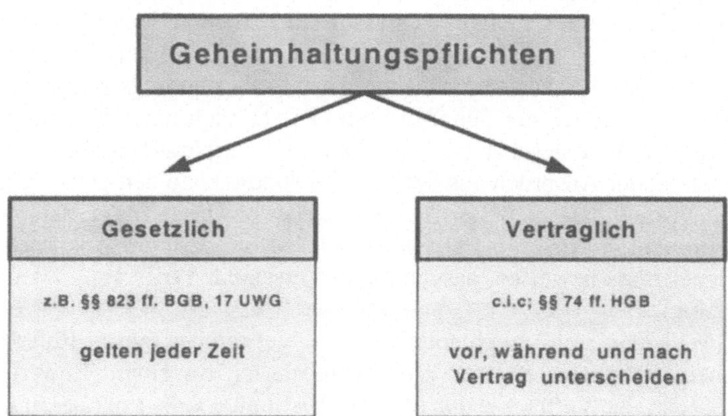


### 11.4.7.1
### Gesetzliche Geheimhaltungspflichten

Gesetzliche Geheimhaltungspflichten treffen Arbeitnehmer zu jeder Zeit, egal ob ein Arbeitsverhältnis bevorsteht, andauert oder beendet ist. Sie folgen zunächst aus dem allgemeinen Deliktsrecht (§§ 823, 826 BGB). Auf die Probleme, derartige Ansprüche durchzusetzen, wurde bereits hingewiesen. Daneben gilt auch hier § 17 UWG, der bereits besprochen wurde. Er schützt das *Know-how* jedenfalls dann, wenn es sich im Sinne dieser Vorschrift um Geschäfts- oder Betriebsgeheimnisse handelt. Besonders hinzuweisen ist auf § 17 Absatz 1 UWG. Dieser verpflichtet Angestellte, Arbeiter und Lehrlinge besonders. Teilen diese Personen ein Geschäfts- oder Betriebsgeheimnis während der Geltung des Dienstverhältnisses unbefugt jemanden zu Zwecken des Wettbewerbs, aus Eigennutz, zugunsten eines Dritten oder in der Absicht, dem Inhaber des Geschäftsbetriebes Schaden zuzufügen, mit, werden sie qualifiziert bestraft. Daneben werden personenbezogene Daten gesondert durch § 43 BDSG geschützt. Weitere Schutzvorschriften gibt es im Strafgesetzbuch.

Schutzvorschriften

### 11.4.7.2
### Vertragliche Geheimhaltungspflichten

Von besonderem Interesse dürften aber vertragliche Geheimhaltungspflichten sein. Hier ist zwischen der Zeit vor, während und nach dem Arbeitsverhältnis zu unterscheiden.

Bereits vor Beginn des Arbeitsverhältnisses können den potentiellen Arbeitnehmer vertragsähnliche Geheimhaltungspflichten treffen. Schadensersatzansprüche könne sich etwa aus der culpa in contrahendo ergeben, wonach derjenige haftet, der im Rahmen eines vorvertraglichen Vertrauensverhältnisses eine Pflichtverletzung begeht. Praktische Probleme können hier in erster Linie bei der Ermittlung des konkreten Schadens entstehen. Hier kann allerdings § 287 ZPO helfen, da danach der Schaden vom Gericht auch unter Würdigung aller Umstände geschätzt werden kann. Im Verhältnis zum Deliktsrecht hat der Anspruch aus der culpa in contrahendo den entschiedenen Vorteil, dass nicht der Anspruchsteller beweisen muss, dass der Anspruchsgegner schuldhaft gehandelt hat, sondern der Anspruchsgegner muss beweisen, dass ihn kein Verschulden trifft (§ 282 BGB analog).



Will man sich als potentieller Arbeitgeber über diesen Rahmen hinaus absichern, etwa weil es unentbehrlich ist, einem Bewerber während der Vertragsverhandlungen bestimmte Geheimnisse zu offenbaren, besteht die Möglichkeit des Abschlusses einer gesonderten Geheimhaltungsvereinbarung (*NDA = Non Disclosure Agreement*). Für diese Vereinbarung gelten im wesentlichen die Ausführungen zur arbeitsvertraglichen Geheimhaltungsvereinbarung, die für die Zeit vom Abschluss bis zur rechtlichen Beendigung des Arbeitsverhältnisses gelten.



Während des Arbeitsverhältnisses besteht grundsätzlich eine arbeitsvertragliche Nebenpflicht zur Verschwiegenheit. Diese Pflicht bezieht sich zunächst nur auf Geschäfts- und Betriebsgeheimnisse. Will der Arbeitgeber diese Pflicht in einem wirtschaftlich relevanten Maße ausdehnen, was regelmäßig auch für die Zeit nach dem Arbeitsverhältnis gelten soll, bedarf es grundsätzlich des Abschlusses eines Wettbewerbsverbots nach den §§ 74 ff. HGB. Der Grund für diese Sichtweise ist, dass Geheimhaltungsvereinbarungen, die sich nicht auf Geschäfts- oder Betriebsgeheimnisse beschränken und wirtschaftlich relevant sind, grundsätzlich zu einem Wettbewerbsnachteil des Arbeitsnehmers auf dem Arbeitsmarkt führen. Um diesen Nachteil auszugleichen ordnet § 74 Absatz 2 HGB eine Entschädigungspflicht an. Wird keine Entschädigung gezahlt, ist die Vereinbarung nichtig. Die Abgrenzung zwischen Geschäfts- und Betriebsgeheimnis, nicht entschädigungspflichtigem und entschädigungspflichtigem Wettbewerb ist jedoch im Detail strittig und anhand jedes Einzelfall gesondert zu untersuchen.

Bei jeder Verletzung einer Geheimhaltungsverpflichtung kann der Verletzte grundsätzlich neben der Schadensersatzklage auch Unterlassungsklage erheben. In jedem Fall aber hat man das verletzte Geheimnis im Antrag genau zu bezeichnen.

## 11.4.8
## Freisetzen von Computerviren, Würmern und Trojanischen Pferden.

Wie bei allen hier diskutierten Angriffen ist sowohl bei Computerviren, wie auch bei Würmern und sog. Trojanischen Pferden (Trojanern) nach der Wirkungsweise zu fragen, wenn sich die Frage nach den Rechtsschutzmöglichkeiten bei derartigen Angriffen stellt.

*Verletzung und Rechtsschutz*

Die Antwort unterscheidet sich danach, ob Datenbestände des Betroffenen (unwiederherstellbar) gelöscht, zu Vermögensmanipulationen eingesetzt werden, oder beispielsweise zur Unterbrechung/Behinderung des Betriebes eines geschädigten Unternehmens führen.

Werden etwa Daten gelöscht, wird regelmäßig der Tatbestand der Datenveränderung nach § 303a StGB erfüllt sein, was allerdings, wie oben ausgeführt, Antragsdelikt ist. Wird dagegen die Datenverarbeitung eines Betriebs insgesamt gestört, kann eine Datensabotage nach § 303b StGB vorliegen. Kommt es schließlich zu Vermögensmanipulationen, liegt es nahe, den Tatbestand des Computerbetruges nach § 263a StGB zu prüfen. § 263a StGB regelt vier Fälle.

*Danach macht sich strafbar, wer,*

*Computerbetrug nach § 263a StGB*

- *durch unrichtige Gestaltung eines Programms,*
- *durch Verwendung unrichtiger oder unvollständiger Daten,*
- *durch unbefugte Verwendung von Daten ,*
- *oder sonst durch unbefugte Einwirkung auf den Ablauf*

*das Ergebnis eines Datenverarbeitungsvorganges beeinflusst, in der Absicht, sich oder einem Dritten einen rechtswidrigen Vermögensvorteil zu verschaffen.*

Bei § 263a StGB handelt es sich jedoch um eine der umstrittensten Normen des Strafgesetzbuches, weshalb die Praxis im Umgang mit dieser Vorschrift immer wieder auf Schwierigkeiten stößt. Will man als Verletzter § 263a StGB für sich fruchtbar machen, sollte man sich zuvor unbedingt mit den unterschiedlichen Ansichten zu dieser Vorschrift beschäftigen.

Viren oder trojanische Pferde sind Programme, die auf unterschiedlichen Wegen in die Software des Verletzten implementiert werden. Dort führen sie Arbeitsanweisungen aus, welche die verschiedensten Wirkungen haben. Trojaner, die meist über E-Mail oder Demoprogramme verteilt werden und dem Empfänger aufgrund ihrer Tarnung verborgen bleiben, werden häufig entweder zur Schädigung/Modifikation von Systemen, aber auch zum Ausspähen von Zugangspasswörtern zu Systemen eingesetzt. So kann es sich schlicht um einen Fall des *sniffings* handeln, wie es oben beschrieben wurde. Werden diese Programme jedoch in die Software des Verletzten implementiert, um dort Vermögensschäden auszulösen, wird der erste Fall des Tatbestands des Computerbetruges nach § 263a StGB erfüllt sein, die unrichtige Gestaltung eines Programms. Daneben kann auch eine unbefugte Verwendung von Daten vorliegen, wobei sich allerdings ein heftiger Streit um die Frage rankt, was unter „unbefugt" zu verstehen ist. Die überwiegende Meinung nimmt ein unbefugtes Handeln dann an, wenn zur Datenverwendung keine zivilrechtliche Berechtigung vorliegt. Diese Voraussetzung dürfte in der Regel in den hier relevanten Fällen gegeben sein.



Während in anderen Staaten (vgl. die Rechtslage in der Schweiz) bereits das fahrlässige Freisetzen von Computerviren mit zumindest bedingtem generellen Schädigungsvorsatz strafrechtlich relevant ist, macht sich ein Täter nach hiesiger Rechtslage in den Fällen jedoch erst nach einem Schadenseintritt strafbar.



Besonders im Rahmen des Strafmaßes der §§ 303a, 303b, 263a StGB und für die zivilrechtlichen Schadensersatzansprüche stellt sich die Frage nach der Schadenshöhe. Zum Beispiel können durch freigesetzte Viren, Würmer bzw. Trojaner die zum Geschäftsgegenstand eines börsennotierten Unternehmens gehörende Internetpräsenzen vorübergehend nicht verfügbar gemacht werden. Derartige Sachverhalte haben bereits dazu geführt, dass erhebliche Aktienkursverluste eintraten.



Eine praktisch relevante Fallgruppe ist auch das Freisetzen personenbezogener Daten. Veranlasst ein Computervirus die unautorisierte Versendung personenbezogener Daten auf Drittsysteme, sind datenschutzrechtliche Konsequenzen denkbar. Strafrechtlich ist neben den bereits besprochenen Vorschriften vor allem an § 43 BDSG zu denken. Nach dem Grundtatbestand des § 43 Absatz 1 BDSG macht sich strafbar, wer unbefugt personenbezogene Daten, die nicht offenkundig sind, speichert, verändert oder übermittelt, zum Abruf mittels automatisierter Verfahren bereit hält oder abruft oder sich oder einem Dritten aus Dateien beschafft. Insbesondere der dritte Fall, das Sichverschaffen aus Dateien, kann in dem hier diskutierten Fall vorliegen.

## 11.4.9
## TCP Hijacking:



Hat ein Angreifer Datenpakete, die Passwörter / Authentifizierungsinformationen und den aktuellen Status enthalten, in dem sich Client und Server befinden z. B. durch den Einsatz eines *sniffer* (vgl. oben 1.) während einer laufenden Tätigkeit eines ahnungslosen Nutzers auf einem Server ausgespäht, kann er sich des Datenstroms bemächtigen.

Was den Vorgang des Ausspähens der erforderlichen Passwörter/Authentifizierungsinformationen anbelangt, so kann hierbei insbesondere auf die Ausführungen unter 1.3.1.1.2 verwiesen werden.

Was die Nutzung des Datenstroms anbelangt, so ist für die rechtliche Bewertung insbesondere von Interesse, ob der Täter beispielsweise die Zugangsgebühren für die Internetnutzung nicht zu entrichten braucht, weil diese dem Opfer des Angriffs durch den Access-Provider belastet werden. Verwendet der Angreifer die ausgespähten Zugangsberechtigungsdaten liegt jedenfalls Computerbetrug nach § 263a StGB in der Alternative der unbefugten Verwendung von Daten vor, bei anderen Fallgestaltungen ist unter Umständen die Beeinflussung eines Datenverarbeitungsvorgangs durch unbefugte Einwirkung auf den Ablauf anzunehmen.

## 11.5
## Die Rechtmäßigkeit von
## Gegenmaßnahmen



Unsere Rechtsordnung gibt dem Verletzten weitgehende Möglichkeiten der Gegenwehr. Mit anderen Worten können einige der dargestellten Vorgehensweisen, die an sich rechtswidrig sind, rechtmäßig sein, wenn sie ihrerseits zur Abwehr von Angriffen eingesetzte werden.

Mit diesem rechtlichen Instrumentarium kann man sich zwar in einzelnen Fällen im *Cyberwar* verteidigen, jedoch kann dies kaum als wünschenswert bezeichnet werden.

Ziel der folgenden Darstellung ist es auch nicht, zum *Cyberwar* aufzurufen, sondern eine Diskussion um Rechtfertigung im Computerstrafrecht zu entfachen, da hier einige Gesichtspunkte diskutiert werden sollten, die bislang kaum Beachtung fanden.

Insgesamt ist zur Rechtfertigung von Angriffen zu bemerken, dass die Voraussetzungen allesamt höchst strittig sind, soweit ersichtlich, keine Rechtsprechung zu dieser besonderen Problematik vorliegt und die rechtliche Würdigung sehr vom Einzelfall abhängt. Zudem gibt es neben den im folgenden dargestellten Rechtfertigungsgründen noch weitere, auf die jedoch an dieser Stelle nicht näher eingegangen werden soll.

## 11.5.1
## § 32 StGB (Notwehr)

Den Ausgangspunkt bildet das Notwehrrecht des § 32 StGB. Das Notwehrrecht ist – wie der Gesetzgeber in der Gesetzesbegründung 1962 schrieb – „ein schneidiges und in der Rechtsüberzeugung des Volkes verwurzeltes Schutzrecht".

*Voraussetzungen*  Notwehr setzt zunächst einen gegenwärtigen und rechtswidrigen Angriff auf ein notwehrfähiges Rechtsgut voraus. Angriff ist die Bedrohung eines Rechtsgutes durch menschliches Verhalten. Dass der Angriff in den hier diskutierten Fällen durch einen automatisierten Vorgang erfolgt, dürfte unbeachtlich sein, da die Maschine letztlich nur Werkzeug eines Menschen ist. Nach überwiegender Meinung setzt der Angriff auch kein finales oder schuldhaftes Handeln voraus, weshalb auch dann ein Angriff vorliegt, wenn der Täter etwa durch einen Softwarefehler einen *Denial of Service* Angriff ausführt oder versehentlich Viren freisetzt.

Gegenwärtig ist der Angriff, wenn er unmittelbar bevorsteht, gerade stattfindet oder noch fortdauert. Rechtswidrig ist er, wenn der Täter selbst keinen Rechtfertigungsgrund für sich in Anspruch nehmen kann. Notwehrfähig sind schließlich alle individuellen Rechtsgüter, welche in den hier diskutierten Fällen regelmäßig betroffen sein sollten.



Können diese Voraussetzungen bejaht werden, kann der Verletzte sich erforderlicher Mittel zur Abwehr bedienen. Erforderlich ist jede geeignete und unter mehreren zur Auswahl stehenden Verteidigungsarten mildeste, nicht mit dem Risiko eigener Beeinträchtigung verbundenen Abwehr. Der Verletzte ist also berechtigt, solche Verteidigungsmittel zu wählen, die die Abwehr der Gefahr mit Sicherheit und unverzüglich erwarten lassen. Unter diesen Mitteln ist das mildeste Mittel zu wählen. Daneben gibt es noch eine Reihe weiterer Einschränkungen des Notwehrrechts, die in dem hier diskutierten Zusammenhang jedoch kaum eine Rolle spielen dürften.

*Mittel zur Abwehr*

Lässt sich jedenfalls feststellen, dass ein gegenwärtiges *sniffing*, welches nach den oben dargestellten Voraussetzungen eine Straftat darstellen kann, nur abzuwehren ist, indem man die gesamte Datenverarbeitung des Angreifers inklusiv Internetpräsenz etwa durch einen gezielte *Denial of Service* Angriff unbrauchbar macht und stehen definitiv mildere Mittel nicht zur Verfügung, den Datenempfang beim Täter oder das Ausspähen der Daten zu unterbinden, dürfte dies durch Notwehr nach § 32 StGB gerechtfertigt sein.

*Beispiel*

## 11.5.2
## § 34 StGB (Notstand)

Gegenangriffe können ferner nach § 34 StGB (Notstand) gerechtfertigt sein. Voraussetzung ist zunächst eine Notstandsgefahr, wofür eine Gefahr für irgendein Rechtsgut ausreicht. Diese Gefahr muss gegenwärtig sein, wobei allerdings der Begriff der Gegenwärtigkeit ein anderer ist, als in § 32 StGB. Zum einen ist die Gefahr i. S. d. § 34 StGB bereits dann gegenwärtig, wenn sie zwar noch nicht unmittelbar bevorsteht, eine Abwehr aber später nicht möglich ist oder nur unter erheblich höheren Risiken möglich wäre. Zum anderen werden im Fall des § 34 StGB auch sogenannten Dauergefahren erfasst. Weiter darf die Gefahr nicht anders als durch die Verteidigungshandlung abwendbar sein, was der Erforderlichkeit bei der Notwehr entspricht.

*Voraussetzungen*

Der wichtigste Unterschied zwischen Notwehr und Notstand ist, dass der Notstand die Verhältnismäßigkeit der Abwehr erfordert, die Notwehr dagegen eine Verhältnismäßigkeit nicht kennt. Aus Not-

*Verhältnismäßigkeit*

stand kann man daher nur gerechtfertigt sein, wenn „bei Abwägung
der widerstreitenden Interessen, namentlich der betroffenen Rechtsgüter und des Grades der ihnen drohenden Gefahr, das geschützte
Interesse das beeinträchtigte wesentlich überwiegt".

## 11.5.3
## § 127 StPO StGB (Vorläufige Festnahme)

Für den eher unwahrscheinlichen aber nicht ausgeschlossenen Fall
(der Verfasser hat dies selbst einmal erlebt), dass man dem Täter
persönlich begegnet, gewährt § 127 StPO ein sogenanntes „Jeder-
mann-Festnahmerecht." Wird danach der Täter auf frischer Tat betroffen oder verfolgt, so ist, wenn er der Flucht verdächtig ist oder
seine Identität nicht sofort festgestellt werden kann, jedermann be-
fugt, ihn auch ohne richterliche Anordnung vorläufig festzunehmen.

## 11.5.4
## §§ 904, 228 BGB (Zivilrechtlicher Angriffs- und
## Verteidigungsnotstand)

Voraussetzung des<br>§ 904 BGB

§ 904 BGB regelt den Fall des Notstandes, in dem der Handelnde in
einer Notstandslage auf einen fremde Sache einwirkt. Das Handeln
ist dann rechtmäßig, „wenn die Einwirkung zur Abwendung einer
gegenwärtigen Gefahr notwendig und der drohende Schaden gegenüber dem aus der Einwirkung dem Eigentümer entstehende Schaden
unverhältnismäßig groß ist".

*Beispiel*

Beispielsweise ist der Fall denkbar, dass der Verletzte mittels
*sniffing* (durch einen Trojaner) ausgespäht wird. Stellt man dies über
die *firewall* fest, kann man seinerseits einen Trojaner zum Täter
schicken, indem man eben diese Daten ausspähen lässt. Dieser Trojaner kann dann Manipulationen bei dem Täter vornehmen, die ihm
den Datenempfang unmöglich machen.

*Problem: Software
keine Sache*

Dabei wird allerdings zwischen Hard- und Softwareschäden zu
unterscheiden sein. Zu Hardwareschäden wird es in der Regel nicht
kommen, da diese zwar denkbar aber doch die Ausnahme sind. Da
es sich bei Software nicht um eine körperliche Sache handelt, sondern letztlich um elektromagnetische Zustände, § 904 BGB aber den
Angriff auf eine Sache voraussetzt, ist diese Frage problematisch.
Wenn es aber gerechtfertigt wäre, die Hardware physisch zu ver-
nichten, dann dürfte es als Minus dazu auch gerechtfertigt sein,
Software zu manipulieren.



*11 Rechtsschutz gegen Digitale Piraterie*

Auch nach § 228 BGB kann man gerechtfertigt sein, wenn man eine Tat begeht und dabei eine fremde Sache beschädigt oder zerstört. Voraussetzung ist hier, dass die Notstandhandlung vorgenommen wird, um eine durch diese Sache drohende Gefahr von sich oder einem Dritten abzuwenden und die Beschädigung oder Zerstörung zur Abwendung der Gefahr erforderlich ist und der Schaden nicht außer Verhältnis zur Gefahr steht.

*§ 228 BGB*

# Anwendungskompass
# Digitale Piraterie

**1.** Beachten Sie: Digitale Piraterie führt nicht nur zu Vermögens-, sondern auch zu umfassenden Vertrauensschäden

**2.** Schöpfen Sie so weit wie möglich Ihre präventiv/technischen Schutzmöglichkeiten gegen Digitale Piraterie aus!

**3.** Vor Einschaltung der Staatsanwaltschaft kann das direkte Kontaktieren eines "Angreifers" sinnvoll sein!

**4.** Digitale Piraterie ist häufig ein Antragsdelikt - Antrag muß innerhalb von 3 Monaten bei der Polizei gestellt werden!

**5.** Straf- und Zivilrecht sind zwar gleichberechtigt. Oft geht es aber nicht ohne die Amtsermittlung des Strafrechts!

**6.** Bloßes Hacking ist grundsätzlich straflos! Anders ist dies aber z.B. wenn Vermögensschäden entstehen.

**7.** Kopierende Angriffe auf Websites können Sie insbesondere mit dem Urhebergesetz abwehren!

**8.** Schützen Sie sich auch gegenüber Mitarbeitern ab, insbesondere durch vertragliche Geheimhaltungspflichten!

**9.** Beachten Sie bei eigenen Gegenmaßnahmen das Recht der Notwehr, des Notstands und der vorläufigen Festnahme!

# 12 Strafrechtliche Fragen im Internet

Dr. Hans Kudlich, Lehrstuhl für Strafrecht, Strafprozessrecht,
Informationsrecht und Rechtsinformatik, Universität Würzburg

## 12.1 Einleitung

Speziell strafrechtliche Fragen mögen manchen im Multimediabereich tätigen Personen eher entlegen erscheinen. Während man sich durchaus daran gewöhnt hat, mit vertrags- oder auch urheberrechtlichen Fragen als Teil des Wirtschaftslebens konfrontiert zu werden, blendet man das Strafrecht gerne aus, wie man auch sonst das Phänomen der Kriminalität oder gar Gefahr, selbst straffällig zu werden, aus seinem Blickfeld verbannt.

Allerdings ist der Cyberspace – wie etwa das viel diskutierte (wenngleich letztlich mit einem Freispruch endende) CompuServe-Verfahren gezeigt hat – auch strafrechtlich kein rechtsfreier Raum, in dem alles erlaubt wäre, was gefällt. Auch der, der auf den ersten Blick nichts tut, als seinem Beruf in der Internetbranche nachzugehen, ist nicht davor gefeit, in den Verdacht einer Straftat zu gelangen.

Um strafrechtliche Risiken zu vermeiden, ist zweierlei hilfreich: grobe Vorstellungen über die strafrechtlichen Verantwortungsstrukturen sowie eine gewisse Sensibilität für verbotene Verhaltensformen, insbesondere für illegale Inhalte. Beides zusammen sollte dann eigentlich ermöglichen, das eigene Verhalten so zu gestalten, dass Konflikte mit der Strafjustiz weitgehend vermieden werden können.

*Cyberspace kein rechtsfreier Raum*

## 12.2
## Relevanz des Strafrechts im Multimediabereich

Um die soeben behauptete Relevanz des Strafrechts auch im Multimediabereich – noch ungeachtet später darzustellender Einzelheiten – plausibel zu machen, ist ein kurzer Blick auf die Funktion staatlichen Strafrechts allgemein sowie auf denkbare Anwendungsfelder in der Multimedia- und IT-Welt hilfreich:

### 12.2.1
### Aufgaben und Bedeutung des Strafrechts

*Strafrecht als eingriffsintensivstes Schutzinstrument*

Das Strafrecht ist die eingriffsintensivste Form rechtlicher Sozialkontrolle. Seine Aufgabe besteht nach der Rechtsprechung des Bundesverfassungsgerichts darin, die elementaren Grundwerte des Gemeinschaftslebens zu sichern und die Erhaltung des Rechtsfriedens zu gewährleisten. Mit Geldstrafe, Freiheitsstrafen sowie Maßregeln der Besserung und Sicherung (z.B. Berufverboten, vgl. §§ 61 Nr. 6, 70 Strafgesetzbuch [StGB]) drohen scharfe Sanktionen für Fehlverhalten des Bürgers. Dieser gravierenden Form staatlicher Machtausübung sind allerdings Grenzen gesetzt:

*Rückwirkungs- und Analogieverbot im Strafrecht*

Zum einen sollten – was vom Gesetzgeber allerdings nicht immer durchgehalten wird – eigentlich nur erhebliche Verstöße gegen ein gemeinverträgliches Zusammenleben strafrechtlich sanktioniert werden („ultima-ratio-Funktion" des Strafrechts). Zum anderen muss nach der übereinstimmenden Formulierung von § 1 StGB und Art. 103 II Grundgesetz (GG) „die Strafbarkeit gesetzlich bestimmt" sein, „bevor die Tat begangen wurde": damit ist nicht nur eine rückwirkende Anwendung von nach der Tatbegehung geschaffenen neuen Strafvorschriften unzulässig, sondern ein Straftatbestand kann auch dann nicht zum Nachteil des Täters angewendet werden, wenn er nicht den betreffenden, sondern nur ähnliche Sachverhalte regelt. Fehlt es daher im Einzelfall an einschlägigen Vorschriften für die neuen Lebenssachverhalte im Multimediabereich, so entsteht dadurch im Strafrecht – anders als teilweise in anderen Rechtsgebieten – zunächst eine Lücke, die nur der Gesetzgeber schließen kann.

## 12.2.2
## Strafrechtliche Risiken und strafrechtlicher
## Schutz im Multimedia- und IT-Bereich

Die Bedeutung strafrechtlicher Fragestellungen für im Multimedia-bereich tätige Personen erschließt sich vielleicht weniger spontan als die von z.B. urheberrechtlichen oder vertragsrechtlichen Normen. Bei etwas näherer Betrachtung wird aber rasch deutlich, dass auch in diesem Bereich das Strafrecht – nicht nur wegen seiner gewichtigen Folgen – nicht zu vernachlässigen ist:

Dabei entstehen Strafbarkeitsrisiken für den betreffenden Personenkreis zum einen dadurch, dass strafrechtliche Verbote nicht auf physische Handlungsakte wie Gewalttätigkeiten, Sachbeschädigungen o.ä. beschränkt sind, sondern häufig auch „kommunikative Akte" erfassen, so wenn z.B. die Verbreitung von bestimmten Inhalten sowie von Ehrverletzungen unter Strafe gestellt ist (vgl. näher unten) oder die – ebenfalls durch bloße Informationsverbreitung mögliche – Anstiftung oder Beihilfe zu Straftaten geahndet wird (vgl. §§ 26, 27 StGB). Zum anderen sind Strafnormen (gerade im sog. Nebenstrafrecht, d.h. in Spezialgesetzen außerhalb des StGB) „akzessorisch", d.h. sie dienen gleichsam ergänzend der Absicherung anderer Rechtsnormen, so wenn etwa der Verstoß gegen Urheberrechtsbestimmungen nicht nur zu einer Schadensersatzverpflichtung (vgl. §§ 97 ff. Urheberrechtsgesetz [UrhG]), sondern auch zur Strafbarkeit des Verletzers führen können (vgl. §§ 106 ff. UrhG).

Allerdings birgt das Strafrecht nicht nur Risiken, sondern gewährt umgekehrt auch Schutz. So kann z.B. die betrügerische oder durch Datenmanipulation erfolgende Erlangung von Leistungen eines Multimediaanbieters nach §§ 263 oder 263a StGB (Betrug und Computerbetrug) strafbar sein; das unbefugte Ausspionieren von bei einem Provider gespeicherten Daten kann den Tatbestand des § 202a StGB (Ausspähen von Daten), die Manipulation oder gar Vernichtung dieser Daten die der §§ 303a, 303b StGB (Datenveränderung, Computersabotage) erfüllen; Spezialvorschriften aus dem Wettbewerbs- und Urheberstrafrecht stellen hier entsprechende Verstöße unter Strafe und schützen z.B. gegen Produktpiraterie (vgl. dazu näher Kap. 3). Dabei wirken solche Straftatbestände nicht nur bereits durch ihre Existenz abschreckend, sondern ein gegebenenfalls gegen den Verletzer eingeleitetes Strafverfahren kann – etwa durch die Verwendung der dort von den Strafverfolgungsbehörden gesammelten Beweismitteln – auch in einem späteren Schadensersatzprozess für den Geschädigten von Bedeutung sein.

Im Vordergrund der folgenden Darstellung steht der erstgenannte Aspekt, welche strafrechtlichen Risiken durch die Tätigkeit im Multimediabereich entstehen können, da hier eine gewisse Sensibilität für rechtliche Fragestellungen davor bewahren kann, mit den Strafgesetzen in Konflikt zu geraten. Soweit es dagegen um den Schutz des eigenen Angebots geht, sollten dagegen ab einer bestimmten Leistungsdimension technische Sicherungsvorkehrungen, etwa in Gestalt von Firewalls, regelmäßigen und zuverlässigen Backups etc., im Vordergrund stehen. Es ist zwar ebenfalls von Interesse (und sollte gegebenenfalls auch genutzt werden), dass man strafrechtlichen Schutz genießt; da dieser aber letztlich immer erst aktuell wird, wenn bereits etwas „passiert" ist, kommt er nicht selten zu spät.



Des weiteren wird die folgende Darstellung im wesentlichen auf Fragen einer „Online-Strafbarkeit" beschränkt, d.h. insbesondere auf strafrechtlich möglicherweise relevante Sachverhalte im Zusammenhang mit dem Internet [1].

## 12.3
## Grundprinzipien strafrechtlicher Verantwortung im Internet



Will man bei seinem eigenen Handeln strafrechtliche Risiken vermeiden, so ist eine wenigstens grobe Kenntnis von zwei Themenkreisen erforderlich: Zum einen ist von Bedeutung, für welche Handlungsformen bzw. Funktionen im Zusammenspiel der unterschiedlichen „Multimediadienstleister" eine strafrechtliche Verantwortlichkeit überhaupt in Betracht kommt und welche allgemeinen Voraussetzungen hierfür erfüllt sein müssen (dazu sogleich). Zum anderen ist von Interesse, welche speziellen Arten von angebotenen bzw. vermittelten Inhalten strafrechtlich relevant sind (dazu im Anschluss).



Dabei ist hinsichtlich beider Fragenkomplexe eine auch nur annähernd erschöpfende Darstellung ausgeschlossen [2]; auch sind viele wichtige Fragen noch „im Fluss", so dass nur gewisse Tendenzen und Lösungsansätze, nicht jedoch unverbrüchliche Gewissheiten geboten werden können. Beabsichtigt ist jedoch ein grober Überblick sowie eine Sensibilisierung für mögliche „Fallstricke" und strafrechtlich relevante Strukturen. Sollte man freilich das Gefühl haben, sich in einem „Grenzbereich" zu bewegen, ist die Konsultation eines in entsprechenden Fragen kompetenten Rechtsberaters unumgänglich.

# 12.3.1
# Parallelität von Online- und Offlinestrafbarkeit

Eigentlich selbstverständlich, gleichwohl aber wichtigster Grundsatz ist, dass der Cyberspace (auch strafrechtlich) kein „rechtsfreier Raum" ist. Vielmehr gelten auch hier die allgemeinen Strafgesetze. Die Tatsache, dass etwas im bzw. über das Internet passiert, führt *als solches* zu keiner anderen rechtlichen Beurteilung.

Schlagwortartig lässt sich formulieren: „Was offline strafbar ist, muss auch online strafbar sein", soweit die Formulierungen einer gesetzlichen Verbotsnorm flexibel genug sind, um diese Fälle zu erfassen. Dies ist allerdings zumeist nicht zuletzt deshalb der Fall, weil die Tatsache, dass in bestimmten Fällen nicht nur körperliche Gegenstände, sondern auch Daten (vgl. § 202a II StGB) gegen Ausspähen, Zerstörungen, Fälschung oder manipulativen Einsatz geschützt sind, bereits durch die Änderungen im 2. Gesetz zur Bekämpfung der Wirtschaftskriminalität aus dem Jahre 1986 sichergestellt wurde. Damals hatte man zwar bei einzelnen Vorschriften noch v.a. unvernetzte Einzelarbeitsplatzrechner vor Augen, jedoch gelten die entsprechenden „datenspezifischen" Vorschriften gleichermaßen, wenn die Handlung in einem oder über ein Computernetz erfolgt.

Eine angesichts des für Strafnormen geltenden Bestimmtheitsgrundsatzes (vgl. o.) wichtige Ausdehnung des Anwendungsbereichs einzelner Straftatbestände erfolgte außerdem durch das Informations- und Kommunikationsdienstegesetz (IuKDG) von 1997: Im StGB ist in verschiedenen Vorschriften die Rede davon, dass Schriften mit illegalen (z.B. volksverhetzenden oder kinderpornographischen) Inhalten verbreitet, zugänglich gemacht etc. werden. Art. 4 Nr. 1 IuKDG erweiterte nun den in § 11 III StGB allgemein definierten strafrechtlichen Schriftenbegriff dahingehend, dass „Schriften" i.S. der einschlägigen Vorschriften auch „Datenspeicher" sein können; als solche kommen nach dem Willen des Gesetzgebers insbesondere auch elektronischen Arbeitsspeicher in Betracht, so dass praktisch alle elektronisch gespeicherten und versendeten Daten dem Schriftenbegriff unterfallen können.

Schwieriger zu beantworten ist dagegen die Frage, durch welche Tätigkeiten im Multimediabereich die einschlägigen Tathandlungen der Strafnormen erfasst werden:

Erfolgt z.B. das Zugänglichmachen eines illegalen Inhalts i.S.d. nur durch seinen Autor, der den Text ins Netz einstellt oder auch durch den Provider, der ihn auf von ihm betriebenen Servern speichert, oder sogar durch den Provider, der nur den Zugang ins Internet vermittelt, den Anbieter entsprechender Telekommunikationsleitungen oder gar den Betreiber eines Internet-Cafés?

**Beteiligte im MM-Prozeß**

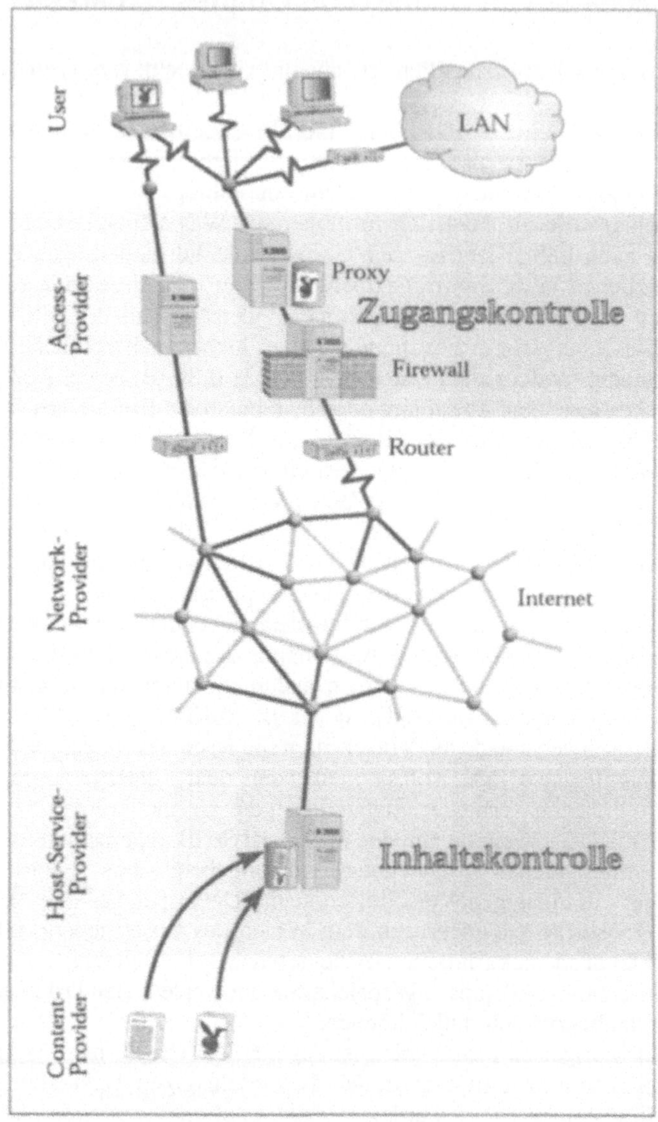


(Quelle: Sieber, Verantwortlichkeit im Internet, Rn. 90)



Für die Anbieter von Tele- und Mediendiensten werden diese Auslegungsprobleme jedenfalls im Ergebnis dadurch entschärft, dass der Gesetzgeber durch das IuKDG in Gestalt von § 5 Tele- dienstegesetz (TDG) bzw. durch § 5 Mediendienstestaatsvertrag

(MDStV) eine nach Funktionen differenzierende Sonderregelung
über die Verantwortlichkeit geschaffen hat. Dabei ist in den nächsten
Monaten eine Änderung des § 5 TDG unter Berücksichtigung der
sog. „Richtlinie über den elektronischen Geschäftsverkehr" des Europäischen Parlament und des Rates vom 08.06.2000 vorstellbar [3].
Es ist allerdings nicht zu erwarten, dass es dadurch zu Änderungen
in den hier dargestellten Grundprinzipien des § 5 TDG/MDStV
kommt, da diese bereits weitgehend den Vorgaben der Richtlinie
entsprechen. Aus diesem Grund ist es sinnvoll, sich mit den Grundzügen der Regelung in § 5 TDG/MDStV vertraut zu machen (zumal
diese nicht nur für das Strafrecht, sondern grundsätzlich auch für andere Rechtsgebiete gilt, soweit es um die Verantwortung von Teledienstanbietern für illegale Inhalte im Internet geht):

## 12.3.2
## Funktionsspezifische
## Strafbarkeitsbeschränkungen durch
## § 5 TDG/MDStV

Für die Frage, für welche Verhaltensweisen man überhaupt strafrechtlich zur Verantwortung gezogen werden kann, ist die Vorschrift
des § 5 TDG/MDStV besonders bedeutsam [4]. Die doppelte (und in
den hier interessierenden Teilen wortgleiche) Regelung in § 5 TDG
und § 5 MDStV erklärt sich historisch daraus, dass in Deutschland
die Gesetzgebungskompetenzen (d.h. das Recht innerhalb der bundesstaatlichen Ordnung, für ein bestimmtes Sachgebiet Gesetze zu
erlassen) auf den Bund und die Bundesländer verteilt sind
(Art. 70 ff. Grundgesetz). Die Vielzahl von IuK-Diensten lassen sich
nicht ohne weiteres in traditionellen Kompetenztitel einordnen, da
im Internet klassische Medien (z.B. Rundfunk und Presse) und
Kommunikationsformen (Individualkommunikation und Massenkommunikation) selbst innerhalb einzelner Dienste ineinander verschmelzen.



Um für die boomenden neuen Technologien keine Rechtsunsicherheit entstehen zu lassen, haben sich daher Bund und Länder darauf geeinigt, parallele Regelungen für sog. Tele- und Mediendienste
im TDG und im MDStV geschaffen. Die Abgrenzung ist im einzelnen unsicher und oft wenig trennscharf, muss aber auf Grund der identischen Regeln für den hier interessierenden Bereich auch nicht
vertieft werden [5]. Beiden Regelungen gemeinsam ist, dass sie
Leistungen betreffen, die über das bloße Erbringen von Telekommunikationsleistungen hinausgehen, deren Funktion also im inhalt-

lich-anwendungsspezifischen Bereich und nicht im technisch-physikalischen Bereich liegt [6].

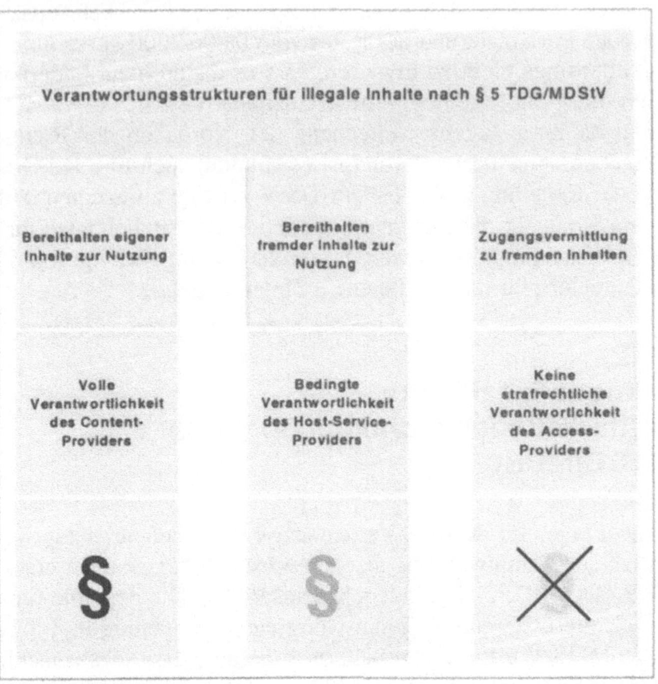


*TDG/MDStV als Vorfilter der Zurechenbarkeit*

§ 5 TDG/MDStV enthält ein nach den verschiedenen Funktionen im Internet abgestuftes System der Verantwortlichkeit, das grundsätzlich gleichermaßen für alle Rechtsgebiete gilt. Es wird dabei gewissermaßen ähnlich einem „Vorfilter" der spezifischen Prüfung von Voraussetzungen nach speziellen (z.B. straf-, schadensersatz- oder urheberrechtlichen) Vorschriften „vorgeschaltet". Dabei wird unterschieden zwischen dem Bereithalten eigener Inhalte, dem Bereithalten fremder Inhalte und der Vermittlung des Zugangs zur Nutzung.

### 12.3.2.1
### Volle strafrechtliche Verantwortlichkeit bei eigenen Inhalten, § 5 I TDG/MDStV

*Eigene Inhalte*

Nach § 5 I TDG/MDStV gelten für die Verantwortlichkeit von Anbietern für *eigene* Inhalte die allgemeinen Grundsätze. Das heißt nicht, dass jedes Angebot von eigenen oder zu eigen gemachten illegalen Inhalten zur Strafbarkeit führt, sondern nur, dass die Verantwortlichkeit nicht durch den Vorfilter des TDG/MDStV ausgeschlossen ist. Hier wird der o.g. Grundsatz der Parallelität von Online- und Offlinestrafbarkeit also konsequent durchgehalten. Dies hat zur Folge, dass Inhalte, die als eigene aufgefasst werden könnten (zur Abgrenzung unten), besonders sorgfältig auf ihre Unbedenklichkeit hin überprüft werden müssen bzw. dass umgekehrt vermieden werden muss, Inhalte, deren Unbedenklichkeit zweifelhaft erscheint, als eigene erscheinen zu lassen.

## 12.3.2.2
### Notice and take down-Verfahren bei der Speicherung fremder Inhalte, § 5 II TDG/MDStV

Soweit dagegen keine eigenen, sondern fremde Inhalte zur Nutzung auf Computersystemen des Internet-Providers bereit gehalten werden, sind Diensteanbieter nach § 5 II TDG/MDStV nur verantwortlich, „wenn sie von diesen Inhalten Kenntnis haben und es ihnen technische möglich und zumutbar ist, deren Nutzung zu verhindern". Dabei darf diese Formulierung allerdings nicht so verstanden werden, dass sog. Host-Service-Provider bei Kenntnis und Zumutbarkeit stets (strafrechtlich) verantwortlich sind.

Vielmehr besteht unter diesen Voraussetzungen „nur" keine Haftungsprivilegierung, so dass die allgemeinen Grundsätze anzuwenden, d.h. die nach dem allgemeinen Strafrecht bestehenden Voraussetzungen der Strafbarkeit zu prüfen sind (welche freilich von § 5 II TDG/MDStV nicht gänzlich unberührt bleiben dürften, vgl. dazu unten). Der deutsche Gesetzgeber hat somit bei der Speicherung fremder Inhalte einen Mittelweg gewählt: Host-Service-Provider haften für diese nicht stets (etwa unter dem Gesichtspunkt der Gefahrbeherrschung), können sich aber auch nicht generell auf den Standpunkt zurückziehen, fremde Inhalte gingen sie nichts an (etwa unter dem Gesichtspunkt der Selbstverantwortlichkeit der Urheber).

Vielmehr wurde – wie teilweise auch in anderen Rechtsordnungen – ein „Notice and take down-Verfahren" gewählt, welches auch den tatsächlichen Kontrollmöglichkeiten gerecht wird: Eine generelle Überprüfung ist angesichts der enormen anfallenden Datenmassen oft nicht möglich und wird – insoweit in Übereinstimmung mit Art. 15 der EG-Richtlinie über den elektronischen Geschäftsverkehr – auch nicht verlangt; soweit aber der Speicherakt eines rechtswidrigen Inhalts positiv bekannt wird, ist seine Sperrung bzw. Löschung für den Host-Service-Provider i.d.R. unproblematisch möglich.

Auf Grund der Haftungsprivilegierung, die bei fehlender Kenntnis (die technische Möglichkeit und Zumutbarkeit spielt demgegenüber praktisch eine geringere Rolle, da es einem Host-Service-Provider bei Kenntnis eines Inhalts regelmäßig möglich sein wird,

*Bereithalten fremder Inhalte*

*Keine Haftungsprivilegierung bei Kenntnis der Inhalte und Zumutbarkeit ihrer Verhinderung*

*„Notice and take down-Verfahren"*

*Abgrenzung eigene/fremde Inhalte*

diesen von seinem System zu entfernen) für *fremde* Inhalte im Gegensatz zu *eigenen* (vgl. o.) besteht, ist von hervorgehobener Bedeutung, wann ein Inhalt als eigener und wann als fremder anzusehen ist: Klar ist, dass ein selbst erstellter Inhalt ein eigener i.S.d. § 5 I TDG/MDStV ist. Nach dem Willen des Gesetzgebers können aber auch „von Dritten erstellte Inhalte, die sich der Anbieter zu eigen macht" eigene Inhalte sein und damit aus dem Anwendungsbereich der Privilegierung nach § 5 II TDG/MDStV herausfallen [7].



Damit verschiebt sich die Problematik auf die Frage nach dem „Zueigen-Machen" ursprünglich fremder Inhalte: Der Meinungsstand ist hier insgesamt noch uneinheitlich und unsicher: Teils wird – ähnlich wie im Presserecht – auf die fehlende Distanzierung vom Inhalt, teils auf den maßgeblichen Einfluss auf die Inhaltsgestaltung sowie die wirtschaftliche Nutzung aus der Verbreitung der Inhalte, teilweise schließlich alternativ auf die bewusste Einzelauswahl eines Inhalts oder die bewusste Übernahme der Verantwortung abgestellt, wobei ungeachtet der unterschiedlichen Formulierungen nicht selten in der Sache, im Ergebnis sogar sehr häufig Einigkeit besteht. Will ein Host-Service-Provider einen Inhalt nicht als eigenen gelten lassen, ist es daher (zwar nicht unbedingt ausreichend, aber) jedenfalls empfehlenswert, wenn eine entsprechende Kennzeichnung stattfindet bzw. sich aus den Umständen eindeutig ergibt [8]. Besondere Vorsicht ist geboten, wenn Beiträge Dritter ausgewählt bzw. moderiert werden: Zwar spricht viel dafür, eine bloße Einteilung in Kategorien oder selbst ein Aussortieren von Beiträgen, die gewissen formalen Anforderungen (etwa an Themenstellungen, Umfang etc.) nicht entsprechen, nicht als Zueigen-Machen zu qualifizieren; allerdings droht in diesen Fällen leicht ein falscher Eindruck zu entstehen, der durch entsprechende Hinweise vermieden werden kann.



Ein Sonderproblem in diesem Zusammenhang ist das Setzen von Links [9]: Der verlinkte Inhalt wird hier ganz unterschiedlich teils als eigener Inhalt, teils als fremder Inhalt teils sogar als bloß vermittelte Zugangsmöglichkeit gesehen. Die Frage dürfte differenzierend und je nach Gestaltung des Einzelfalls zu beurteilen sein: je deutlicher wird, dass durch das Setzen eines Links auch der verlinkte Inhalt bewusst ausgewählt bzw. gebilligt wird, desto eher wird man von eigenen Inhalten auszugehen haben. Danach spricht bei der vollständigen Einbindung fremder Inhalte in ein Frameset ebenso wie bei sog. Inline-Links, bei denen Besuchern einer Web-Seite gar nicht bewusst wird, dass es sich um Inhalte eines Drittanbieters handelt, sehr viel für die Annahme eigener Inhalte. Bei „normalen" Links dürften Inhalte der ersten Link-Ebene erfasst sein, wenn nicht ersichtlich z.B. eine bloße Sammlung erfolgen sollte, die mehr Wert auf eine Vielzahl der angegebenen Quellen als auf deren Inhalt legt.

Inhalte der zweiten Linkebene (also Inhalte, auf die die verlinkte
Seite weiter verweist), dürften dagegen regelmäßig keine eigenen
Inhalte mehr sein.

In allen Konstellationen ist darauf zu achten, dass i.d.R. nur der
Inhalt, der sich z.Z. der Setzung des Links auf der verlinkten Seite
befunden hat, eigener Inhalt werden kann; damit besteht auch keine
strafbewehrte Pflicht zur nachträglichen Überprüfung von eventuellen Änderungen der verlinkten Inhalte [10].



### 12.3.2.3
### Keine strafrechtliche Verantwortlichkeit für bloße Zugangsvermittlung, § 5 III TDG/MDStV

Keine (strafrechtliche) Verantwortung besteht für Diensteanbieter
schließlich nach § 5 III TDG/MDStV für fremde Inhalte, „zu denen
sie lediglich den Zugang zur Nutzung vermitteln". Wichtigste Gruppe sind hier die sog. Access-Provider, wobei freilich zu beachten ist,
dass in einem konkreten Fall nicht die schwerpunktmäßige Tätigkeit
als Access- oder sonstiger Service-Provider entscheidend ist, sondern *ganz konkret* zu fragen ist, ob *zu einem in Frage stehenden Inhalt* „lediglich der Zugang zur Nutzung vermittelt" wird oder nicht
(rein funktionelle Betrachtungsweise).



Die Einschränkung „lediglich" zeigt dabei deutlich, dass (auch
dem Sinn und Zweck der Gesamtregelung des § 5 TDG/MDStV entsprechend) die vollständige Haftungsfreistellung nur in Betracht
kommt, wenn zu dem konkreten Inhalt *ausschließlich* der Zugang
vermittelt wird; wird der fremde Inhalt dagegen auch „bereit gehalten", so kommt wieder § 5 II TDG/MDStV zur Anwendung, der
nach Kenntnis und zumutbarer Nutzungsverhinderungsmöglichkeit
differenziert. Dies macht noch einmal eine genauere Untersuchung
erforderlich, wann ein Inhalt tatsächlich zur Nutzung „bereit gehalten" wird i.S.d. § 5 II TDG/MDStV. Korrespondierend mit der in
§ 5 II TDG/MDStV ebenfalls genannten zumutbaren Zugangsver-
hinderungsmöglichkeit, wird als entscheidendes Kriterium anzusehen sein, ob der jeweilige Inhalt vom Diensteanbieter „technisch be-
herrscht" wird bzw. einfach überprüft und erforderlichenfalls gelöscht werden kann.



Dies führt dazu, dass z.B. Inhalte auf Links der ersten Ebene
(wenn diese nicht ohnehin sogar eigene Inhalte sind, vgl. o.) wohl
noch bereit gehalten werden, während bei tieferen Linkebenen nur
eine verantwortungsausschließende Zugangsvermittlung vorliegt;
freilich ist die gesamte Linkproblematik noch umstritten, so dass es
durchaus empfehlenswert sein kann, Links auf eigenen Seiten zu löschen, wenn man positiv erfährt, dass diese in der zweiten oder dritten Ebene zu illegalen Inhalten führen. Ebenfalls offen ist in diesem

Zusammenhang z.B. die Beurteilung von Suchmaschinen. Durch § 5 III 2 TDG/MDStV explizit geklärt ist dagegen, dass die kurzfristige Speicherung in sog. Proxy-Cache-Speichern alleine noch nicht zu einem Bereithalten führt, so dass dadurch die Annahme einer bloßen Zugangsvermittlung nicht notwendig ausgeschlossen ist.

### 12.3.2.4
### Anwendbarkeit von § 5 IV TDG/MDStV auf die strafrechtliche Verantwortlichkeit?



Noch nicht endgültig geklärt ist die Frage, ob trotz des ausdifferenzierten Systems des § 5 I-III TDG/MDStV in bestimmten Fällen eine Haftung etwa auch des Zugangsvermittlers über die Vorschrift des § 5 IV TDG möglich ist: Danach sollen „Verpflichtungen zur Sperrung der Nutzung rechtswidriger Inhalte nach den allgemeinen Gesetzen" unberührt bleiben, „wenn der Diensteanbieter unter Wahrung des Fernmeldegeheimnisses gemäß § 85 des Telekommunikationsgesetzes von diesen Inhalten Kenntnis erlangt und eine Sperrung technisch möglich und zumutbar ist".



Die bislang wohl überwiegende Ansicht in der rechtswissenschaftlichen Literatur [11] lehnt auf Grund von Äußerungen in den Gesetzesmaterialien sowie zur Erhaltung des abgestuften, an den technischen Überprüfungsmöglichkeiten orientierten Verantwortungssystems für das Strafrecht eine Anwendbarkeit des § 5 IV TDG in diesem Rechtsgebiet ab. Der Generalbundesanwalt hat dagegen unter Zustimmung gewichtiger Stimmen in der Literatur die Ansicht vertreten, § 5 IV TDG sei auch auf strafrechtliche Normen anwendbar, so dass das Unterlassen eine Nutzungssperre auch über § 5 I-III TDG hinaus zur Strafbarkeit führen kann [12].



Die besseren Gründe sprechen wohl gegen eine Anwendung des § 5 IV TDG im Strafrecht: Die Vorschrift ist zwar als Ausnahme zu § 5 III TDG konzipiert, sollte allerdings auf Fälle beschränkt bleiben, in denen auf Grund einer Abwägung im Einzelfall eine – auch verschuldensunabhängige – Sperrung angeordnet werden kann, wie diese in einer behördlichen Verfügung oder in einem zivilrechtlichen Urteil des Fall erfolgen kann. Im Strafrecht, dessen Verbote ohne Anordnung im Einzelfall Geltung beanspruchen, ist für eine solche Ausnahme kein Raum. Zwar sind die Gesetzesmaterialien zu dieser Frage zugegebenermaßen nicht eindeutig; sie lassen eine solche Deutung aber durchaus zu, für die entscheidend auch spricht, dass die EG-Richtlinie über den elektronischen Geschäftsverkehr in Art. 12 III als einzige Ausnahmen zur Verantwortlichkeitsfreistellung von Zugangsvermittlern für reine Durchleitung Fälle anerkennt, in denen „ein Gericht oder eine Verwaltungsbehörde nach den

Rechtssystemen der Mitgliedstaaten vom Diensteanbieter verlangt, die Rechtsverletzung abzustellen oder zu verhindern" [13].

## 12.3.3
## Weitere allgemeine Grundsätze und Voraussetzungen einer strafrechtlichen Verantwortlichkeit

Schließt der „Vorfilter" des § 5 TDG/MDStV eine strafrechtliche Verantwortung nicht aus – d.h. handelt sich um eigene Inhalte, besteht positive Kenntnis bereitgehaltener fremder Inhalte oder ist § 5 I TDG/MDStV mangels Erbringung eines Teledienstes nicht einschlägig [14] – so führt dies alleine noch nicht zur Strafbarkeit, sondern erst zur Prüfung, ob die *allgemeinen* (d.h. nicht „internetspezifischen") Strafbarkeitsvoraussetzungen vorliegen. Bildlich gesprochen: § 5 TDG/MDStV bildet nur einen „Vorfilter", nicht aber zugleich auch einen „Bypass", mittels dessen man an den allgemeinen Voraussetzungen zur Strafbarkeit vorbei käme. Diese Voraussetzungen sind hinsichtlich der speziellen Anforderungen eines bestimmten Delikts in den einzelnen Straftatbeständen des Besonderen Teils des Strafrechts geregelt; daneben gibt es aber einige, gewissermaßen „vor die Klammer gezogene" Grundsätze, die bei jedem Delikt zu beachten sind. Drei Punkte seien kurz erwähnt [15]:



### 12.3.3.1
### *Vorsatz und Fahrlässigkeit*

Nach § 15 StGB ist nur vorsätzliches Handeln strafbar, wenn nicht fahrlässiges Verhalten ausdrücklich unter Strafe gestellt wird. Anders formuliert: Erfolgt in einer Strafvorschrift insoweit keine ausdrückliche Regelung, ist der Täter nur zu bestrafen, wenn er vorsätzlich handelt. Dabei bedeutet Vorsatz etwas vergröbert „Wissen und Wollen" der Tatbestandsverwirklichung. Hierfür genügt allerdings regelmäßig für die Wissenskomponente das Erkennen der Möglichkeit des tatbestandlichen Erfolges und sein „billigendes Inkaufnehmen".



Bei den meisten Straftatbeständen, die im hier interessierenden Bereich typischerweise in Betracht kommen (dazu unten 3), ist mangels entsprechender gesetzlicher Anordnung nur vorsätzliches Handeln strafbar. Dies bedeutet, dass hinsichtlich des Vorliegens illegaler Inhalte zumindest die Kenntnis von der (konkreten) Möglichkeit bestehen muss; die vorwerfbare Nichtkenntnis (das sog. „Kennenmüssen") genügt dagegen nicht, und es bestehen auch keine proaktiven Kontrollpflichten.

Relevantester Fahrlässigkeitsstraftatbestand ist in diesem Bereich § 21 III des Gesetzes über die Verbreitung jugendgefährdender Schriften und Medieninhalte (GjSM), wonach auch das fahrlässige Verbreiten oder Zugänglichmachen von nach dem GjSM indizierten Schriften unter Strafe gestellt ist. Fahrlässigkeit ist dabei nach allgemeinen Grundsätzen bei einer Verletzung der im Verkehr erforderlichen Sorgfalt anzunehmen.

### 12.3.3.2
### Tun und Unterlassen



Soweit es nicht um den eigentlichen Akt des Einstellens eines Inhalts ins Internet durch den Content-Provider geht, kann häufig fraglich sein, ob der strafrechtliche Vorwurf an ein positives Tun (etwa die Inbetriebnahme eines Servers oder das Betreiben eines Internet-Cafés mit dem damit verbundenen allmorgendlichen Hochfahren der Computer) oder nicht vielmehr an ein Unterlassen (etwa von Kontrollen oder der Benutzung entsprechender Filtersoftware) anknüpft [16].



Diese Unterscheidung ist deshalb bedeutsam, weil nach § 13 I StGB für eine Begehung durch Unterlassen nur haftet, wer „rechtlich dafür einzustehen hat, dass der Erfolg nicht eintritt" (Erfordernis einer sog. Garantenstellung).



Da die vorherrschende Meinung und insbesondere die höchstrichterliche Rechtsprechung für diese Unterscheidung auf den „Schwerpunkt der Vorwerfbarkeit" abstellen, spricht viel dafür in vielen Fällen für die Tätigkeiten eines Internet-Service-Providers außerhalb des Content-Providing ein Unterlassen anzunehmen: Vorzuwerfen ist weniger das sozial-adäquate und sogar in verschiedener Weise gesellschaftlich nützliche Zur-Verfügung-Stellen einer Infrastruktur, die durch Dritte – noch dazu in einem vergleichsweise geringen Umfang – in vorwerfbarer Weise missbraucht wird, sondern allenfalls das Unterlassen ausreichender und zumutbarer Sicherungsmaßnahmen gegen solche Missbräuche [17]



Die dann erforderliche „Garantenstellung" (vgl. o.) erschiene nach allgemeinen strafrechtlichen Grundsätzen durchaus zweifelhaft. Allerdings dürfen die „Vorwertungen" des § 5 TDG/MDStV nicht außer Acht gelassen werden: Liegt etwa ein Fall eines Bereithaltens eines fremden Inhalts durch einen Host-Service-Provider vor, spricht die Wertung des § 5 II TDG/MDStV dafür, in Fällen, in denen danach eine Haftung möglich erscheint, auch eine Garantenpflicht des Server-Betreibers (wohl aus Sachherrschaftsgesichtspunkten) anzunehmen.

Das Risiko einer strafrechtlichen Sanktion besteht nicht nur für denjenigen, der die Tat selbst begeht, sondern nach §§ 26, 27 StGB auch für denjenigen, der einen anderen zu dessen vorsätzlicher Straftat bestimmt bzw. ihn dabei unterstützt (sog. Anstiftung und Beihilfe) [18]. Dies ist im stark funktionsteilig strukturierten Internetbereich deswegen von besonderem Interesse, weil – insbesondere unter Beachtung des strafrechtlichen Bestimmtheitsgrundsatzes (vgl. o.) – vielfach ein bestimmtes Verhalten (z.B. das bloße Zur-Verfügung-Stellen einer Infrastruktur, das Betreiben eines Internet-Cafés o.ä.) nicht mehr mit der Tathandlung gleichgesetzt werden kann, diese aber gleichwohl fördert. Soweit es dabei freilich um die Erbringung von Telediensten geht, dürfte die Verantwortlichkeitsregelung des § 5 TDG/MDStV grundsätzlich auch bei der Bewertung als Teilnahme zu beachten sein, so dass ein Access-Provider regelmäßig auch nicht wegen Beihilfe zu entsprechenden Straftaten belangt werden kann [19] soweit dagegen kein Teledienst bzw. Mediendienst vorliegt, ist im allgemeinen Strafrecht im einzelnen äußerst umstritten, unter welchen Voraussetzungen ein äußerlich neutrales, möglicherweise berufsbedingtes Verhalten alleine deswegen eine Beihilfe darstellt, weil es von Dritten erkennbar zur Begehung von Straftaten genutzt werden kann [20].

*Teilnahmestrafbarkeit im stark funktionsteilig strukturierten Internetbereich*

# 12.4
# Illegale Inhalte

Theoretisch können über ein Computernetz sehr viele unterschiedliche Delikte begangen werden: Werden Viren verschickt, die fremde Computersysteme schädigen, kann dies als Datenveränderung oder Computersabotage nach §§ 303a, 303b StGB strafbar sein, werden betrügerische Rechtsgeschäfte über das Netz geschlossen, kann es sich um einen Betrug handeln, würden durch Viren gezielt Programme lebenserhaltender Systeme auf der Intensivstation eines Krankenhauses sabotiert, könnte gar ein Tötungsdelikt (§§ 212, 211 StGB) vorliegen.

*Vielfalt der deliktischen Möglichkeiten im Netz*

Die wohl interessanteste Frage ist allerdings (insbesondere für den hier unterstellten an sich rechtstreuen Leserkreis, der strafrechtliche Risiken möglichst vermeiden möchte) die nach illegalen Inhalten. Insoweit kann es auch hier weder um Vollständigkeit noch um eine detaillierte Erläuterung der Vorschriften gehen [21]; Ziel der Darstellung ist abermals mehr die Sensibilisierung des Lesers dahingehend, in wie vielen Zusammenhängen strafbewährte Inhalte lau-

*Ziel hier: Sensibilisierung für illegale Inhalte*

ern, die es als Urheber und – soweit bekannt – auch als Host-Service-Provider zu meiden gibt und bei deren Verdacht dann eine nähere (evtl. auch durch einen Fachmann unterstützte) Prüfung angezeigt ist.

<table>
<tr><td colspan="1">Für das Internet relevante Regelungen im StGB<br>und in zahlreichen Nebengesetzen</td></tr>
<tr><td>z.B. Beleidigungsdelikte</td></tr>
<tr><td>z.B. jugendgefährdende Inhalte und Pornographie</td></tr>
<tr><td>z.B. "Hate Speech"</td></tr>
<tr><td>z.B. unerlaubtes Glücksspiel, Handels - und Dienstleistungsbeschränkungen</td></tr>
<tr><td>weitere (isb. akzessorische) Bestimmungen (z.B. Urheberrechts - und Datenschutzverletzungen)</td></tr>
</table>

## 12.4.1
## Beleidigungsdelikte

Die Beleidigungsdelikte, die dem Schutz der persönlichen Ehre dienen, sind in den §§ 185 ff. StGB geregelt. Erfasst werden sowohl beleidigende Meinungsäußerungen als auch ehrenrührige Tatsachenbehauptungen.

*Meinungsäußerungen und Tatsachenurteile*

Meinungsäußerungen gegenüber dem Betroffenen (z.B.: „Du bist ein Idiot") und gegenüber Dritten (also z.B. gegenüber Y: „X ist ein Idiot") können ebenso wie unwahre ehrenrührige Tatsachenbehauptungen (z.B.: „X ist wegen sexuellen Missbrauchs Minderjähriger verurteilt worden.") gegenüber dem Betroffenen als Beleidigung (§ 185 StGB), unwahre Tatsachenäußerungen gegenüber Dritten als üble Nachrede oder Verleumdung strafbar sein (§§ 186, 187 StGB).

*Strafantragserfordernis bei Beleidigungsdelikten*

Wann eine Äußerung „beleidigend" ist, muss immer anhand der gesamten Umstände des Einzelfalls beurteilt werden, wobei kein Unterschied zu den Grundsätzen besteht, die z.B. für Printmedien gelten. Beleidigungsdelikte sind nur auf Antrag verfolgbar (§ 196 StGB), der binnen drei Monaten ab Kenntnis von Tat und Täter gestellt werden muss (vgl. § 77b StGB).

## 12.4.2
## Verbreitung jugendgefährdender Inhalte und verbotene Pornographie

Teils im StGB selbst, teils in Spezialgesetzen ist die Verbreitung jugendgefährdender Inhalte geregelt: § 184 I Nr. 1 StGB stellt das Anbieten, Überlassen oder Zugänglichmachen von pornographischen Schriften an Minderjährige unter Strafe. Pornographisch sind dabei nach einer – freilich nicht immer ganz trennscharfen Definition – solche Inhalte, die ausschließlich oder überwiegend auf die Erregung eines sexuellen Reizes des Betrachters abzielen und dabei die im Einklang mit den gesellschaftlichen Wertvorstellungen gezogenen Grenzen des sexuellen Anstandes eindeutig überschreiten.

Der oben bereits erwähnte § 21 GjSM stellt das Zugänglichmachen von nach dem GjSM indizierten Schriften – wozu auch pornographische Schriften gehören können – an Minderjährige unter Strafe, was nach Abs. III auch fahrlässig erfolgen kann. Da die genannten Inhalte an Erwachsene überlassen werden dürfen, genügt hier an sich zur Straflosigkeit eine ausreichend zuverlässige Kontrolle der Zugriffsmöglichkeit nur für Erwachsene.

Bei der sog. harten Pornographie, d.h. nach § 184 III StGB solchen pornographischen Schriften, „die Gewalttätigkeiten, den sexuellen Missbrauch von Kindern oder sexuelle Handlungen von Menschen mit Tieren zum Gegenstand haben", ist nicht nur die Verbreitung an Minderjährige, sondern jede öffentliche Darstellung und Verbreitung strafbewährt.

Bei Kinderpornographie sind darüber hinaus sogar der Besitz und die Besitzverschaffung strafbar. Dies führt im letzteren Fall dazu, dass auch bei gutgemeinter Zusammenarbeit etwa mit den Strafverfolgungsbehörden ohne vorherige Absprache mit selbigen darauf verzichtet werden sollte, entsprechende Inhalte gleichsam als Beweismittel auf Festplatte zu speichern oder auch nur einen „Screenshot" aufzubewahren.

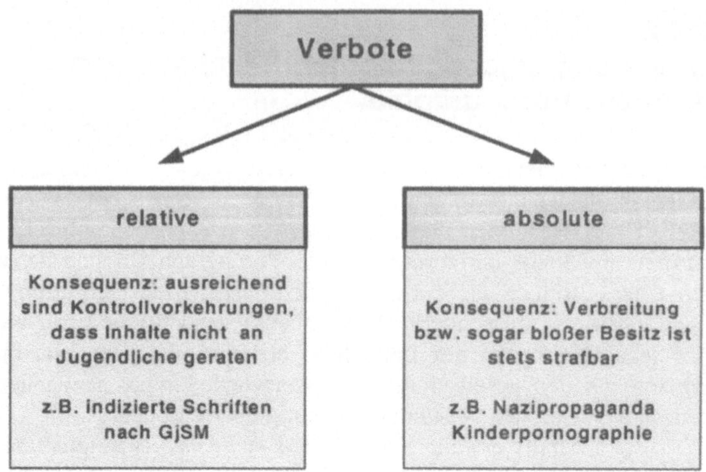


### 12.4.3
### „Hate speech"

Im StGB sind ferner bestimmte Äußerungen unter Strafe gestellt, die zur Gewalt oder Diskriminierung aufrufen, entsprechende Gruppierungen unterstützen oder einer gewaltbereiten verfassungsfeindlichen Gesinnung Ausdruck verleihen:

*Aufrufe zur Gewalt oder Diskriminierung*

§ 130 I StGB untersagt die Aufstachelung zum Hass und die Aufforderung zu Gewaltmaßnahmen sowie die menschenwürdeverletzende Beschimpfung und Verleumdung von Teilen der Bevölkerung; als Sondertatbestand dieses Delikts ist in Abs. III die Leugnung oder Verharmlosung von nationalsozialistischen Taten („Auschwitzlüge") erfasst.

*Anleitung zu Straftaten oder Verbreitung verfassungswidriger Propagandamittel*

§ 130 StGB stellt die Anleitung zu bestimmten schweren Straftaten (z.B. eine Beschreibung zur Herstellung von Sprengsätzen), § 131 StGB die Verbreitung bestimmter grausamer Gewaltdarstellungen unter Strafe. § 86 StGB untersagt zudem die Verbreitung von Propagandamitteln verfassungswidriger Organisationen, § 86a StGB die Verbreitung oder öffentliche Verwendung entsprechender Kennzeichen.

## 12.4.4
## Unerlaubtes Glücksspiel sowie Handels- und Dienstleistungsbeschränkungen

Während die Strafbarkeit der bislang genannten Delikte grundsätzlich relativ einleuchtend erscheint und die Problematik eher in den Grenzen dessen liegt, was bereits pornographisch, beleidigend oder „hassaufstachelnd" ist, gibt es – insbesondere im sog. Nebenstrafrecht – noch eine Reihe weiterer Vorschriften, mit deren Existenz der juristische Laie möglicherweise gar nicht ohne weiteres rechnet. Häufig sind diese Bestimmungen „akzessorisch", d.h. abhängig von anderen, nicht-strafrechtlichen Normen, die einen bestimmten Sachverhalt regeln und deren Überschreitung dann strafrechtlich sanktioniert wird.



Für im Multimediabereich tätige Personen sind v.a. solche Vorschriften von Interesse, welche die boomenden Bereiche des Glücksspiels, des Handels und anderer Dienstleistungen im Internet betreffen. Dabei ist für die Gefahr einer strafrechtlichen Ahndung (zumindest aber eines bereits als solchen belastenden Ermittlungsverfahren) nicht einmal erforderlich, dass die verbotenen bzw. genehmigungspflichtigen Handlungen selbst erbracht werden. Über die weit gefassten Formulierungen einzelner Tatbestände oder aber über die Vorschriften zur Teilnahme an fremden Straftaten (§§ 26, 27 StGB, vgl. o.) kann es durchaus genügen, wenn verbotene Aktivitäten Dritter über die Server eines Host-Service-Providers abgewickelt werden (z.B. beim Betrieb einer Tauschbörse oder einer Versteigerungsplattform) oder beworben werden und erreichbar sind (etwa beim Betrieb eines „Portals").



### 12.4.4.1
### Unerlaubtes Glücksspiel

Hinsichtlich der Veranstaltung eines Glücksspiel ist von Bedeutung, dass dieses generell einer behördlichen Genehmigung bedarf: „Glücksspiele" sind dabei von Geschicklichkeitsspielen (welche allerdings nach § 33d Gewerbeordnung ebenfalls genehmigungspflichtig sein können, wenn das Spiel gewerbsmäßig betrieben wird) dadurch abzugrenzen, dass die Entscheidung über den Gewinn vom Zufall (und nicht von den Fertigkeiten des Spielers) abhängt; vom sog. Unterhaltungsspiel erfolgt die Abgrenzung danach, ob ein (nicht völlig unerheblicher) Einsatz des Spielers gezahlt wird. Die unerlaubte Veranstaltung eines Glücksspiels ist nach § 284 StGB ebenso strafbar wie die Beteiligung an einem unerlaubten Glücks-

spiel (§ 285 StGB) und die unerlaubte Veranstaltung einer Lotterie
oder Ausspielung.

### 12.4.4.2
### Handelsbeschränkungen



Mit der zunehmenden Verbreitung und Nutzung des sog. e-
commerce gewinnen im Internet auch die zahlreichen straf- und ordnungswidrigkeitenrechtlich sanktionierten Handelsbeschränkungen
an Bedeutung. Dies gilt um so mehr, als manche Anbieter gerade die
vermeintlich größere Anonymität und v.a. die einfachen internationalen Kontaktmöglichkeiten nutzen, um Waren zu handeln, deren
mangelnde Unbedenklichkeit *sie selbst* u.U. durchaus kennen.

Ohne auch nur annähernde Vollständigkeit zu beanspruchen, können
hier etwa die straf- bzw. ordnungswidrigkeitenrechtlich abgesicherten Verbote des (nicht genehmigten) Handels mit folgenden Gegenständen genannt werden: *Kriegswaffen* (vgl. § 22a Kriegswaffen-
kontrollgesetz), *Schusswaffen und bestimmte sonstige Waffen* (§§ 7,
53; 37 Waffengesetz), *menschliche Organe* (vgl. §§ 17, 18 Trans-
plantationsgesetz), *verschreibungspflichtige Arzneimittel* außerhalb
von Apotheken und im Versandhandel (§§ 43, 95 Arzneimittelge-
setz), *Wirbeltiere und andere geschützte Arten* (vgl. §§ 11, 18 Tier-
schutzgesetz; Art. 3, 4, 13 Gesetz zum Washingtoner Artenschutz-
übereinkommen, § 30a Bundesnaturschutzgesetz).



In einzelnen der genannten Gesetze ist bereits der Nachweis zur
Gelegenheit eines Abschlusses eines Vertrages über die entsprechenden Gegenstände o.ä. unter Strafe gestellt, was durch die Übernahme entsprechender Angebote auf den eigenen Server wohl
durchaus erfüllt sein kann. Hinsichtlich bestimmter Gegenstände wie
etwa *Heilmitteln* gelten schließlich Beschränkungen hinsichtlich
Platzierung und Inhalt von Werbungen (vgl. Art. 1 §§ 3, 8, 10, 14,
15 Gesetz über die Werbung auf dem Gebiete des Heilwesens).

### 12.4.4.3
### Unerlaubte und genehmigungspflichtige Dienstleitungen



Zuletzt ist zu beachten, dass bestimmte Dienstleistungen verboten
bzw. genehmigungspflichtig sind, so dass ihre Ausübung, z.T. aber
sogar ihre Bewerbung (ohne entsprechende Genehmigung) Sanktionen nach sich ziehen kann. Dies gilt etwa für die Ausübung der verbotenen bzw. generell die Werbung für *Prostitution* (vgl. § 120 Ord-
nungswidrigkeitengesetz), das Versteigerungs-, Makler- und Rechts-
beratungsgewerbe (vgl. §§ 34b, 34c, 144 Gewerbeordnung, Art. 1
§§ 1, 8 Rechtsberatungsgesetz), das Erbringen bestimmter Bank-
und Finanzdienstleistungen (vgl. §§ 1, 32, 54 des Gesetzes über das
Kreditwesen).

## 12.4.5
## Weitere Strafbestimmungen



Wie oben bereits angedeutet wurde, können „über das Internet" insbesondere all die Straftatbestände erfüllt werden, die sich in bestimmten kommunikativen Akten erschöpfen. Wer als Diensteleister zu dieser Kommunikation beiträgt, muss eventuelle Strafbarkeitsrisiken abklären und vermeiden. Neben den bereits genannten Vorschriften kommen etwa aus dem Kernstrafrecht diverse Formen des Betrugs (vgl. §§ 263, 264a StGB), aus dem Nebenstrafrecht etwa bestimmte Wettbewerbsverstöße in Betracht (vgl. §§ 4, 15, 17, 18 des Gesetzes gegen den unlauteren Wettbewerb).

Daneben bestehen weitere akzessorische Strafdrohungen, also solche, die einen Verstoß gegen andere, nicht genuin strafrechtliche Normen sanktionieren. Zu denken wäre hier etwa an Urheberrechtsverletzungen (§§ 106 ff. UrhG) oder Datenschutzverstöße (vgl. §§ 42, 43 Bundesdatenschutzgesetz). Die hier im Mittelpunkt stehenden Fragen sind allerdings weniger strafrechtliche als vielmehr solche des Rechtsgebiets, von dem das Strafrecht jeweils abhängig ist: Ob also z.B. eine strafbare Urheberrechtsverletzung vorliegt, hängt nicht anders als z.B. ein zivilrechtlicher Schadensersatzanspruch in erster Linie von urheberrechtlichen Bestimmungen ab. Insoweit sei zu den akzessorischen Strafbestimmungen ergänzend auch auf die Abschnitte des vorliegenden Buches über die jeweiligen Spezialmaterien verwiesen.

# 12.5
# Internationales Strafrecht



Eine Besonderheit der Verbreitung von Informationen über das Internet liegt darin, dass potentiell strafbare Inhalte nach dem Einstellen ins Netz an einem bestimmten realen Ort oft in Sekundenschnelle überall auf der Welt abgerufen werden können. Handlungen „über das Internet" sind also nahezu denknotwendigerweise international.

Damit stellt sich ebenso wie für andere Rechtsmaterien auch für das Strafrecht die bedeutsame Frage, ob ein entsprechender Inhalt damit zugleich weltweit allen nationalen Rechtsordnungen (und damit auch stets der für den jeweiligen Inhalt strengsten!) unterfällt. Anders als das sog. internationale Privatrecht, das angibt, *welches* Recht das Gericht in einem Zivilrechtsstreit mit Auslandsbezug anwendet, gibt das sog. internationale Strafrecht hierbei alleine Auskunft darüber, ob *deutsches* Strafrecht auf einen Sachverhalt anwendbar ist.

### 12.5.1
### Grundsätzliches zum Anwendungsbereich des deutschen Strafrechts

*Grundsatz: Territorialprinzip*

Den Anwendungsbereich des deutschen Strafrechts regeln die §§ 3 bis 9 StGB. Diese orientieren sich im Ausgangspunkt am sog. Territorialitätsprinzip (d.h. Geltung des deutschen Strafrechts für im Inland begangene Taten), ergänzen dieses aber für bestimmte Fälle um andere Prinzipien. Bedeutung haben insbesondere das passive Schutzprinzip (d.h. Anwendbarkeit des deutschen Strafrechts bei der Verletzung des deutschen Staates oder eines seiner Bürger, vgl. §§ 5, 7 I StGB), das Weltrechtsprinzip (d.h. Anwendbarkeit des deutschen Strafrechts unabhängig vom Begehungsort, vgl. § 6 StGB) und der Grundsatz der stellvertretenden Strafrechtspflege (d.h. Anwendbarkeit des deutschen Strafrechts, wenn die ausländische Strafjustiz aus tatsächlichen oder rechtlichen Gründen an der Verfolgung gehindert ist, vgl. § 7 II StGB).

### 12.5.2
### Konsequenzen für die Verbreitung von Inhalten über das Internet

*Weltrechtsprinzip im Fall der Kinderpornographie*

Von den typischerweise mittels des Internet begangenen Taten ist alleine die Verbreitung von Kinderpornographie nach § 184 III, IV i.V.m. § 6 Nr. 6 StGB ein unproblematischer Fall, in dem nach dem Weltrechtsprinzip das deutsche Strafrecht unabhängig vom Recht des Tatorts für alle Auslandstaten gilt. Hiervon abgesehen kann das deutsche Strafrecht nach § 7 StGB in weitem Umfang eingreifen, wenn das Verhalten am Ort der Tat ebenfalls unter Strafe steht.

*illegale Inhalte, die im Ausland nicht strafbar sind*

Besonders problematisch sind im Umkehrschluss nun die Fälle, in denen bestimmte in Deutschland illegale Inhalte (z.B. im Bereich der weichen Pornographie oder bestimmter politisch-weltanschaulicher Äußerungen) im Ausland nicht strafbar sind. Hier muss auf die allgemeinen Grundsätze der §§ 3, 9 StGB zurückgegriffen werden [22]:

*Tathandlung oder Taterfolg im Inland*

Nach § 3 StGB gilt das deutsche Strafrecht für im Inland begangene Taten. Dies ist nach § 9 I StGB der Fall, wenn die Tathandlung im Inland begangen wurde oder der Taterfolg im Inland eingetreten ist. Werden nun illegale Inhalte, die von Deutschland aus abrufbar sind, auf einem Rechner im Ausland abgelegt bzw. von dort aus ins Netz eingestellt, liegt die Tathandlung im Ausland. Dagegen ist vielfach problematisch, ob der Tat*erfolg* wegen der Abrufbarkeit (auch) in Deutschland liegt, weil bei vielen der einschlägigen Verbreitungsdelikte das Vorliegen eines Taterfolges bestritten wird.



Das Meinungsbild zu dieser Frage ist entsprechend weit gefächert. Es reicht von der Ablehnung der Anwendbarkeit deutschen Strafrechts über vermittelnde Ansichten, die etwa ein zielgerichtetes Handeln auf die Verbreitung gerade in Deutschland oder einen objektiven territorialen Bezug zu Deutschland (z.B. auf Grund der Sprache und der Inhalte) fordern, bis hin zu einem weiten Verständnis des Begriffes des „Erfolgs" in § 9 I Var. 3 StGB, nach dem jede Zugriffsmöglichkeit im Inland ein Verbreitungserfolg sein kann. Der Bundesgerichtshof hat in seiner vor nicht all zu langer Zeit ergangenen Entscheidung im Fall „Toeben" die Ansicht vertreten, dass jedenfalls für den Straftatbestand der Volksverhetzung und der qualifizierten Auschwitzlüge (§ 130 StGB) deutsches Strafrecht auch auf Inhalte anwendbar ist, die auf einem Server im Ausland abgelegt sind, wenn sie von Deutschland aus abgerufen werden können, da sie auch geeignet seien, in Deutschland den öffentlichen Frieden zu stören [23].



Insgesamt ist die Frage allerdings nach offen und insbesondere in der Rechtsprechung noch nicht allgemein geklärt. Das – im Ansatz wohl auch vom Bundesgerichtshof verfolgte – Abstellen darauf, ob ein von der Handlung des Täters abtrennbarer Erfolg in Deutschland unmittelbar durch diese Handlung eintritt, würde in vielen Fällen zu einer (auch technische an sich sinnvoll erscheinenden) Differenzierung zwischen Pull- und Push-Technologien: Danach wäre deutsches Strafrecht anwendbar, wenn die Inhalte – z.B. per E-Mail – *nach Deutschland gesendet* werden (sog. Push-Technologie), nicht jedoch wenn sie – z.B. im WWW – „nur" auch von Deutschland *aus im Ausland abgerufen* werden können (sog. Pull-Technologie) [24]. Will man „auf Nummer sicher" gehen, kann man sich allerdings keinesfalls darauf verlassen, durch die Verlagerung eines Servers im Ausland der deutschen Strafgewalt ohne weiteres entgehen zu können, wenn die entsprechenden Inhalte auch in Deutschland abrufbar sind oder gar (z.B. per E-Mail) aktiv übertragen werden.

## 12.5.3
## Anwendbarkeit ausländischen Strafrechts



Gewissermaßen reziprok – und für Anbieter in Deutschland eventuell noch bedeutsamer – stellt sich die Frage nach der Anwendbarkeit eines jeweiligen nationalen Strafrechts natürlich auch in anderen Ländern. Ohne dass hier vertieft auf einzelne ausländische Regelungen eingegangen werden könnte, sollte man sich zwei Punkte klar machen:



Die *denkbaren* Prinzipien (z.B. Territorialitätsprinzip, Schutzprinzip, vgl. o.) sind in ausländischen Rechtsordnungen die selben, wobei natürlich die Akzente anders gesetzt sein können. Außerdem sind selbstverständlich ausländische Staaten nicht an die Reichweite des Geltungsbereichs ihres Strafrechts gebunden, der in Deutschland gilt; selbst wenn man also hierzulande eine maßvolle Zurücknahme des Strafrechts bei Inhalten, die im Ausland abrufbar, für richtig hält, würde dies theoretisch nicht ausschließen, dass ein fundamentalistisches Regime in einem anderen Land sämtliche kritische Äußerungen an seinem Tun den eigenen Strafgesetzen unterwirft [25].



Praktische Konsequenz dieser Überlegung ist, dass man bei Inhalten, die man ins Ausland sendet bzw. die (wie z.B. praktisch immer eine Seite im WWW) von dort aus abrufbar sind, zur Minimierung von Strafbarkeitsrisiken zumindest bei erkennbar „kritischen" Inhalten auch die Rechtslage in anderen Staaten prüfen müsste; inwieweit der damit verbundene enorme Aufwand im Einzelfall „rentabel" ist, ist dabei natürlich eine andere Frage. Sinnvoll können aber in Zweifelsfällen jedenfalls technische Strategien sein, die eine Lokalisierung der Nutzer ermöglichen und Inhalte nur selektiv verteilen.

# 12.6
# Zusammenfassung

Der Cyberspace ist aus gutem Grund kein rechtsfreier Raum: Die darin befindliche Welt der Daten kann als Wirtschaftsgut in der Informationsgesellschaft von ebenso großer Bedeutung sein wie z.B. physisch-greifbare Produktionsmittel. Betrügerische Verträge, die über das Internet geschlossen werden, können das Opfer in gleicher Weise schädigen, wie solche mit Tinte auf Papier; beleidigende Inhalte treffen das Opfer nicht weniger hart; Kinderpornographie lässt sich über das Netz schneller und effektiver übertragen als auf jedem anderen Weg.

Der gesetzestreue Multimedia- bzw. IT-Anwender sollte daher einerseits wissen, dass das Recht auf seiner Seite sein und ihm einen gewissen Schutz bieten kann. Andererseits muss er sich auch klar darüber sein, dass es bestimmte Grundsätze zu beachten gilt, um selbst strafrechtliche Risiken zu vermeiden.

Zum *Schutz gegen fremde Straftaten* sollte man beachten:

- Das Strafrecht kann nur in engem Umfang vor betrügerischen Machenschaften, Datenmanipulationen u.a. schützen. Gefragt ist auch technische Eigeninitiative, z.B. durch Firewalls und zuverlässige und regelmäßige Datensicherungen.

- Hat man das Gefühl, Opfer einer Straftat geworden zu sein, sollte man sich an die Strafverfolgungsbehörden wenden: Diese haben die Pflicht, beim Verdacht einer Straftat zu ermitteln, und sind mittlerweile z.T. bereits recht gut im IT-Bereich geschult. Außerdem werden manche Delikte ohnehin nur auf einen Strafantrag hin verfolgt.

Zur *Vermeidung eigener Strafbarkeitsrisiken* sind folgende Punkte von Bedeutung:

- Die internationale Anwendbarkeit deutschen Strafrechts (und anderer Strafrechtsordnungen) auf Inhalte im Internet abhängig vom technischen Speicherort ist noch nicht geklärt. Vorsichtshalber sollte man damit rechnen, dass deutsche Strafverfolgungsbehörden sich auch für Inhalte interessieren, die man auf ausländischen Servern ablegt.

- Die Liste strafrechtlich verbotener Handlungen ist – z.B. bei Handelsbeschränkungen – umfangreicher, als man spontan meinen möchte. Bei Zweifeln über die Legalität sollte man sich um fundierten Rechtsrat bemühen.

- Für eigene, d.h. auch für „zueigen gemachte" Inhalte besteht eine weitreichende Verantwortung. Wer auf eigenen Seiten (z.B. durch Links) auf Inhalte verweist bzw. auf seinen Servern Inhalte speichert, die nicht von ihm stammen und die er nicht ohne weiteres überprüfen kann, sollten das möglichst deutlich machen und den Eindruck einer pauschalen Übernahme vermeiden.

- Wer fremde Inhalte vorrätig hält, muss diese zwar nicht proaktiv prüfen. Sobald er aber Hinweise auf rechtlich bedenkliche Inhalte bekommt oder solche entdeckt, sollte diese Inhalte sorgfältig prüfen und im Zweifelsfalls sperren.

- In jedem Fall empfiehlt sich in konkreten Zweifelsfragen –
  bei einem umfangreicheren, insbesondere kommerziellen
  Betrieb aber auch in generellen Konzeptionsfragen – die
  Konsultation eines Rechtsanwalts, der fundierte Kenntnisse
  im noch vielfach wenig verbindlich geklärten Multimediastrafrecht vorweisen kann.

# Anwendungskompass
# Internet-Strafrecht

**1.** Beachten Sie: Das Internet-Strafrecht birgt nicht nur Risiken, es gewährt Ihnen auch Schutz!

**2.** Nutzen Sie als persönliche Faustregel: "Was offline strafbar ist, muß auch online strafbar sein!"

**3.** Beachten Sie die gestaffelte Verantwortung für eigene Inhalte (+), fremde Inhalte (+/-); Zugangsvermittlung (-)!

**4.** Die meisten Straftatbestände im Internet setzen Vorsatz voraus. Bei Jugendschutz reicht aber Fahrlässigkeit aus!

**5.** Achtung: Insbesondere Provider können auch für schuldhaftes Unterlassen haften!

**6.** Beachten Sie bei Funktionsteilung von Internetangeboten das Risiko der Beteiligung an einer fremden Straftat!

**7.** Beachten Sie bei Meinungsäußerungen im Internet, dass keine beleidigenden Inhalte erfolgen!

**8.** Vorsicht: Manche Dienstleistungen und der Handel mit bestimmten Waren (z.B. Arznei) sind strafbar!

Literaturverzeichnis

[1]        Des weiteren erfolgt auch eine Beschränkung auf das sog. materielle Strafrecht, d.h. also auf die Voraussetzungen, ob sich eine Person abstrakt betrachtet straf*bar* gemacht hat. Die mit der Strafverfolgung weiterhin verbundenen Probleme des Straf*prozess*rechts (insbesondere die Frage, welche Möglichkeiten die Strafverfolgungsbehörden haben, „in Computernetzen" z.B. durch Beschlagnahmen, Überwachung der Telekommunikation, „staatliches Hacking" etc. Beweise zu erheben) bleiben hier dagegen aus Platzgründen ausgespart. Für den Leser sind sie allerdings insoweit auch weniger von Interesse, weil spätestens dann, wenn tatsächlich ein Strafverfahren zum Laufen gekommen ist, ohnehin die Konsultation eines Anwalts unverzichtbar erscheint. Vgl. zu einigen der strafprozessualen Fragen *Bär*, MultiMedia und Recht 2000, 472 ff.; *Kudlich*, Juristische Arbeitsblätter 2000, 227 ff.; *Sieber*, in: Hoeren/Sieber (Hrsg.), Handbuch Multimediarecht, München, Loseblattsammlung, C.H. Beck, Teil 19 Rn. 681 ff.

[2]        Vgl. vertiefend zu den im Folgenden behandelten strafrechtlichen Fragen insbesondere *Sieber*, in: Hoeren/Sieber (Hrsg.), Handbuch Multimediarecht, Teil 19 sowie *Barton*, Multimediastrafrecht, Neuwied 1999, Luchterhand; ferner *Sieber*, JuristenZeitung 1996, 429 ff.; 494 ff. Guter Überblick ferner bei *von Bubnoff*, in: Leipziger Kommentar zum Strafgesetzbuch, Berlin 2000, Ergänzende Erläuterung zu §§ 130, 131 (Krimineller Mißbrauch internationaler Computernetze durch inhaltsbezogene Straftaten)

[3]        Richtlinie 2000/31/EG des Europäischen Parlaments und des Rates vom 8.Juni 2000 über bestimmte rechtliche Aspekte der Dienste der Informationsgesellschaft, insbesondere des elektronischen Geschäftsverkehrs, im Binnenmarkt („Richtlinie über den elektronischen Geschäftsverkehr" – ABlEG 2000, Nr. L 178, S. 1 ff.), in Kraft getreten am 17.7. 2000. Eine solche Richtlinie ist kein unmittelbar geltendes Recht, sondern verpflichtet die Mitgliedstaaten, zu ihrer Umsetzung entsprechende Regelungen zu erlassen (bzw. bestehende Regelungen zu ändern), soweit dies erforderlich ist. Richtlinien sind aber darüber hinaus für die Interpretation des nationalen Rechts von Interesse, da regelmäßig davon auszugehen ist, dass der nationale Gesetzgeber seine Regelungen so verstanden wissen möchte, dass sie nicht in Widerspruch zum Gemeinschaftsrecht stehen.

[4]        Vgl. zum Regelungssystem des § 5 TDG/MDStV und dessen Problemen aus v.a. strafrechtlicher Sicht näher *Sieber* in: Hoeren/Sieber, Teil 19 Rn. 219 ff.; *ders.*, Verantwortlichkeit im Internet, München, 1999, C.H. Beck; *ders.*, MultiMedia und Recht 1999, Beilage 2

[5]        Vgl. näher zur Problematik und auch mit Beispielen zur Abgrenzung *Bleisteiner*, Rechtliche Verantwortlichkeit im Internet, Köln u.a. 1999, Carl Heymanns, S. 80 ff., insb. 90 ff. und 114 ff.

[6]     Vgl. näher BT-Drs. 13/7385, S. 17, 19; *Wuermeling/Felixberger*, Computer
        und Recht 1997, 230, 3233; *Sieber*, Verantwortlichkeit im Internet, Rn. 267.

[7]     Vgl. BT-Drs. 13/7385, S. 19 f.; ausführlich zu dieser Problematik und vertie-
        fend zu den im folgenden nur angerissenen Fragen sowie mit vielen weiteren
        Fallgruppen *Sieber*, Verantwortlichkeit im Internet, Rn. 290 ff.

[8]     An die diese „Distanzierung" sind höhere Anforderungen zu stellen als an
        „Disclaimer", die etwa eine vertragliche Haftung ausschließen sollen: Soweit es
        um vertragsrechtliche Ansprüchen im Zivilrecht geht, kann der Inhalt eines sol-
        chen Disclaimers in ähnlicher Weise in den Vertrag miteinbezogen werden, wie
        sonstige allgemeine Geschäftsbedingungen (und es stellt sich nur noch die Fra-
        ge nach seiner Wirksamkeit). Bei der strafrechtlichen Verantwortlichkeit ist
        dagegen – ähnlich wie bei zivilrechtlichen Ansprüchen aus unerlaubter Hand-
        lung – eine vertragliche Haftungsbegrenzung in Gestalt eines Disclaimers we-
        niger leicht möglich, da regelmäßig Dritte geschädigt werden, mit denen kein
        vertragliches Verhältnis besteht; vgl. hierzu aus Sicht des Zivilrechts näher
        *Spindler*, in: Hoeren/Sieber (Hrsg.), Handbuch Multimediarecht, Teil 29
        Rn. 400 ff

[9]     Vgl. dazu näher *Koch*, MultiMedia und Recht 1999, 704 ff.

[10]    So überzeugend *Sieber*, Verantwortlichkeit im Internet, Rn. 313 ff.; anderer
        Ansicht aber *Barton*, Multimedia-Strafrecht, Rn. 312.

[11]    Vgl. *Bleisteiner*, Rechtliche Verantwortlichkeit im Internet, 1999, S. 205 ff.;
        Hoeren, MultiMedia und Recht 1998, 97 f.; *Sieber*, Verantwortlichkeit im In-
        ternet, Rn. 390 ff.

[12]    Vgl. die Einstellungsverfügung des GBA, abgedruckt in MultiMedia und
        Recht 1998, 93 ff. m. ablehnender Anmerkung von *Hoeren*; zustimmend *Hil-
        gendorf*, Neue Zeitschrift für Strafrecht 2000, 518 ff. sowie *von Bubnoff*, in:
        Leipziger Kommentar, Ergänzende Erläuterungen zu §§ 130, 131 Rn. 12.

[13]    Vgl. zu dieser Problematik ausführlich *Satzger*, Computer und Recht 2001,
        128 ff. sowie knapp *Kudlich*, Juristische Ausbildung 2001, 305, 310.

[14]    Auch dies ist in Fällen mit „Multimediabezug" ohne weiteres denkbar: So kann
        sich etwa die Frage nach der strafrechtlichen Verantwortlichkeit des Betreibers
        eines sog. Internet-Cafés stellen, dessen Betrieb man kaum als Erbringung ei-
        nes Teledienstes bezeichnen kann, vgl. zu dieser Frage näher (strafrechtliche
        Überwachungspflichten bejahend) *Liesching/Günter*, MultiMedia und
        Recht 2000, 260 ff.

[15]    Zahlreiche weitere allgemeine Gesichtspunkte werden hier nicht erwähnt, weil
        sie keine *spezifischen* Probleme im Zusammenhang mit dem Multimediastraf-
        recht aufwerfen; in einem konkreten Strafverfahren müsste daher der komplette
        Sachverhalt mit einem sachkundigen Berater durchgesprochen werden. Viel-
        mehr beschränkt sich die Darstellung auf Aspekte, die im Zusammenhang mit
        dem Internet häufiger von Bedeutung sind.

[16]    Vgl. zu den folgenden Fragen außerhalb des Anwendungsbereichs des
        § 5 TDG/MDStV ausführlich *Sieber*, JuristenZeitung 1996, 429 ff., 494 ff.;
        *ders.*, in: Hoeren/Sieber (Hrsg.), Handbuch Multimediarecht, Teil 19

Rn. 327 ff.; knapp auch *Barton*, Multimediastrafrecht, Rn. 106 ff. sowie ferner die Ausführungen ebd. Rn. 225 ff.

[17] Etwas anderes könnte dann also gelten, wenn ein bestimmter Dienst im Einzelfall praktisch ausschließlich oder zumindest ganz überwiegend illegalen Zwecken dienen kann, so z.B. wenn ein bestimmter Dienst nur dazu eingerichtet ist, unter Verstoß gegen des Urheberrechtsgesetz Musikdateien im MP 3-Format auszutauschen.

[18] Vgl. dazu unter besonderer Beachtung der Funktionen beim Anbieten von Mediendiensten näher *Barton*, Multimediastrafrecht, Rn. 225 ff.

[19] Vgl. *Sieber*, Verantwortlichkeit im Internet, Rn. 373 ff.

[20] Vgl. hierzu aus jüngerer Zeit (allerdings jeweils für nicht multimediaspezifische Fragestellungen) die Entscheidungen des Bundesgerichtshofs 5 StR 729/98 v. 20.09.1999 = Neue Zeitschrift für Strafrecht 2000, 34 ff. und 5 StR 624/99 v. 01.08.2000 = JuristenZeitung 2000, 1175 m. Anm. *Kudlich* und aus der rechtswissenschaftlichen Literatur etwa *Wohlers*, Neue Zeitschrift für Strafrecht 2000, 169 ff. sowie monographisch *Wohlleben*, Beihilfe durch äußerlich neutrale Handlungen, München, 1996, C.H. Beck.

[21] Vgl. zu einer ersten Vertiefung sowie zu weiteren Strafnormen gegen illegale Inhalte *Sieber*, in Hoeren/Sieber (Hrsg.), Handbuch Multimediarecht, Teil 19 Rn. 600 ff.; eine vertiefende Darstellung vieler der nebenstrafrechtlichen Tatbestände und ihrer Bezugsnormen findet sich in der Sammlung von *Erbs/Kohlhaas*, Strafrechtliche Nebengesetze, München, Loseblattsammlung, C.H. Beck..

[22] Vgl. hierzu etwa *Cornils*, JuristenZeitung 1999, 394 ff.; *Hilgendorf*, Neue Juristische Wochenschrift 1997, 1873 ff.; *Sieber*, Neue Juristische Wochenschrift 1999, 2065 ff. sowie monographisch *Kienle*, Internationales Strafrecht und Straftaten im Internet, 1999, Hartung-Gore; *Lehle*, Der Erfolgsbegriff und die deutsche Strafrechtszuständigkeit im Internet, 1999, Hartung-Gore. Dieses Problem dürfte sich auch nicht durch Art. 3 I, II der EG-Richtlinie zum elektronischen Geschäftsverkehr gelöst haben: diese statuieren zwar das Herkunftslandprinzip, so dass man an sich daran denken könnte, zumindest innerhalb der Gemeinschaft Inhalte, die im Herkunftsland legal sind, auch in anderen Mitgliedstaaten nicht unter Strafe zu stellen; dass allerdings die Richtlinie auch insoweit eine Regelung treffen sollte, ist zweifelhaft, vgl. auch *Satzger*, Computer und Recht 2001, 128, 136.

[23] Vgl. Entscheidung BGH 1 StR 184/00 vom 12.12.2000 = Neue Zeitschrift für Strafrecht 2001, 305 ff. m. Anm. *Hörnle* = Strafverteidiger 2001, 395 ff. m. Anm. *Kudlich*.

[24] Vgl. ausführlich *Sieber*, Neue Juristische Wochenschrift 1999, 2065 ff. sowie knapper bereits *ders.*, in: Hoeren/Sieber (Hrsg.), Handbuch Multimediarecht, Teil 19 Rn. 397 ff.

[25] Das Beispiel ist zugegebenermaßen eher theoretisch und letztlich auch ein geringeres Problem, wenn man nicht vor hat, in eben diesem Land einmal seinen Urlaub zu verbringen.

# 13 Vergabe öffentlicher Bauleistungen im Internet

RA Ernst Tandler, Kanzlei Tandler, Rieger & Kollegen, München

## 13.1 Einleitung

Die wachsende Beliebtheit des Internet auch im elektronischen Geschäftsverkehr („E-Commerce") zeigt sich u. a. daran, dass auf nunmehr fester Rechtsgrundlage und mit der verkehrserforderlichen technischen Sicherheit die Vergabe öffentlicher Bauleistungen unter Nutzung dieses neuen Mediums möglich ist. Die letzte Voraussetzung hierfür ist mit dem Inkrafttreten der neuen Vergabeverordnung erfüllt, die an die Vorschriften über die elektronische Signatur anknüpft und u. a. die neuen Bestimmungen des Teiles A, Abschnitt 2, der Verdingungsverordnung für Bauleistungen („VOB 2000") für rechtsverbindlich erklärt. Nachdem bereits Rechtsprechung und Schrifttum elektronisch (z. B. als E-Mail) versandte und von einem rechtsgeschäftlichen Bindungswillen getragene Erklärungen als Willenserklärungen im Rechtssinne anerkannt haben [1], ist nunmehr mit dem neugefassten Vergaberecht der erste Gestaltungsrahmen geschaffen, in dem sich das Kommunikationsmittel Internet neben den herkömmlich normierten Formen des Rechtsverkehrs zu bewähren und zu behaupten hat. Die folgende Darstellung gibt einen Überblick über diese neue Vergabemöglichkeit und ihre Abweichungen von dem im vergangenen Jahrhundert allgemein üblichen Verfahren. Sie beschränkt sich auf Bauaufträge im Werte ab 5 Millionen Euro.

*„VOB" im Angesicht des Internets*

# 13.2
# Rechtsgrundlagen

## 13.2.1
## Europarecht

*Verpflichtungen des gemeinsamen Marktes*

Mit dem Vertrag vom 25.3.1957 [2] haben die beteiligten Staaten die Europäische Wirtschaftsgemeinschaft (EG) gegründet und es als ihre Aufgabe bezeichnet, durch die Errichtung eines Gemeinsamen Marktes eine harmonische Gestaltung des Wirtschaftslebens innerhalb der Gemeinschaft zu fördern. Zur Erfüllung dieser Aufgabe werden Verordnungen und Richtlinien des EG-Rates und der EG-Kommission und Entscheidungen des Europäischen Gerichtshofes (EuGH) erlassen sowie Empfehlungen und Stellungnahmen abgegeben. Die Verordnungen sind unmittelbar geltendes Gemeinschaftsrecht. Die Richtlinien verpflichten jeden Mitgliedsstaat, sie fristgerecht in nationales Recht umzusetzen, das grundsätzlich erst von da an für jeden Staatsbürger unmittelbar geltendes Recht ist.

*Rechtssetzungsakte*

Das für die Vergabe öffentlicher Bauleistungen maßgebliche Gemeinschaftsrecht ergibt sich aus folgenden Rechtssetzungsakten:

- Die Baukoordinierungsrichtlinie (BKR) vom 26.7.1971 über das Vergabeverfahren i. d. F. der Richtlinie 93/37 EWG vom 14.6.1993 [3] und der Richtlinie 97/52/EG (Änderungsfassung) vom 13.10.1997 [4].
- Die Richtlinie 1999/93/EG über gemeinschaftliche Rahmenbedingungen für elektronische Signaturen vom 13.12.1999 [5].
- Die Richtlinie 2000/31/EG über den elektronischen Geschäftsverkehr vom 8.6.2000 [6]

*...umgesetzt in deutsches Recht*

Diese vollständig umgesetzten Richtlinien sind durch ihre Aufnahme in die entsprechenden Gesetze (Gesetz gegen Wettbewerbsbeschränkungen, Vergabeverordnung usw.) unmittelbar geltendes deutsches Recht geworden.

# 13.2.2
# Deutsches Recht

Das Vergaberecht hat einen historisch bedingten dreistufigen („kaskadenförmigen") Aufbau. Damit ist gemeint, dass sich die „Normenflut" gewissermaßen über eine durch mehrere Gesetze und Vorschriftensammlungen gebildete Kaskade hinweg bis hin zum Normadressaten ergießt, und zwar, genau genommen, über zwei Kaskaden, nämlich für Bauaufträge unter 5 Millionen Euro über die Bundeshaushaltsordnung [7] sowie die Landes- und Gemeindehaushaltsordnungen und den Abschnitt 1 der VOB/A hinweg und für die hier interessierenden Bauaufträge im Werte ab 5 Millionen Euro über das Gesetz gegen Wettbewerbsbeschränkungen, die Vergabeverordnung und den Abschnitt 2 der VOB/A hinweg. Das ist nicht übersichtlich (transparent) und deswegen auf Kritik gestoßen (8). Darum soll dieser Aufbau einer grundlegenden Neufassung des materiellen Vergaberechts weichen [9].

Das für die vorliegende Darstellung maßgebliche Gesetz gegen Wettbewerbsbeschränkungen – GWB – [10] enthält die Grundregeln des (nationalen) Vergaberechts in den §§ 97 – 129. Hiernach sind insbesondere die Gleichbehandlung (Diskriminierungsverbot), der faire Wettbewerb und die Übersichtlichkeit (Transparenz) des Vergabeverfahrens für alle an einem Auftrag Interessierten zu gewährleisten. Die Unternehmen haben Ansprüche auf Einhaltung der Vergabevorschriften und auf die Nachprüfung, ob das tatsächlich geschehen ist. Zu diesem Zwecke sind Vergabekammern und Vergabeprüfstellen eingerichtet. Gegen Entscheidungen der Vergabekammern ist die sofortige Beschwerde zulässig, über die das zuständige Oberlandesgericht durch den dort gebildeten Vergabesenat entscheidet. Wird ein Unternehmen durch einen Rechtsverstoß des Auftraggebers um eine „echte Chance" gebracht, kann ein Anspruch auf Schadensersatz entstehen, § 126.

Die Verordnung über die Vergabe öffentlicher Aufträge (Vergabeverordnung –VgV-) vom 9.1.2001 [11] ist am 1.2.2001 in Kraft getreten.

*VgV*

- Sie hat ihre Ermächtigungsgrundlage im GWB und löst die vorausgegangenen Verordnungen vom 22.2.1994 [12] und vom 29.9.1997 [13] ab. Mit der verbindlichen Verweisung auf Abschnitt 2 der neuen „VOB 2000" eröffnet sie den zu ihrem Anwendungsbereich gehörenden Auftraggebern und den im Sinne der VOB qualifizierten Unternehmen die Möglichkeit, die Vergabe von Bauleistungen auf elektronischem Wege zu betreiben. Die Anwendbarkeit der VgV

*Ermächtigungs-grundlage*

hängt sachlich von den sog. Schwellenwerten und persönlich von den im GWB genannten Kreis der Auftraggeber ab, die zur Anwendung der VOB verpflichtet sind.



- Sachliche Anwendungsvoraussetzung ist, dass die Bauaufträge mindestens den Schwellenwert von 5 Millionen Euro (ohne Umsatzsteuer) erreichen, § 1 und § 2 Nr. 4 VgV. Das sind unveränderlich DM 9.779.150,00 [14]. Der Auftragswert ist zu schätzen, wobei von der geschätzten Gesamtvergütung für die vorgesehene Leistung auszugehen und außer diesem Wert der geschätzte Wert der Lieferungen zu berücksichtigen ist, die für die Bauleistungen erforderlich sind und von dem Auftraggeber zur Verfügung gestellt werden, § 3 Abs. 1 und 7 VgV.



- Persönliche Anwendungsvoraussetzung ist, dass der Auftraggeber zu dem Kreis der in § 98 Nr. 1 bis 3, 5 und 6 GWB genannten Personen und Einrichtungen gehört. Gemeint sind in erster Linie die „klassischen" Auftraggeber Bund, Länder, Gemeinden und Gemeindeverbände, daneben die juristischen Personen des öffentlichen Rechts (z. B. die öffentlichrechtlichen Körperschaften, Anstalten und Stiftungen (also z. B. die Hochschulen, die berufsständischen Vereinigungen, die Träger der Sozialversicherung), aber auch diejenigen juristischen Personen des privaten Rechts, die zu dem Zweck gegründet wurden, im allgemeinen Interesse liegende Aufgaben nichtgewerblicher Art zu erfüllen [15]. Die Bahn übt nach § 8 VgV Tätigkeiten im Verkehrsbereich aus, in dem die hier nicht weiter interessierenden Vergaberegeln der VOB/A Abschnitt 4 maßgeblich sind [16].



- Neu und wichtig ist die in § 13 VgV begründete Informationspflicht des Auftraggebers: Der unberücksichtigt gebliebene Bieter ist über den Namen des erfolgreichen Bieters und den Grund der Nichtberücksichtigung zu unterrichten. Das hat spätestens 10 Tage vor Vertragsschluss zu geschehen. Ein Vertrag darf vor Ablauf der Frist oder ohne dass die Informationen erteilt wurden und die Frist abgelaufen ist, nicht geschlossen werden. Ein dennoch geschlossener Vertrag ist nichtig. Außerdem sind alle Bieter über die Absicht des Auftraggebers zu unterrichten, das Vergabeverfahren durch Aufhebung zu beenden. Weitere Einzelheiten enthält die bereits ein halbes Jahr vor dem Erlass der VgV bekanntgemachte VOB/A, Abschnitt 2. In § 14 VgV steht, dass bei Bekanntmachungen im Amtsblatt der EG die Auftraggeber das gemeinsame Vokabular für das öffentliche Auftragswesen (Common Procurement Vocabulary - CVP) zur Beschreibung des Auftragsgegenstandes verwenden sollen, das im Bundesanzeiger bekanntgegeben ist [17].

- Nach § 15 VgV können die Auftraggeber die elektronische Angebotsabgabe zulassen. Dies gilt erklärtermaßen jedoch nur für die Fälle, in denen die §§ 4 bis 7 VgV auf Bestimmungen verweisen, die keine Regelungen über diese Art der Angebotsabgabe enthalten. Der Abschnitt 2 der VOB/A, auf den in § 6 VgV verwiesen wird, enthält jedoch bereits die „digitale Öffnung" für die Vergabe von Bauleistungen, so dass es hier auf § 15 VgV nicht ankommt.



- Für die Internetnutzung bei der Vergabe von Bauleistungen ist die VgV letztlich nur wegen der Verweisung auf die VOB/A Abschnitt 2 (§ 6 VgV) von Belang, wo insgesamt 7 Vorschriften über die elektronische Vergabe enthalten sind. In gewissem Umfang interessiert auch die Bemessung der Schwellenwerte für Bauleistungen (§ 2 Nr. 4 und § 3 Abs. 3 und 7 VgV), für die jedoch die VOB/A ebenfalls Regeln bereithält, die teilweise über die VgV hinausgehen. Dieses Nebeneinander von Vorschriften der VgV und des Abschnittes 2 der VOB/A erklärt sich daraus, dass der Verordnungsgesetzgeber die bislang übliche Verweisungstechnik bei der neuen VgV beibehalten hat, wobei es sowohl zu Überschneidungen wie zu Regelungslücken gekommen ist. Überschneidungen gibt es bei den Bestimmungen über die Schätzung der Auftragswerte. Eine Regelungslücke hat es in der Zeit zwischen der Bekanntmachung der neuen „VOB 2000" (mit „digitaler Öffnung) im Bundesanzeiger vom 30.6.2000 und dem Inkrafttreten der neuen VgV am 1.2.2001 gegeben; denn die alte VgV i.d.F. von 1997 galt bis zum 31.1.2001 und sah bis dahin ungeachtet der Bekanntmachung der neuen „VOB 2000" vor, die Auftraggeber hätten die VOB/A „in der Fassung der Bekanntmachung vom 12. November 1992 BAnz.-Nr.223a vom November 1992" (ohne „digitale Öffnung") anzuwenden. Eine umfassende Neuregelung des materiellen Vergaberechts hätte freilich mehr Zeit gebraucht, als zwischen dem Erlass der alten Verordnungen von 1994/1997 und dem Inkraftsetzen der nunmehr vorliegenden neuen Verordnung vorhanden war. Darüber hinaus stand der Gesetzgeber unter erheblichem Zeitdruck, weil die Europäische Kommission gegen Deutschland vor dem EuGH ein Vertragsverletzungsverfahren wegen nicht rechtzeitiger Umsetzung der maßgeblichen EG-Richtlinien erhoben hatte [18].

*VOB*

Die Verdingungsordnung für Bauleistungen [19], Teil A: Allgemeine Bestimmungen für die Vergabe von Bauleistungen, Abschnitt 2 (Basisparagraphen mit zusätzlichen Bestimmungen nach der EG-Baukoordinierungsrichtlinie), Ausgabe 2000 (VOB/A = „VOB 2000").

*Entwicklungsgeschichte*

- Die VOB hat eine lange Entwicklungsgeschichte. Sie geht auf die Arbeit eines 1921 vom Reichstag eingesetzten Verdingungsausschusses zurück, der 1926 die VOB in ihren Teilen A (Vergabe von Bauleistungen), B (Vertragsbedingungen für die Ausführung von Bauleistungen) und C (Technische Vorschriften für Bauleistungen) veröffentlichte. Den geänderten Fassungen von 1952 und 1965 folgten weitere Änderungen und Ergänzungen, die den technischen Fortschritt und das Europarecht berücksichtigen, mit dem eine weitgehende Liberalisierung des EG-Binnenmarktes für Bauleistungen aller Art erreicht werden soll. Das Regelwerk des Teiles A hat, für sich genommen, keinen Gesetzescharakter. Es ist nicht auf dem parlamentarischen Wege zustandegekommen, sondern von den Hauptausschüssen des Deutschen Verdingungsausschusses für Bauleistungen unter Mitwirkung von Vertretern der Spitzenorganisationen der Auftraggeber- und Auftragnehmerseite erarbeitet worden. Es ist dementsprechend nicht im Bundesgesetzblatt, sondern im Auftrag des Verdingungsausschusses vom Deutschen Institut für Normung eV (DIN) herausgegeben und vom Bundesministerium für Verkehr, Bau- und Wohnungswesen im Bundesanzeiger veröffentlicht worden [20]. Gemäß § 6 VgV sind die Auftraggeber verpflichtet, die VOB/A Abschnitt 2 in der jetzigen Fassung anzuwenden. Das ist eine sog. statische Verweisung. Sie verleiht dem privaten Regelwerk der VOB/A den Charakter einer Rechtsnorm [21]. Im Gegensatz zur sog. dynamischen Verweisung nehmen künftige Änderungen dieses Abschnittes 2 ohne eine Neufassung der VgV an dem Normencharakter nicht teil.

*Grundzüge*

- In seinen Grundzügen hat sich das Vergabeverfahren durch die neuen Vorschriften der VOB/A nicht geändert: Der Auftraggeber stellt eine eindeutige und vollständige Leistungsbeschreibung her, die Bestandteil der Vergabeunterlagen ist. Mit der Öffentlichen Ausschreibung fordert er eine



*13 Vergabe öffentlicher Bauleistungen im Internet*

unbeschränkte Zahl von Unternehmen auf, Angebote einzureichen. Die Ausschreibung ist in Tageszeitungen, amtlichen Veröffentlichungsblättern usw. bekanntzugeben. Von hier an bis zum Zuschlag sind alle Bewerber (die sich also um den Auftrag bemüht haben) und Bieter (die ein Angebot abgegeben haben) gleichzubehandeln. Der Wettbewerb darf insbesondere nicht auf Bewerber beschränkt werden, die in bestimmten Regionen oder Orten ansässig sind, ihnen dürfen keine Informationen unter Ausschluss der anderen Wettbewerbsteilnehmer gegeben werden usw. Nach Eingang des Antrages auf Teilnahme am Wettbewerb werden dem Antragsteller die Verdingungsunterlagen übermittelt. Die Angebotsfrist endet, sobald im Eröffnungstermin die Eröffnung der Angebote beginnt. Nach der Prüfung und Wertung der Angebote wird der Zuschlag auf das wirtschaftlichste Angebot erteilt (22). Der Bieter wird nunmehr zum Auftragnehmer. Mängel des Vergabeverfahrens können im Nachprüfungsverfahren geltend gemacht werden. Der Abschnitt 2 der VOB/A mit seinen Besonderheiten ist dadurch gekennzeichnet, dass über die z. T. neu gefassten Basispararaphen hinaus die sog. a-Paragraphen gelten. Diese Regeln beruhen auf der zur weiteren Liberalisierung des Baumarktes erlassenen EG-Baukoordinierungsrichtlinie. Sie bezweckt, innerhalb der EG einen gemeinsamen und einheitlichen Markt für die Vergabe der größeren Bauaufträge (ab 5 Millionen Euro) zu eröffnen und allen Bewerbern und Bietern europaweit die gleichen Wettbewerbschancen einzuräumen.

Für die elektronische Angebotsabgabe ist in Abschnitt 2 der VOB/A im einzelnen bestimmt:



- in § 10 Nr. 5 Abs. 2 Buchst. h bis j, dass in dem Anschreiben (Aufforderung zur Angebotsabgabe) anzugeben ist, ob ggf. digitale Angebote und Verfahren zu einer Verschlüsselung und Entschlüsselung zugelassen sind, ebenso die genaue Bezeichnung der digitalen Angebote und ggf. auch die Anschrift, an die die digitalen Angebote zu richten sind;

- in § 17 Nr. 1 Abs. 2 Buchst. i und l, dass die Bekanntmachung der Öffentlichen Ausschreibungen u. a. Angaben darüber enthalten soll, ob die Unterlagen auch digital eingesehen und angefordert werden können.

- in § 18 Nr. 3, dass bis zum Ablauf der Angebotsfrist die Angebote auch digital zurückgezogen werden können;

- in § 20 Nr. 1 Abs. 1 Satz 2 Halbs. 2, dass bei der Öffentlichen Ausschreibung das Entgelt die im einzelnen genannten Selbstkosten des Auftraggebers nicht überschreiten darf, was auch bei digitaler Übermittlung gilt;

- in § 21 Nr. 1 Abs. 1 Satz 2, dass der Auftraggeber auch die mit einer digitalen Signatur im Sinne des Signaturgesetzes versehenen Angebote zulassen kann, die verschlüsselt eingereicht werden müssen;

- in § 22 Nr. 1 Satz 2 Halbs. 2, dass bis zum Eröffnungstermin die digitalen Angebote zu kennzeichnen und verschlüsselt aufzubewahren sind;

- in § 22 Nr. 3 Abs. 1, dass im Eröffnungstermin festzustellen ist, ob die digitalen Angebote verschlüsselt sind.



Die erwähnten und auf europaweite Vergaben ausgerichteten a-Paragraphen sehen u. a. vor:

- in § 10a (2. Spiegelstrich), dass das Anschreiben (Versendung der Verdingungsunterlagen und Aufforderung zur Angebotsabgabe) die Mitteilung über die Notwendigkeit enthalten muss, die Angebote in deutscher Sprache abzufassen;

- in § 17a Nr. 1 Abs. 1 und 3, dass die wesentlichen Merkmale der beabsichtigten baulichen Anlage als Vorinformation bekanntzumachen ist, die so bald wie möglich nach der Genehmigung der Planung dem Amt für Veröffentlichungen der EG zu übermitteln sind (Anschrift: 2, rue mercier, L-2985 Luxemburg 1) und außerdem in Tageszeitungen, amtlichen Veröffentlichungsblättern oder Fachzeitschriften veröffentlicht werden können;

- in § 18a Nr. 1 Abs. 1, dass die Angebotsfrist mindestens 52 Kalendertage, von der Absendung der Bekanntmachung an gerechnet, betragen muss und dass diese Frist unter besonderen Umständen verkürzt oder verlängert werden kann;

- in § 25a, dass bei der Wertung der Angebote nur Kriterien berücksichtigt werden dürfen, die in der Bekanntmachung oder in den Vergabeunterlagen genannt sind;

- in § 26a Nr. 1, dass die Bewerber und Bieter von der Beendigung eines Vergabeverfahrens oder von einer Aufhebung der Ausschreibung unter Angabe der jeweiligen Gründe zu unterrichten sind;

- in § 27a Nr. 1, dass den nicht berücksichtigten Bewerbern oder Bietern innerhalb von 15 Tagen auf Antrag die Gründe für die Nichtberücksichtigung ihrer Bewerbung oder ihres Angebotes mitzuteilen sind, wobei grundsätzlich den Bietern auch die Merkmale und Vorteile des Angebotes des erfolgreichen Bieters sowie dessen Name schriftlich mitzuteilen sind;

- in § 31a, dass in der Vergabebekanntmachung und in den Vergabeunterlagen die Nachprüfungsbehörden (s. oben bei II. 2b) mit Anschrift anzugeben sind, an die sich der Bewerber oder Bieter wegen behaupteter Verstöße gegen die Vergabebestimmungen wenden kann.

Zur besseren Übersicht sei noch kurz auf den Teil B der VOB eingegangen, der Bestimmungen über die sachlichrechtlichen Beziehungen zwischen Auftraggeber und Auftragnehmer nach Vertragsschluss enthält: Ist auf ein Angebot rechtzeitig und ohne Abänderung der Zuschlag erteilt, so ist damit nach allgemeinen Rechtsgrundsätzen der Vertrag geschlossen, auch wenn die spätere urkundliche Festlegung vorgesehen ist, § 28 Nr. 2 Abs. 1 VOB/A. Es gelten nunmehr die vertraglichen Vereinbarungen i. V. m. den regelmäßig einbezogenen Vorschriften der VOB/B. Diese haben keinen Gesetzescharakter, sondern sind Allgemeine Geschäftsbedingungen, d. h. Regeln in Form einer für den Gebrauch durch die Beteiligten bereitliegenden Rechtsordnung, die ggf. durch die Vorschriften des BGB zu ergänzen sind, insbesondere durch die §§ 631 ff. über den Werkvertrag. Ist die VOB/B „als Ganzes" oder ohne eine ins Gewicht fallende Einschränkung vereinbart, so steht sie nicht im Widerspruch zum Gesetz über Allgemeine Geschäftsbedingungen (AGB-Ges). Es ist jedoch zu berücksichtigen, dass § 23 Abs. 2 Nr. 5 AGB-Ges. (Unanwendbarkeit des Gesetzes auf fingierte Erklärungen und auf bestimmte Beschränkungen der Gewährleistung) eine sog. statische Verweisung (s. oben bei II 2d aa a.E.) auf die VOB enthält und sich somit nicht auf die einschlägigen Änderungen und Ergänzungen der VOB nach dem Inkrafttreten der AGB-Ges. am 1.4.1977 erstreckt [23]. Darüber hinaus sind vereinbarte Abweichungen größeren Umfangs von der VOB/B stets auf ihre Vereinbarkeit mit dem AGB-Ges zu prüfen. Ferner ist zu beachten, dass nach der Handelsrechtsreform für den Anwendungsbereich des AGB-Ges nicht mehr die Kaufmannseigenschaft maßgeblich ist. Sie ist durch den Begriff der Unternehmereigenschaft ersetzt. Da die selbständigen Bauhandwerker am Markt planmäßig und dauerhaft Leistungen gegen Entgelt anbieten, sind sie Unternehmer in dem genannten Sinne, so dass ih-

VOB/B

nen nicht der volle Schutz des AGB-Ges zusteht. – Bei europaweiter Vergabe kann nach den Regeln des internationalen Privatrechts das materielle Baurecht des fremden Vertragsstaates an Stelle des deutschen Rechts in Frage kommen [24]



Eine einheitliche Anwendung der VOB bietet größere Rechtssicherheit. Dem dient das vom Bundesministerium für Raumordnung, Bauwesen und Städtebau (Deichmanns Aue, 53179 Bonn) herausgegebene sog. Vergabehandbuch. Dort sind die für die einzelnen Fachbereiche (Hochbau, Straßenbau usw.) maßgeblichen Richtlinien zu den einzelnen Paragraphen, die einheitlichen Verdingungsmuster und Formblätter usw. veröffentlicht. Diese Richtlinien sind Verwaltungsvorschriften und haben keinen Gesetzescharakter, sind also ohne bindende Außenwirkung [5]

## 13.3
## Das elektronische Vergabeverfahren im Einzelnen

Alle nicht näher bezeichneten Paragraphenangaben in diesem Teil sind Vorschriften aus der VOB/A, Abschnitt 2.



§ 10 Nr. 5 Abs. 2 Buchst. h („gegebenenfalls Zulassung von digitalen Angeboten") ergibt sich, dass es dem Auftraggeber freisteht, ob er sich auf die „digitale Öffnung einlassen oder die Vergabe allein im herkömmlichen Verfahren (einfache Schriftform des Angebotes) betreiben will. Zutreffend wird angenommen, dass dies ein Verstoß gegen den sog. Ermöglichungsgrundsatz des Kap. II Art. 9 Abs. 1 der EG-Richtlinie 2000/31/EG über den elektronischen Geschäftsverkehr, ist (26); denn die Mitgliedstaaten haben sicherzustellen, dass ihr Rechtssystem den Abschluss von Verträgen auf elektronischem Wege „ermöglicht", und das ist nicht der Fall, wenn es auf einem wirtschaftlich derart bedeutenden Gebiet wie der Vergabe öffentlicher Aufträge mit einem jährlichen Gesamtwert in Deutschland von mehr als 400 Milliarden DM dem Auftraggeber lediglich freisteht, die elektronische Angebotsabgabe zuzulassen. Die Umsetzungsfrist für die genannte Richtlinie läuft jedoch gemäß ihrem Art. 22 Abs. 1 Satz 1 erst am 16.1.2002 ab. Die Bundesregierung weiß das.



Der Unternehmer, der von einer Ausschreibung erfahren und Interesse an dem Auftrag hat, geht folgendermaßen vor:

- Er wendet sich an den Auftraggeber (Vergabestelle), der sich gemäß § 17 Nr. 1 mit allen Einzelheiten zu erkennen gegeben und auch die Stelle benannt hat, bei der man die

Verdingungsunterlagen (als Teil der Vergabeunterlagen)
einsehen und anfordern kann, ggf. – das steht ebenfalls in
der Ausschreibung – können Einsicht und Anforderung
auch digital geschehen, § 17 Nr. 1 Abs. 2 Buchst. i. Aus der
Ausschreibung sind ihm ggf. die Höhe und die Einzelheiten
der Zahlung des Entgelts für die Übersendung der Unterlagen bekannt (§ 17 Nr. 1 Abs. 2 Buchst. j und § 20 Nr. 1
Abs. 1). Ein Antrag auf Teilnahme am Wettbewerb ist auch
dann zu berücksichtigen, wenn er durch Telegramm, Fern-
schreiben usw. oder in sonstiger Weise elektronisch übermittelt wird, sofern die sonstigen Teilnahmebedingungen (=
Bewerbungsbedingungen im Sinne von § 10 Nr. 1 Abs. 1
Buchst. a i.V.m. Nr. 5 Abs. 2) erfüllt sind. Aufgrund des
Teilnahmeantrages (formlose Bitte) erhält er die Vergabe-
unterlagen. Sie bestehen aus einem Anschreiben, das die
Aufforderung zur Angebotsabgabe enthält (§ 10 Nr. 1
Buchst. a und Nr. 5), ggf. auch den Bewerbungsbedingungen (§ 10 Nr. 1 Abs. 1 Buchst. a i.V.m. Nr. 5) sowie aus
den Verdingungsunterlagen (§ 10 Nr. 1 Abs. 1 Buchst. b).
Zum Inhalt der Verdingungsunterlagen vergl. § 9 (Leistungsbeschreibung) und § 10 Nr. 1 Abs. 2 und Nr. 2 bis 5
(Bezeichnung der vorgesehenen Vertragsbestandteile).
Wichtig ist, dass die Vergabeunterlagen den Bewerbern in
kürzestmöglicher Frist und in geeigneter Weise zu übermitteln sind, § 17 Nr. 4 Abs. 1. Dies kann digital geschehen,
wobei in der jetzigen Fassung der VOB noch keine befrie-
digende Regelung dazu besteht, dass der Bewerber nach
§ 17 Nr. 5 Satz 1 die Leistungsbeschreibung doppelt erhalten soll [27]

Wenn er ein Angebot abgeben will, kann er dies nunmehr digital *Angebot*
tun, § 21 Nr. 1 Abs. 1 Satz 1.

- Die Digitalisierung geschieht automatisch mit der Eingabe *Digitalisierung*
  in den Computer, weil die herkömmlichen Zeichen (Buch-
  staben, Ziffern usw.) durch abzählbare Größen auf der
  Grundlage des binären Zahlensystems dargestellt und dem
  Empfänger übermittelt werden können, der sie unmittelbar
  im Klartext lesen kann.

- Weil ein solches digitales Angebot genauso wie ein normal- *Verschlüsselung*
  schriftliches Angebot bis zum Eröffnungstermin geheim
  bleiben muss, ist der Angebotstext zu verschlüsseln und in
  dieser Form einzureichen, § 21 Nr. 1 Abs. 1 Satz 1. Nur das
  schützt vor unberechtigten Zugriffen. Zur Verschlüsselung

wird eine entsprechende Software verwendet, die der Handel bereithält. Es gibt verschiedene Verschlüsselungsprogramme. Im Internet ist ein Softwareprogramm mit dem Namen „Pretty good privacy – PGP" sehr gebräuchlich [28]. Es gibt die Software als Standardprogramm, das auf einem „asymmetrisch" genannten Verschlüsselungsverfahren beruht. Das heißt so, weil zum Verschlüsseln und zum Entschlüsseln verschiedene, also nicht identische Schlüsselwerte verwendet werden. Das hat den Vorteil, dass der Absender (Bewerber) und der Empfänger (Vergabestelle) nicht auf einen geheimen und evtl. angreifbaren Schlüsselaustausch angewiesen sind. Jeder Kommunikationspartner besitzt ein Schlüsselpaar, das jeweils aus einem öffentlichen und einem geheimen Schlüssel besteht. Für einen Angreifer, der die verschlüsselt übermittelte Nachricht ausspähen oder gar verändern oder löschen will, ist es nicht möglich, aus der Kenntnis der verschlüsselten Mitteilung und der Kenntnis des öffentlichen Schlüssels auf die Nachricht in irgendeiner Weise zuzugreifen; ebenso wenig kann aus dem öffentlichen Schlüssel der geheime Schlüssel herausgelesen werden [29].

*Digitale Signatur*    Nach § 21 Nr. 1 Abs. 1 Satz 1 müssen im herkömmlichen Verfahren die Angebote schriftlich eingereicht und unterzeichnet werden. Im digitalen Verfahren muss die Unterzeichnung durch die digitale Signatur ersetzt werden, § 21 Nr. 1 Abs. 1 Satz 2.

- Rechtsgrundlage für die Herstellung und Anwendung einer solchen Signatur ist das Informations- und Kommunikationsdienste-Gesetz – IuKD – vom 22.7.1997 [30], dessen Art. 3 des Signaturgesetz – SigG – enthält. Dieses Gesetz bezweckt, Rahmenbedingungen für digitale Signaturen zu schaffen, unter denen diese als sicher gelten und Fälschungen zuverlässig festgestellt werden können. Zu diesem Gesetz ist die Signaturverordnung – SigV – vom 22.10.1997 ergangen [31]. Nach diesen Vorschriften ist unter einer digitalen Signatur ein von einem privaten Signaturschlüssel erzeugtes Siegel zu digitalen Daten (z. B. dem digitalisierten und verschlüsselten Angebot eines Bieters) zu verstehen, das mit Hilfe eines zugehörigen öffentlichen und zertifizierten Schlüssels den Inhaber des Signaturschlüssels und die Unverfälschtheit der Daten erkennen lässt (§ 2 Abs. 1 SigG). Wegen der notwendigen Umsetzung der EG-Richtlinie 1999/93/EG über gemeinschaftliche Rahmenbedingungen für elektronische Signaturen [32] und nach Prü-

fung der praktischen Eignung des SigG ist ein Änderungs-
gesetz (Novelle des SigG) vorgesehen [33]. Die folgende
Darstellung bleibt von diesem Gesetzesvorhaben im wesentlichen unberührt.

- Ein Signaturschlüssel muss bei einer gem. § 5 Abs. 1 Satz 1      *Signaturschlüssel*
  SigG und § 3 SigV eingerichteten Zertifizierungsstellen be-
  antragt werden. Das können nur natürliche Personen tun.
  Sie müssen sich von der Zertifizierungsstelle durch Vorlage
  des Ausweispapieres oder in anderer geeigneter Weise i-
  dentifizieren lassen und den Antrag auf das Zertifikat ei-
  genhändig unterschreiben, § 5 Abs. 1 Satz 1 SigG i.V.m.
  § 3 Abs. 1 SigV. Ein Verzeichnis der Zertifizierungsstellen
  wird von der Regulierungsbehörde für Telekommunikation
  und Post geführt, die dafür zuständig ist, den Betrieb dieser
  Stellen zu genehmigen und zu überwachen. Die Amtlichen
  Veröffentlichungen der Regulierungsbehörde sind im Internet abrufbar (34). Für die Ausstellung des Zertifikates wird
  eine Gebühr nach Stundensätzen erhoben, § 2 Abs. 1 Nr. 5
  und Abs. 2 SigV.

- Die Signatur wird dem verschlüsselten Angebotstext ange-      *Öffentlicher und*
  fügt. Dabei wird in derselben Weise vorgegangen wie bei       *privater Schlüssel*
  dieser Verschlüsselung, d. h. es wird wiederum ein öffentli-
  cher und ein privater Schlüssel verwendet. Den öffentlichen
  Schlüssel übergibt die Zertifizierungsstelle der zuständigen
  Behörde, den privaten Schlüssel nebst den Identifikations-
  daten übergibt sie dem Signaturschlüssel-Inhaber persönlich
  gegen schriftliche Bestätigung, § 6 SigV. Der private
  Schlüssel verbleibt also beim Bieter. Dieser private Schlüssel ist üblicherweise auf einer sog. Chipkarte enthalten, die
  besonders gesichert ist, etwa durch ein „PIN“-Merkmal.
  Diese Karte wird zum Zwecke der Verschlüsselung in den
  Computer eingeführt. Bei dem hierdurch in Gang gesetzten
  technischen Vorgang wird die Datenmasse zu einer Kurz-
  form zusammengepresst („komprimiert“). Das ergibt den
  sog. Hashwert des zu übermittelnden Dokuments [35]. Dieser Hashwert wird mit dem privaten Geheimschlüssel der
  Chipkarte verschlüsselt und wie erwähnt dem Dokument
  angehängt. Der Empfänger kann den verschlüsselten Hashwert mit dem zugehörigen öffentlichen Schlüssel im Eröffnungstermin (keinesfalls früher) entschlüsseln. Er bildet
  dann über das Dokument in seiner Vollform in demselben
  Verfahren dessen Hashwert. Wenn der vom Bieter übermittelte Hashwert mit dem von der Vergabestelle gebildeten

Hashwert übereinstimmt, steht mit hinreichender Sicherheit fest, dass das Dokument auf seinem Weg vom Absender zum Empfänger nicht verändert worden ist; denn die Änderung auch nur einer einzigen Binärstelle (der kleinsten Speichereinheit einer Datenverarbeitungsanlage) führt zu einem anderen Hashwert.



- Das verschlüsselte und mit der digitalen Signatur versehene Angebot kann nunmehr abgesandt werden. Es ist eine rechtsgeschäftliche Willenserklärung, von deren Inhalt der Empfänger jedoch vor dem Eröffnungstermin keine Kenntnis nehmen darf. Diese Erklärung ist bei ihm lediglich eingegangen und kann gem. § 18 Nr. 3 bis zum Ablauf der Angebotsfrist (s. § 18 a Nr. 1) zurückgenommen werden, und zwar auch digital.



- Das Angebot muss inhaltlich vollständig sein, d. h. alle für seine Bewertungen nötigen Angaben enthalten. Zweifelhaft ist, ob es entweder nur schriftlich oder nur digital mit der Folge abgegeben werden darf, dass eine Aufteilung des Angebotes in einen schriftlichen und unterzeichneten Teil und einen digitalen, verschlüsselten und digital signierten Teil unzulässig ist, also nach der Eröffnung nicht gewertet werden darf. Wenn die „geforderten Erklärungen" im Sinne des § 21 Nr. 1 Abs. 1 Satz 2 thematisch teilbar sind und bei der Eröffnung ohne weiteres derart zusammengeführt werden können, dass das Bild eines inhaltlich vollständigen Angebots entsteht, gäbe es keine grundsätzliche Bedenken, ein in dieser Weise „geteiltes" Angebot für wirksam zu halten. In den Zwang zu solchen Erklärungen könnte ein Bieter z. B. geraten, wenn er ein digitales Angebot versehentlich unvollständig übermittelt hat (etwa durch fehlende Erklärung über die Mitgliedschaft in einer Berufsgenossenschaft) und diese Erklärung rechtzeitig nachreicht, und zwar nunmehr schriftlich und von Hand unterschrieben, weil er aus technischen Gründen (Ausfall der Übermittlungsgeräte) und zur Wahrung der Angebotsfrist auf die schriftliche Einreichung ausweichen möchte. Hiervor ist jedoch zu warnen, weil die Baukoordinierungsrichtlinie (s. oben bei II 1b) in § 18 Abs. 2 bestimmt, dass die Angebote schriftlich oder auf andere Weise übermittelt werden können, sofern gewährleistet ist, dass jedes Angebot „alle für seine Bewertung erforderlichen Angaben enthält". Das wird im Interesse einer richtlinienkonformen Handhabung der VOB/A, Abschnitt 2, dahin verstanden, dass ein einheitliches Angebot entweder nur schriftlich oder nur elektronisch abgegeben werden darf [36]. Jeder Bieter muss daher besonders sorgfältig auf die Vollständigkeit seines Angebotes und die Einheitlichkeit des gewählten Übermittlungsweges achten, damit er nicht Gefahr läuft, vom Wettbewerb gem. § 25 Nr. 1 Abs. 1 Buchst. b ausgeschlossen zu werden. Da er jedoch innerhalb der Angebotsfrist ein unvollständiges Angebot zurücknehmen und durch ein vollständiges ersetzen kann, darf er für das neue (vollständige) Angebot einen anderen als den digitalen Übermittlungsweg wählen, ebenso wird er ein unvollständiges Angebot durch einen Nachtrag vervollständigen dürfen, sofern er den gewählten Übermittlungsweg nicht verlässt und sicherstellt, dass sich im Eröffnungstermin das unvollständige Angebot und der Nachtrag ohne weiteres zusammenführen lassen.

- Die eingegangenen und nicht zurückgezogenen Angebote sind bis zum Eröffnungstermin (§ 22 Nr. 1) verschlüsselt aufzubewahren.

*Aufbewahrung*

- Im Eröffnungstermin wird zunächst festgestellt, dass die bis dahin aufbewahrten digitalen Angebote noch verschlüsselt sind, § 22 Nr. 3 Abs. 1. Erst danach werden sie entschlüsselt und sind nunmehr genauso zu behandeln wie die auf direktem Wege oder mit der Post eingegangenen Angebote, deren Umschlag im Termin geöffnet worden ist. Derzeit gibt es noch keine rechtliche Definition dieser zeitgesteuerten Ver- und Entschlüsselungstechnik („Zeitschloss"), die es möglich macht, dass sich das digitale, verschlüsselte und digital unterzeichnete Angebot gewissermaßen wie nach dem Befehl einer Zeituhr zum Beginn des Eröffnungstermins von selbst öffnet (entschlüsselt). Darum ist es zur Zeit noch nötig, die Disketten, auf denen sich die Angebote in ihrer gem. § 21 Nr. 1 Abs. 1 Satz 2 vorgeschriebenen digitalen Form befinden, rechtzeitig und in einem verschlossenen Umschlag im Eröffnungstermin vorzulegen oder mit der Post ebenso rechtzeitig zu versenden.

*Eröffnungstermin*

- Zwischen der darauf folgenden Prüfung und Wertung der Angebote gem. §§ 23 bis 25a und dem Zuschlag hat der Auftraggeber seiner Informationspflicht gem. § 13 Abs. 1 VgV zu genügen, andernfalls ein abgeschlossener Vertrag nichtig wäre.

*Eröffnungstermin*

- Mit dem rechtzeitigen und ohne Abänderungen erteilten Zuschlag im Sinne von § 28 Nr. 1 und 2 Abs. 1 kommt der Bauvertrag zustande.



Der Zuschlag kann grundsätzlich formfrei erteilt werden, z. B. durch fernmündliche Mitteilung, sofern in den Vergabeunterlagen nicht ausdrücklich eine bestimmte Form vorgesehen ist. Soweit Gemeindeordnungen für verpflichtende Erklärungen die Schriftform vorschreiben, müssen Angebot und Zuschlag dieser Form genügen, andernfalls ist das Rechtsgeschäft nichtig, § 125 Satz 1 BGB. Gemeinden werden hierauf bereits in dem Anschreiben (Aufforderung zur Angebotsabgabe) hinweisen.



Auftraggeber lassen sich den Zuschlag schriftlich bestätigen, was jedoch für das Zustandekommen des Vertrages aufgrund des bereits erteilten Zuschlages belanglos ist. Nach § 29 braucht eine besondere und von beiden Parteien unterschriebene Urkunde über den Bauvertrag grundsätzlich nicht hergestellt zu werden. Dem Verlangen auf Ausstellung hat der Auftraggeber aber jedenfalls dann zu entsprechen, wenn das Angebot digital abgegeben worden ist; denn nach der derzeit noch bestehenden Gesetzeslage können Dokumentations- und Beweisschwierigkeiten auftreten, die beim Vorliegen einer schriftlichen Vertragsurkunde behoben wären. Das gilt auch für diejenigen Fälle in denen eine vorgeschriebene Form versehentlich nicht beachtet worden ist. Der Bauvertrag kommt dann erst mit der Unterzeichnung der schriftlichen Urkunde zustande.

## 13.4
## Internetnutzung in der Entwicklung größerer Zusammenhänge



Die Internetnutzung und der Gebrauch aller sonstigen elektronischen Medien und Kommunikationswege erfordert über die durch die „VOB 2000" hinaus gewährten Erleichterungen der europaweiten Angebotsabgabe ein Denken in größeren Zusammenhängen (37). Durch die immer dichtere Verbindung der Netze untereinander und durch die Herstellung neuer Netze (das Internet kennt derzeit mehr als 100.000 nutzbare Einzelnetze) wird es demnächst auf dem Bau- und Bauvergabemarkt zu regelrechten Marktplätzen kommen, auf denen sich die Internetnutzer das für sie Beste heraussuchen können.

Bei den im Entstehen begriffenen oder bereits vollständig vorhandenen und laufend ergänzten Marktplätzen der öffentlichen Hand ist zu unterscheiden:

- Es gibt Markplätze auf denen beispielsweise eine Gemeinde ihre Leistungen, d. h. ihren Bürgerservice erbringt (38). Derartige Angebote können als zusätzliche Informationen über die zu vergebenden Aufträge dienen und sind somit ein zusätzliches Publikationsorgan. Ob und inwieweit das einzelne Portal der Körperschaft auch bereits die digitale Ausschreibung ermöglicht, hängt im wesentlichen davon ab, ob und inwieweit die für die Standardisierung der Leistungen erforderliche Basissoftware als zusätzliche Portalfunktion den Anbietern zur Verfügung gestellt werden kann.

  

- Die Einrichtung sonstiger öffentlicher Marktplätze, wie beispielsweise der Marktplatz des Freistaates Bayern, ist im wesentlichen eine Infrastrukturmaßnahme, die es der Wirtschaft eines bestimmten Gebiets ermöglicht, Angebote und Leistungen auf dem Marktplatz darzustellen. Vergleichbar ist das mit den öffentlichen Marktplätzen des Mittelalters oder beispielsweise mit den heute existierenden Märkten wie dem bekannten Münchner Viktualienmarkt. Auch auf diesen Marktplätzen kann die öffentliche Hand sich darstellen und auch Hinweise auf zu vergebende Aufträge machen. Wesentlich ist aber auch in diesem Zusammenhang, dass die eigentliche Leistung „digitale Ausschreibung und digitale Auftragsvergabe" eine zusätzliche Funktion hat, die eine standardisierte Dienstleistungssoftware erfordert.

  

- Die digitale Ausschreibung von Leistungen erfordert zunächst die Tätigkeit der ausschreibenden Körperschaft in Form der Erstellung des Leistungsverzeichnisses und der Verdingungsunterlagen. Die hierfür erforderliche spezielle Software liefert der ausschreibenden Stelle Standardtexte, die insbesondere den §§ 9, 9 a und 10, 10 a der „VOB 2000" entsprechen müssen. Die Texte im Leistungsverzeichnis sind dabei so abzufassen, dass eine wettbewerbsneutrale technische Ausgestaltung möglich ist. Im Zuge dieses Bearbeitungsschrittes ist das Bauvorhaben zu budgetieren. Die Dienstleistungssoftware hat daher eine Funktionalität im Sinne einer Vorkalkulation anhand aktueller Baupreise.

  

Auf den Marktplätzen soll sich der Interessent (Bewerber/Bieter) nicht verirren oder gar verlieren. Es gibt Helfer, die ihm die richtigen Wege weisen und ihn, in einem größeren Zusammenhang gesehen, erheblich und dennoch „zielführend" entlasten. Im einzelnen:

■ Das digitale Leistungsverzeichnis wird entweder über Internet oder Übermittlung eines entsprechenden digitalen Speichermediums dem Anbieter, der sich auf die Ausschreibung hin bewirbt, zur Verfügung gestellt. Wesentliche Funktionalität für ihn ist dann, dass das Dienstleistungssystem des Portalanbieters („Markthelfers") es ihm ermöglicht, das Leistungsverzeichnis weitestgehend automatisch in Material- und Leistungsstücklisten aufzulösen. Er kann dann sein Angebot auf der Grundlage bestellfähiger Produkte und Leistungen abgeben und auf Waren- und Dienstleistungsangebote seiner Lieferanten ggf. digital zurückgreifen, um den Vorteil der digitalen Leistungsbeschreibung durch entsprechenden Zugriff auf vorhandene Datenbestände zu nutzen. Hierfür stellt das System Schnittstellen und Strukturierungshilfen zu den meistens nicht standardisierten und zu den standardisierten Datenbanken diverser Lieferanten aus dem Baubereich zur Verfügung, die in den Datenbanken Informationen über Lagerbestand, aktuelle Preise, Lieferkonditionen usw. zur Verfügung stellen und es dem Anbieter auf diese Weise ermöglichen, ein an den jeweils aktuellsten und interessantesten Tagespreisen (Rabatte, Zahlungsziele) orientiertes Angebot zu machen. Das bedeutet für ihn zugleich, dass er den bisherigen Weg über Preisanfragen und Konditionsanfragen und gegebenenfalls eine eigene Ausschreibung von Subunternehmerleistungen erheblich abkürzen kann. Damit ist er in der Lage, in derselben Zeit mehr Ausschreibungen zu beantworten als dies ohne Nutzung des Systems (der „Markthilfe") der Fall wäre. Für die öffentliche Hand bedeutet dies andererseits und in vorteilhafter Weise eine stärkere Marktdurchdringung, da insoweit die Kosten der Angebotserstellung für die einzelnen Unternehmen erheblich reduziert werden können (rationalisierte Geschäftsvorgänge = kürzere Wertschöpfungsketten = deutliche Kostenersparnisse). Solche integrierten Systeme zwischen Ausschreibung, Auflösung der Leistungsverzeichnisses in Stücklisten mit Kalkulationsunterstützung und Anbindung an Handelsplattformen kommen derzeit auf dem Markt, wie etwa das public GATE System.



■ Die digitalen Angebote können sowohl in Papierform wie auch auf digitalem Speicher oder über das Internet der öffentlichen Körperschaft zur Verfügung gestellt werden, so dass auch dort die eingegangenen Angebote digital bearbeitet werden können. Hierzu können die für die Angebotsauswertung erforderlichen Tabelleninhalte automatisiert erstellt werden. Diese digitale Auswertung ermöglicht dann vor allem die bei einer stärkeren Marktdurchdringung in größerem Umfang eingehenden Angebote rationell zu bearbeiten und eine optimierte, also die bestmögliche Entscheidungsgrundlage zu schaffen.

- Ob und inwieweit dann der Auftrag digital oder schriftlich oder in sonstiger Weise vergeben wird, ist letztendlich für die rationalisierte Ausschreibung, Ausschreibungsverarbeitung und Vergabe im Ergebnis unerheblich. Wesentlich ist allerdings, dass die Vergabeentscheidung transparent dokumentiert, d.h. vor allem auch mit entsprechenden Akteninhalten belegt werden kann. Auch der Auftrag sollte aus Rechtssicherheitsgründen schriftlich zumindest bestätigt werden.



Rechtlicher Rahmen für die Teilnahme an einem derartigen „Markthelfer"-Dienstleistungssystem:



Der Nutzer eines derartigen Systems greift auf Funktionen und Datenbankinhalte zu, die ihm über das Internet zur Verfügung gestellt werden. Insoweit werden Softwareüberlassungsverträge wie auch Datenbanknutzungsverträge mit dem Portalbetreiber zu vereinbaren sein. Zur Teilnahme am System benötigen der Bauunternehmer wie auch die öffentliche Hand Internetzugang und die Berechtigung zur Teilnahme am Dienstleistungsportal. Verbunden mit der Dienstleistung des Portalunternehmens ist die zur Verfügungstellung der Verschlüsselungssoftware und des Know-Hows, das den Umgang mit den jeweiligen Softwareleistungen ermöglicht. Der gesamte Arbeitsablaufplan („workflow schedule") mit seinen sicherheitsrelevanten Vorgaben, die unter 2. und 3. dieses Aufsatzes beschrieben wurden, muss im Dienstleistungsunternehmen durch Schulung eingeübt, dokumentiert und, soweit Datenflüsse über das Internet geführt werden, abgesichert werden. Die Kosten für diese umfangreichen Dienstleistungen werden sich aufteilen in Grundgebühren und transaktionsbezogenen Einzelgebühren (z.B. Zugriffszeiten auf Funktionen und Datenbankinhalte). Dabei liegt der Betrieb des Systems durchaus im öffentlichen Interesse, so dass wesentliche finanzielle Beiträge der öffentlichen Hand die Kosten für die einzelnen teilnehmenden Unternehmen entlasten sollten. Darüber hinaus werden auch Kooperationsmodelle erörtert, z. B. in der Form gemischtwirtschaftlicher Gesellschaften, an denen Einrichtungen der öffentlichen Hand und private Unternehmen zu Vergabezwecken zusammenwirken – Public Private Partnership [39].

# 13.5
# Zusammenfassung

Die vorliegende Untersuchung hat ergeben, dass es neben dem herkömmlichen Vergabeverfahren (direkt oder mit Postversand) möglich ist, am Wettbewerb und der Auftragserteilung unter Nutzung des Internet teilzunehmen und die Aussichten auf den Zuschlag für einen interessanten und gewinnbringenden Bauauftrag wesentlich zu verbessern. Die Wirtschaft hat diese Vorteile längst erkannt, und das wird am ehesten durch die Tatsache bewiesen, dass die Vertreter der Spitzenorganisationen der Auftraggeber- und der Auftragnehmerseite bereits viele Monate vor der Bekanntmachung der neuen Vergabeverordnung der interessierten Öffentlichkeit eine neue VOB vorgelegt haben, die das Internet und seine geradezu „rasend" schnelle Verbreitung (derzeit weltweit 300 Millionen sog. User) berücksichtigt, d. h. ein Technologiewachstum, das sich allenfalls mit der Verbreitungsgeschwindigkeit des „Handy" genannten Mobiltelefons (Verdoppelung innerhalb nur eines Jahres) vergleichen lässt. Die beim Erkennen und Wahrnehmen vorteilhafter Entwicklungen stets hellhörige Wirtschaft ist daher nicht ohne Grund dem Gesetzgeber vorausgeeilt; denn bis 2003 soll bereits ein Viertel aller öffentlichen Aufträge über das Internet abgewickelt werden (40). In der Tat sind die Vorteile mit Händen zu greifen. Auch wenn heute noch nicht alles ausgereift ist, kann es nur eine Frage der Zeit sein, bis E-Commerce und mit ihm die elektronische Vergabe von Bauaufträgen so selbstverständlich sind wie z. B. Telefon, Fernsehen und Hochgeschwindigkeitszüge. Zu den Vorteilen gehören in erster Linie die Geschwindigkeit, mit der ein Bauunternehmen einen sich europaweit immer mehr zusammenwachsenden Markt beobachten und auf günstige Ausschreibungen reagieren kann, und zwar vor allem durch die praktisch sofortige Einsichtnahme in Hunderte von Verdingungsunterlagen und die dazu gehörenden Leistungsbeschreibungen, die sich bei Interesse und Gefallen mit derselben Geschwindigkeit auf den Arbeitstisch holen lassen. Damit sind die Zeiten vorbei, in denen sich leistungsfähige Unternehmen regionalen Beschränkungen unterworfen haben, weil sie sich mühevoll durch Tageszeitungen, örtliche Bekanntmachungsblätter usw. durcharbeiten mussten, um zunächst nur in groben Zügen von Ausschreibungen zu erfahren, die gerade für ihren Betrieb interessant sind und am ehesten in Frage kommen. Entsprechendes gilt für die Geschwindigkeit, mit der auf viele Ausschreibungen mit vielen Angeboten reagiert werden kann, was in Zeiten von Konjunkturschwächen, denen die Bauwirtschaft immer wieder ausgesetzt ist, nicht hoch genug bewertet werden kann. Wer sich daher auf das neue, elektronische

Vergabeverfahren einlässt, kann mit der sich immer mehr verbessernden Technologie „mitwachsen" und gegenüber der Konkurrenz erhebliche Vorsprünge gewinnen. Der Nachteil, dass am Anfang Investitionen notwendig werden (z. B. Herstellung eines Internetanschlusses, Erwerb der notwendigen Software, betriebliche Umorganisationen, Personalschulungen), nimmt sich im Verhältnis zu den Vorteilen bescheiden aus, insbesondere wenn mitberücksichtigt wird, dass sog. Markthelfer Dienste anbieten, die ein mittelständischer Betrieb aus eigener Kraft (Geld, Wissen und Personal) und ohne das kostenträchtige Spiel von Versuch und Irrtum nicht von Anfang an inhaltlich bewältigen und als eigene betriebliche Leistung darstellen kann. Mit dem Leasing war es genauso: Am Anfang gingen viele Unternehmen nur zögernd auf diese neuartige Form der zeitweisen Gebrauchsüberlassung von Wirtschaftsgütern ein. Heute, nach eingehender Beratung und nach Einweisung in das System der nur scheinbar verwickelten und mehrstufigen Vertragsverhältnisse, unterhalten z. B. größere Firmen ganze Fahrzeugflotten ausschließlich im Leasing. Dementsprechend wird sich die Inanspruchnahme von Portaldienstleistern von Anfang an bezahlt machen, die Nachteile aufwiegen und Wettbewerbsvorsprünge ermöglichen. Auch hier gilt: Je eher man den Zug der neuen Technologie besteigt, umso schneller kann man seine Ziele erreichen.

Literaturverzeichnis

[1]     Palandt/Heinrichs, BGB, 60. Aufl., 2001, RN 1 vor § 116 und § 130
        RN 7a; Schneider, Handbuch des EDV-Rechts, 2. Aufl., 1997, Anm. B
        663 ff; Ernst, NJW-CoR 1997, 165 („Binsenweisheit")

[2]     BGBl. II S. 766 i.d.F. des Vertrages 7.2.1992, BGBl. II S. 1253/1256
        = Sortorius II Nr. 150.

[3]     ABlEG. Nr. L 199 vom 9.8.1993, S. 54.

[4]     ABlEG. Nr. L 328 vom 28.11.1997, S. 1.

[5]     ABlEG. Nr. L 13 vom 19.1.2000, S. 12 = NJW 2000, Beilage zu H.
        36, S. 13.

[6]     ABlEG. Nr. 178 vom 17.7.2000, S. 1 = NJW 2000, Beilage zu H. 36,
        S. 3.

[7]     S. § 55 der Bundeshaushaltsordnung vom 19.8.1969 -BGBl. I S. 1284-
        i.d.F. vom 17.6.1999 -BGBl. I S. 1335-.

[8]     Dreher, NVwZ 1999, 1265; Höfler, NZBau 2000,449; Höfler/Bert,
        NJW 2000, 3310.

[9]     Begründung des Entwurfs der VgV, Abschnitt A a.E., s. BR-Drs.
        455/00.

[10]    Vom 27.7.1957 -BGBl. I S. 1081- i.d.F. der Bek. vom 26.8.1998 -
        BGBl. I S. 1546-

[11]    BGBl. I S. 110.

[12]    BGBl. I S. 321.

[13]    BGBl. I S. 2384.

[14]    Bek. des Bundesministeriums für Wirtschaft und Technologie vom
        6.12.1999, BAnz vom 24.12.1999, Nr. 244, S. 20734 = NZBau 2000,
        128; Festschreibung durch die EG-Verordnung 2866/98 des EG-Rates,
        ABlEG. Nr. L 101 vom 31.12.1998.

[15]    S. im einzelnen bei Heiermann/Riedl/Rusam, Handkommentar zur
        VOB, 9. Aufl., 2000, Vorbem. zur VOB/A RN 13 ff.

[16]    Vgl. Heiermann/Riedl/Rusam, (Anm. 15), Vorbem. zur VOB/A RN
        61.

  **13 Vergabe öffentlicher Bauleistungen im Internet**

[17]     BAnz. vom 29.9.1999, Nr. 183a; im Internet abrufbar unter
        http://simap.eu.int.

[18]     S. oben bei Anm. 9 sowie Vergabe-News, August 2000, S. 59.

[19]     BAnz. vom 30.6.2000, Nr. 120a, ber. Nr. 182.

[20]     S. oben Anm. 19.

[21]     Jagenburg/Brück, NJW 2000,2242 zu III 1 mit Nachw.

[22]     S. ausführlich Opitz, NZBau 2001, 12.

[23]     Schlünder, BauR 1998, 1123 (Liste der VOB-Änderungen bis 1998);
        Kraus/Sienz, BauR 2000, 631 ff.

[24]     Ausführlich Mehrings, Internet-Verträge und internationales Vertrags-
        recht, CR 1998, 613.

[25]     S. Heiermann/Riedl/Rusam (Anm. 15), A § 10 RN 3 wegen der Ein-
        zelheiten.

[26]     So Höfler/Bert, NJW 2000, 3310 zu V; s. auch die Erwägungsgründe
        der Richtlinie Nrn. 4 und 34.

[27]     Heiermann/Riedl/Rusam (Anm. 15), A § 17 RN 34.

[28]     Gerling, Verschlüsselung im betrieblichen Einsatz, 2000 S. 179 ff; s.
        auch im Internet unter http://www.pgp.com.

[29]     Gräve/Lukies, NJW-CoR 1998, 228 und Ohliger in: Hoeren/Sieber
        (Hrsg.), Handbuch Multimedia-Recht (Loseblatt), 2000, Nr. 1 RN ff,
        jeweils mit Schaubildern; s. ferner Gerling (Anm. 28), S. 16 ff. sowie
        im Internet (Sicherheit im Internet − Initiative der Bundesregierung)
        unter http://www.sicherheit-im-internet.de.

[30]     BGBl. I S. 1870.

[31]     BGBl. I S. 2498.

[32]     ABlEG. Nr. L vom 19.1.2000, S. 12.

[33]     Einzelheiten bei Tettenborn, CR 2000, 683; Welsch, DuD − Daten-
        schutz und Datensicherheit − 2000 H. 24, S. 9.

[34]     http://www.regtp.de/fachinfo/digitalsign/neu/allgemei3.htm.

[35]     So und im Folgenden Ohlinger in: Hoeren/Sieber (Anm. 29), Nr. 1 RN
         84, 85; s. ferner Kühn in: Hoeren/Schlüngel (Hrsg.), Rechtsfragen der
         digitalen Signatur, 1999, 73 ff; Heiermann/Riedl/Rusam (Anm. 15), A
         § 21 RN 5 (S. 693).

[36]     Höfler/Bert, NJW 2000, 3310 zu V.

[37]     S. Oesterhelt in: Reinermann/v. Lucke (Hrsg.), Portale der öffentlichen
         Verwaltung, 2000, S. 101.

[38]     So etwa das „München-Portal" (http://www.muenchen.de/portal/); be-
         achte ferner die Landesauftragsstelle Bayern eV –Beratungsstelle für
         das öffentliche Auftragswesen-, Joseph-Dollinger-Bogen 26, Ruf: 089-
         3 23 16 73/74/75, Fax: 089-3 24 13 40, s. ferner „ZEGO"-Zentrum E-
         lektronischer Geschäftsverkehr Oberbayern, Orleansstr. 12-12, 81669
         München,   Ruf:   089/5116-705,   Fax:   089/5116-756,   E-Mail:
         schlünd@zego.de, http://www.zego.de.

[39]     Jaeger, NZBau 2001,6.

[40]     FAZ vom 18.4.2000, Nr. 92, S. 28.

# Index

## A



## B



## C



## D